Heinz-Werner Kubitza
Jesus ohne Kitsch

Heinz-Werner Kubitza

Jesus ohne Kitsch
Irrtümer und Widersprüche eines Gottessohns

Tectum Verlag

Heinz-Werner Kubitza
Jesus ohne Kitsch
Irrtümer und Widersprüche eines Gottessohns

© Tectum – ein Verlag in der Nomos Verlagsgesellschaft, Baden-Baden 2019
ISBN 978-3-8288-4339-4
E-PDF 978-3-8288-7287-5
E-Pub 978-3-8288-7288-2

Umschlaggestaltung: Tectum Verlag, unter Verwendung des Bildes
#762646288 von Portographer | www.shutterstock.com

Druck und Bindung: FINIDR, Český Těšín
Printed in the Czech Republic

Alle Rechte vorbehalten

Besuchen Sie uns im Internet:
www.tectum-verlag.de

Bibliografische Informationen der Deutschen Nationalbibliothek
Die Deutsche Nationalbibliothek verzeichnet diese Publikation
in der Deutschen Nationalbibliografie; detaillierte bibliografische
Angaben sind im Internet über http://dnb.d-nb.de abrufbar.

Inhalt

Vorwort	1
Ein Gottesreich, das nie gekommen ist	**9**
Ein apokalyptischer Schwärmer	13
Hat Jesus überhaupt je gelebt?	15
Der Wahn Jesu vom Reich Gottes	17
Jesus als Schüler eines Extremisten	**21**
Johannes der Täufer und seine finstere Predigt	24
Ein ungebildeter Prophet	**29**
Missglückte Schriftauslegung Jesu	31
Jesus als Mann der Rhetorik	36
Jesus und seine Wunder	**39**
Antike Wundertäter neben Jesus	39
Jesus als Exorzist	41
Jesus als Magier	43
Wie die Wunder erfunden wurden	47
Die Heilung der Schwiegermutter des Petrus	49
Das Verdoppeln und Kopieren von Wundern	52
Die Auferweckung von Toten	56
Erfundene Summarien	58
Kuriose Wunder Jesu	66
Zwischenruf: Schweigende Götter – miserable Offenbarungen	79
Die Forderungen Jesu	**107**
Gott als zweifelhafter Adressat der Ethik	108
Liebe deinen Nächsten	110
Vom Unsinn der Nächstenliebe	112
Dem Bösen keinen Widerstand leisten?	115
Kitschige Erwartungen von Gläubigen	117
Der ausländerfeindliche Jesus	119
Die Wiederentdeckung von Jesus als gläubiger Jude	124
Jesus als Vertreter von Gesetz und Partikularismus	127
Die zwölf Jünger und der Virus vom Gottesreich	131
Schätze erwerben: Egoismus als Triebfeder der Ethik	135

Inhalt

Die Drohungen Jesu mit dem Gericht	139
Fragwürdiges Menschenbild und simple Schwarz-Weiß-Ethik	144
Der radikale Jesus und seine absurden Forderungen	147
Die Weltfremdheit Jesu: Ehe und Scheidung	149
Jesus und die Frauen	153
Defizite der Lehre Jesu	156
Widersprüchlichkeiten: Jesus als schlechtes Vorbild	159
Der zornige Jesus	161
Aufforderung zum Hass statt zur Liebe	165
Die Armen: Anteilnahme und Gleichgültigkeit	170
Jesus als unmoralischer Held	174

Jesus-Kitsch ... **179**
Seligpreisungen und Vertröstung ... 180
Gebetserhörungen ... 183
Sorget nicht, seht die Vögel im Himmel ... 188
Weisheit und Jesus-Kitsch ... 191

Wahnideen Jesu und der frühen Kirche ... **193**
Geburtslegendenkitsch ... 194
Für wen hat sich Jesus gehalten? ... 197
War Jesus verrückt? ... 199

Nachfolgewahn ... **209**
Die Aussendung der Jünger ... 209
Nachfolge Jesu als Lebensfehlorientierung ... 212
Martyriumskitsch ... 216

War Jesus politisch? ... **221**
Das Kreuz als Strafe für Aufrührer ... 225
Verurteilung als König der Juden? ... 227
Der gewalttätige Jesus: Tempelreinigung ... 228
Jesus als Zerstörer des Tempels ... 232
Jesus und die Gewalt ... 235

Vom dogmatischen Kitsch zur kitschigen Projektionsfläche – ein Fazit ... **241**

Anmerkungen ... 249

Vorwort

Kitsch und Religion scheinen zusammenzugehören wie Hokus und Pokus. Wenn sich Menschen einbilden, dass sie unter den Tausenden von Göttern den einzig wahren erkannt haben, und wenn sie dann noch davon überzeugt sind, dass dieser Gott sich ausgerechnet ihnen im Gebet offenbaren will und großzügig bereit ist, sich um ihre kleinen Probleme zu kümmern – dann kann man zwar von „Gottvertrauen" sprechen. Aber handelt es sich nicht eher um religiöse Überheblichkeit?

Wenn Gläubige den Koran oder die Bibel oder andere heilige Schriften für einen direkten Ausfluss göttlicher Weisheit halten, wo doch bereits die Wortwahl, die Grammatik, vor allem aber die Inhalte solcher hochgelobter „heiliger" Schriften eher mäßig begabte Autoren vermuten lassen – dann kann man das mit der Unwissenheit von Gläubigen entschuldigen. Verstehen lässt sich der unbedingte Wille, etwas zu sehen, wo nichts ist, allerdings auch als eine Form der Wirklichkeitsflucht.

Und wenn Kranke und Gesunde weite Reisen auf sich nehmen, um an fernen Orten Steine auf imaginäre Teufel zu werfen oder auf Knien rutschend aus einer Quelle zu trinken, an der einst eine „Mutter Gottes" sich offenbart hat, dann liegt diesem Handeln vielleicht ein wirklich ehrlich gemeintes religiöses Gefühl zugrunde. Nur hat es sich bei solchen Erscheinungsformen offensichtlich gänzlich in religiösen Kitsch verwandelt. Und es erklingt eine religiöse Volksmusik, die selbst vielen Theologen unangenehm in den Ohren tönt.

Vielleicht ist es ja dieser peinliche Kitsch, der allzu gerne mit der Religion Hand in Hand geht, der Gebildete und Nichtreligiöse mehr abschreckt als inhaltliche Fragen nach der Wahrheit einer Religion. Herauf- und herabsteigende Götter, die sterben und auferstehen, exhibitionistisch gemarterte Heilige, das bunte Volk der Erzengel, Engel und Teufel, der kleinen Dämonen und Hexen, fliegende oder über das Wasser wandelnde Propheten, Wundertäter und Exorzisten, Stimmen aus dem Himmel und aus Gräbern, Rosenkranzandachten und Prozessionen, Paradies und Hölle und Jüngstes Gericht, inbrünstige Gebete und Gebetserhörungen, Endzeitkämpfe und apokalyptische Reiter, Götter, die auf Thronen sitzen: der religiöse Glaube hat sich eine schrille Gegenwelt erschaffen, aus der er lebt und an der er sich berauscht.

Es gehört zur geheimen Macht des Kitsches, dass diejenigen, die er fest im Griff hat, weit von sich weisen, dass dem so ist. Niemand möchte sich Kitsch zuschreiben lassen, alle geben vor, um Niveau bemüht zu sein. Doch von einem anspruchsvolleren Gottesbild scheinen die meisten Gläubigen weit entfernt.

Gläubige neigen zur Übertreibung, wenn es um ihre eigene Religion geht. Die Unzulänglichkeiten und Aporien der anderen werden deutlich wahrgenommen, die eigene Religion zu hinterfragen kommt hingegen nicht in den Sinn. Dabei ist nicht nur der eigene Gott der „wahre" Gott, auch seine Gebote, sein Kult, seine Heiligen und seine heilige Schrift werden aus durchaus irdischen religionsgeschichtlichen Kontexten in eine Sphäre von Übergeschichtlichkeit und ewig währender Bedeutsamkeit transponiert. Alles erfährt eine Aufwertung, Banales gibt es nicht. Jedes Bibelwort oder Koranzitat, und mag es nüchtern betrachtet noch so zeitbedingt und so erledigt sein wie ein zehn Jahre alter Wetterbericht, wird mit dem Nimbus der Bedeutsamkeit aufgeladen und dient für Jahrhunderte als Quelle göttlicher Weisheit und Gegenstand frommer Betrachtung.

Religiöse Schwärmerei findet sich überall, ob sie sich nun unbedarft als Volksfrömmigkeit outet mit starken Anleihen bei der Esoterik oder ob sie sich distinguiert und scheinbar anspruchsvoll als universitäre Theologie verstanden wissen will. Ob sie sich überwältigt vom Gefühl zeigt und auch noch stolz darauf ist oder ob sie die Vernunft als ihren Gewährsmann gewinnen will. Ob sie unter Rückgriff auf Konzile, die 1 000 Jahre und länger zurückliegen, von einer Weltkirche feierlich in Rom dogmatisch definiert wird oder ob sie nur der Pups allerjüngster Konventikelbildung charismatischer Gruppen auf der schwäbischen Alb ist – die Übertreibung, und damit auch der religiöse Kitsch, sind immer dabei.

Jesus von Nazareth ist ohne Kitsch für die allermeisten Menschen gar nicht zu denken. Als Kulminationspunkt der aktuell größten Weltreligion, als vermeintliche Stifterfigur, als Wundertäter und Charismatiker, als Prophet, Messias, als Welterlöser, ja schließlich sogar als Gott und Teil einer Trinität ist er zweifellos die am meisten überschätzte Figur der Weltgeschichte. Als ein von einem bloßen Menschen zu einem Gott hochgeglaubten Erlöser ist er das schillerndste Beispiel für die Kraft der religiösen Imagination, ein Gott, überzeitlich und vor Anbeginn der Welt bereits da und der Mittelpunkt aller Geschichte, ein Herr über Diesseits und Jenseits und bis in alle Ewigkeit. Mehr geht nun wirklich nicht: Gegenüber diesem Gott Christus, diesem Ergebnis geronnener Theologie der Alten Kirche, wirken ein Mohammed oder auch gar ein Buddha fast wie Statisten.

Der Einfluss dieses Jesus von Nazareth, oder besser des Bildes, das Kirche und Gläubige von ihm entworfen haben, ist enorm. Kaum einer kann sich ihm entziehen. Durch christliche Sozialisation war der Gottmensch Jesus dogmatisch über Jahrhunderte präsent und quasi ein Axiom der abendländischen Gesellschaft, und er blieb es bis zur Aufklärung. Dabei war der kirchlich-dogmatische Christus, also der wahre Gott und wahre Mensch, die zweite Person der Trinität, der Gott, der am Kreuz für unsere Sünden gestorben ist und der uns losgekauft hat von Hölle und Teufel, eine spezifische Form der Übertreibung, war *dogmatischer* Kitsch. Mögen die Eckpunkte dieses Dogmatismus zu Feiertagen von den Kirchen noch verbal aufrechterhalten werden, so können doch selbst die meisten Gläubigen heute nichts mehr mit einem Gott anfangen, der seinen Sohn blutig geopfert haben soll, um die Menschen in einer solch obskuren Weise zu erlösen. Nur sehr konservative oder einfältige Katholiken oder im protestantischen Bereich evangelikale Gruppen beharren heute noch auf einem solchen dogmatischen Kunstprodukt. Aber für viele Evangelikale – schon längst trifft dies nicht mehr auf alle zu – wurde die Welt ja auch in sechs Tagen erschaffen und ist nicht einmal 10 000 Jahre alt.

Als der Gottmensch der Dogmatik musste Jesus fast zwangsläufig alle nur denkbaren positiven Eigenschaften auf sich vereinen. Er musste absolut sündlos, gerecht, weise, allwissend und sanftmütig sein. Seine Worte, seine Ethik mussten überzeitliche Gültigkeit haben und unbedingte Relevanz beanspruchen. Heute ist der dogmatische Christus weitgehend verschwunden, seine Überhöhung und Idealisierung als vortrefflicher Mensch und Menschenfreund, als liebender Hirte und wahrer Philosoph mit einer zeitlos gültigen Ethik – und damit eben auch viel Kitsch – spukt allerdings immer noch in den Köpfen herum.

Der Theologe Schleiermacher hat sich im 19. Jahrhundert bewusst vom dogmatisch überhöhten Christus abgewandt. Die Trinitätslehre, seit der Antike fester Bestandteil der Theologie, findet sich bei ihm nur noch im Anhang. Dennoch bleibt Jesus auch bei ihm geradezu einzigartig. Denn in Christus habe sich, so Schleiermacher, das ewige Sein Gottes in besonderer und einzigartiger Weise gespiegelt. Jesus war für Schleiermacher ausgestattet mit einer „stetigen Kräftigkeit des Gottesbewusstseins", er war das Urbild des Glaubens. Man beachte: Der Gottmensch der Kirche mutierte zu einem (bloßen) Vorbild, zum Urheber und Urbild des Glaubens. Das war schon ein Abstieg. Aber um diese Degradation zu überdecken, bedachte man Jesus weiterhin mit allerlei Superlativen und tut dies bis heute. Für den Theologen Paul Tillich war Jesus ein Mensch, „wie er sein sollte". Für Wilfried Härle repräsentiert Jesus die „Selbstoffenbarung Gottes" und die „bedingungslose Liebe." Der Theologe Trillhaas sprach von Jesus als einem „Anfänger einer neuen Menschheit" und einem „zweiten

Adam". Und die Theologin Dorothee Sölle hielt Jesus für den „glücklichsten Menschen, der je gelebt hat."

Auf Superlative möchte auch eine (halb) aufgeklärte Theologie bei der Beschreibung Jesu also keineswegs verzichten. Dass Theologen auf Kanzeln und Kathedern Jesus in den höchsten Tönen rühmen, verwundert nicht. Das gehört zu ihrer Stellenbeschreibung. Wirklich bemerkenswert ist, dass auch Menschen, die mit der Kirche eigentlich überhaupt nichts mehr zu tun haben und zu tun haben wollen, in diesen Lobgesang einstimmen. Immanuel Kant beispielsweise sah in Jesus „das Ideal der Gott wohlgefälligen Menschheit, mithin einer moralischen Vollkommenheit." Auch Ernst Bloch betont das angeblich Einzigartige des Nazareners: „Ein Mensch wirkte hier als schlechthin gut, das kam noch nicht vor."[1] Solche Zitate belegen, dass es selbst ausgewiesenen Kritikern der Kirche und gestandenen Philosophen nicht ganz gelingen will, die rosarote Brille, die die Kirche und die christliche Sozialisation auch ihnen aufgesetzt hat, wieder abzusetzen. Hatte doch schon Reimarus, einer der ersten großen Kritiker am dogmatischen Bild Christi, diesen selbst in den höchsten Tönen gelobt. Immerhin, „bei Jesus findet Reimarus Demut, Sanftmut, Barmherzigkeit, Friedfertigkeit, Versöhnlichkeit, Mildtätigkeit, Dienstfertigkeit, Aufrichtigkeit, wahre Liebe und Vertrauen zu Gott, Gebet, Ablegung alles Hasses, auch sogar wider die Feinde, Vermeidung böser Lust und unnützer Reden, Verleugnung seiner selbst."[2]

Natürlich zuerst für die Kirchen und ihre Gläubigen, aber eben auch für säkulare Menschen, ja sogar Atheisten und Religionskritiker, dazu für die wohlwollenden Vertreter anderer Religionen, des Buddhismus und des Islam, dazu auch für Esoteriker, Anarchisten, Revolutionäre und Schwärmer: für alle wird dieser Jesus irgendwie zu einem bemerkenswerten Menschen, einer Vorbildfigur, einem „Eingeweihten" oder einem Propheten. Und jedes Jahr erscheinen weltweit Hunderte von Büchern, die solche illusionären und enthusiastischen Schwärmereien reproduzieren und allein schon durch ihre schiere Menge die Illusion erzeugen, als bewege man sich nicht in Kitsch-Kategorien, sondern geradezu in Selbstverständlichkeiten. Dies verwundert umso mehr, als wir im Neuen Testament eine ganze Reihe von Stellen finden, die diesen Jesus von Nazareth in einem doch eher fragwürdigen Licht erscheinen lassen: Ein grundlegender Irrtum hat sein Leben bestimmt, seine Ethik zeichnet sich unerwartet stark durch Fragwürdigkeit und durch Widersprüche aus, durch radikale Vorgaben, an die er sich vielfach nicht einmal selbst hält. Sein Menschenbild ist ein wenig plakativ, zuweilen primitiv, und in vielem, was er sagt und tut, ragt der später als Gott oder zumindest als vollkommener Mensch Verehrte kaum über den Tellerrand seiner Umwelt hinaus. Und seine Lehre, auch dies wird man feststellen müssen, weist sogar in ihren Spitzensätzen einen gehörigen Grad an Plattheit, Schwärmerei und religiösem Kitsch auf.

Gläubige sehen solche Peinlichkeiten, Schwächen und Inkonsequenzen ihres Herrn und ihrer heiligen Schriften naturgemäß nicht. Fromme Bibelleser überblättern sie, Priester und Pfarrer predigen um sie herum. Umso mehr scheint es geboten, der oft oberflächlich-enthusiastischen Sicht auf dieses „Urbild der Vollkommenheit" einen nüchternen Blick auf Jesus von Nazareth, auf einen *Jesus ohne Kitsch*, entgegenzuhalten. Dieses Buch will einen Beitrag dazu leisten. Es stellt sich damit in Opposition zu 99 Prozent der permanent erscheinenden und reichlich unkritischen „Jesusbücher". Es wird vermutlich schon deshalb bei vielen Lesern Aha-Effekte auslösen, weil es gerade diejenigen Punkte zur Diskussion bringt, die im Mainstream der feierlichen Ergüsse bewusst oder unbewusst verschwiegen oder übergangen werden. Wo angebracht, werden dabei auch die Erkenntnisse der neutestamentlichen Forschung zum „historischen Jesus" und der Religionsgeschichte zur frühen Kirche rekapituliert, die äußerst aufschlussreich, einfachen Gläubigen oder Bibellesern aber meist unbekannt sind. Man versteht vieles besser, wenn man erkennt, wie es einst entstand und zu welchem Zweck es einst dienen sollte.

Lobeshymnen über Jesus gibt es wahrlich genug. Es ist der breite Weg, und viele sind es, die auf ihm wandeln. Der schmale Weg der Kritik kennt wenige, die ihn nutzen. Also treten wir sie an, die Reise, die uns zu den fragwürdigen Stellen und Widersprüchen dieses Jesus von Nazareth führt, zu seinen Irrtümern und Unzulänglichkeiten, seinen Vorurteilen, seinen Banalitäten und Übertreibungen. Und wie von jeder Reise werden wir vielleicht ein Stück weit desillusionierter, aber auch klüger und vielleicht sogar weiser zurückkehren.

Ein Gottesreich, das nie gekommen ist

Wenn man eine Umfrage machen würde, was denn die zentrale Lehre Jesu gewesen sei, würden wohl die meisten Menschen spontan die „Liebe", die „Nächstenliebe" oder die „Feindesliebe" nennen. Nachdem die Kirche in früheren Jahrhunderten gerne auch die Schrecken und den Zorn Gottes beschworen und dabei auch viel von Hölle und Gericht gepredigt hat, ist heute ein Satz wie „Gott ist die Liebe" (1 Joh 16) zum Hauptinhalt christlicher Predigt avanciert. Für moderne Christen muss Gott ein liebender Gott sein. „Denn so hat Gott die Welt geliebt, dass er den einzigen Sohn gab, damit jeder, der an ihn glaubt, nicht verloren gehe, sondern ewiges Leben habe" (Joh 3,16). Wie sollte also Jesus etwas anderes verkündet haben als die Liebe?

Doch hier ist man bereits einem klaren Irrtum aufgesessen. Der Hauptinhalt der Verkündigung Jesu war keineswegs die Liebe, sondern das „Reich Gottes". Auf die „Liebe" werden wir später noch zu sprechen kommen, doch in der neutestamentlichen Forschung hat man lange schon erkannt, dass es Jesu vordringlichstes Anliegen war, zu verkünden, dass das Reich Gottes nun unmittelbar bevorstehe. Bald würde es für alle sichtbar anbrechen. Doch was meint „Reich Gottes"? Anders als mit der „Liebe" können Gläubige wie Ungläubige damit erst einmal gar nichts anfangen.

Die Vorstellung vom „Reich Gottes" führt uns in eine fremde und ferne Welt. Es ist die Welt der Apokalyptik, einer wirren Zusammenstellung von Endzeitspekulationen im Frühjudentum. Fromme Kreise, vielfach aber auch die einfache Volksfrömmigkeit erwartete das unmittelbare Eingreifen Gottes in die Geschichte. Gott würde bald sein Reich auf Erden errichten und für Israel Freiheit und Gerechtigkeit bringen. Die Aufrichtung der Herrschaft Gottes würde mit kosmischen Zeichen und Katastrophen einhergehen, mit Kriegen und Verwüstung, mit einer Vernichtung der Feinde Israels oder ihrer Bekehrung zum wahren Gott, mit einem Gericht, einer himmlischen oder irdischen Richterfigur, einem Messias oder Menschensohn, oder auch ohne sie, jedoch auf alle Fälle mit der dann folgenden unumschränkten Herrschaft Gottes. Die Zeit gärte. Viele waren überzeugt, dass dieser große Wendepunkt der Geschichte bevorstand, es konnte nun nicht mehr lange dauern. Die Spekulationen schossen ins Kraut und brachten eine ganz neue Literaturgattung hervor, die sogenannten Apokalypsen (Offenbarungen), die den Fortgang und das Ende der Geschichte bis ins Detail beschrieben. Oft waren sie angefüllt mit perversen Vernichtungs- und Gewaltvorstellungen gegen die „Ungläubigen", gegen andere Völker, aber auch gegen die „Lauen" im eigenen Volk. Mit Seuchen, Feuer und Krieg sollte ein Großteil der Menschheit dahingerafft, der Endkampf zwischen Gut und Böse ausgefochten und oft erst durch ein Meer von Blut letztlich das Gottesreich errichtet werden. Eine dieser Apokalypsen, die Offenbarung des Johannes, hat es sogar ins Neue Testament geschafft. Sie war wohl einst eine jüdische Schrift, die dann christlich umgedeutet wurde. Noch heute meinen Fromme, aus den nebulösen Andeutungen der unbekannten Autoren mit allzu gewagten Interpretationen so etwas wie einen Endzeitfahrplan ablesen zu können. Manche sind so in diesen Gedanken vernarrt, dass ihnen gar nicht auffällt, dass die grausame Vernichtung des überwiegenden Teils der Menschheit sich denkbar schlecht mit dem „liebenden Gott" verträgt, an den sie doch sonst tagein, tagaus glauben.

Wie das Weltende oder der Weltwandel nun aussehen sollte, dazu hatte jeder dieser unbekannten Entzeitphantasten seine eigenen Vorstellungen. Dass das Ende aber käme und dass es bald käme, darin stimmten sie überein. Heutige Christen denken bei „Reich Gottes" am ehesten noch an das Paradies, das Christen nach dem Tod für sich erwarten. Doch die frühjüdische Reich-Gottes-Vorstellung war anders. Man dachte nicht an ein jenseitiges Eden, sondern an ein Reich auf der Erde. Man stellte sich vor, dass es sich entweder auf die Erde herabsenken würde oder die irdischen Verhältnisse irgendwie, vor allem aber radikal umgewandelt würden. Gott höchstpersönlich würde aus dem Himmel und von seinem himmlischen Thron herabsteigen und die Herrschaft in seinem Reich übernehmen. Selbst würde er Recht und Gerechtigkeit aufrichten und über sein auserwähltes Volk herrschen. Für andere Herrscher, zum Beispiel für die Römer, war da natürlich kein Platz mehr. Deshalb war die Forderung oder Erwartung eines Reiches Gottes nie unpolitisch – anders als beim jenseitigen Paradies der späteren Christen. Wer das Reich Gottes propagierte und herbeibeschwor, der musste den Römern von vornherein verdächtig sein.

Jesus nun war vom baldigen Beginn dieser Gottesherrschaft so überzeugt, dass er sein Reden und Handeln ganz in ihren Dienst stellte. Die Exegeten sind sich darin einig, dass das Markusevangelium (Mk 1,14–15) den Inhalt der Verkündigung Jesu ziemlich genau trifft:

> Nachdem man Johannes gefangen genommen hatte, kam Jesus nach Galiläa und verkündigte das Evangelium Gottes: Erfüllt ist die Zeit, und nahe gekommen ist das Reich Gottes. Kehrt um und glaubt an das Evangelium!

Etwa im Jahr 30 also tritt Jesus öffentlich auf und verkündet, dass es nicht mehr lange dauern könne; das Reich Gottes stehe quasi vor der Tür. Das „Evangelium" (= gute Botschaft), an das man glauben soll, ist nicht etwa der Glaube an ihn – Gläubige verwechseln das gerne –, sondern daran, dass nun die Gottesherrschaft kommt. Der Begriff „Reich Gottes" ist zentral in den alten Evangelien. Er kommt bei Markus vierzehnmal vor, bei Matthäus findet er sich gleich fünfundzwanzigmal. Viele der Gleichnisse Jesu haben das Gottesreich zum Thema, erzählen bildhaft von seinem plötzlichen und unabwendbaren Hereinbrechen. Seinen Jüngern macht Jesus unablässig klar, dass kaum noch Zeit bleibt, und auf seinen Wanderreisen durch Galiläa ist das kurz bevorstehende Reich Gottes sein Predigtthema. Im Vaterunser, dass in wesentlichen Teilen auf Jesus selbst zurückgeht (u. a. weil dort Jesus selbst gar nicht vorkommt), heißt es (Mt 6,10):

> Dein Reich komme. Dein Wille geschehe, wie im Himmel, so auf Erden.

In jedem Gottesdienst wird diese Bitte wiederholt, doch heutige Christen denken dabei wieder an das Jenseits oder ein phantasiertes Reich in weit entfernter Zukunft. Damit verfehlen sie die Absicht Jesu komplett. Denn dieser dachte bei „Reich Gottes" nicht an den Sankt-Nimmerleins-Tag, in seinem Glauben war es vielmehr etwas unfassbar Nahes. Etwas, dass er wie selbstverständlich selbst noch zu erleben gedachte. Laut Markus (Mk 13,30) verkündet er feierlich:

> Amen, ich sage euch: Dieses Geschlecht wird nicht vergehen, bevor dies alles geschieht.

Und an anderer Stelle (Mk 9,1) heißt es:

> Amen, ich sage euch: Einige von denen, die hier stehen, werden den Tod nicht schmecken, bevor sie das Reich Gottes sehen, wenn es gekommen ist mit Macht.

Seine Jünger sendet Jesus aus, in den Dörfern und Städten der Umgebung die Ankunft des Gottesreiches zu verkünden, und er drängt sie zur Eile:

> Wenn sie euch in der einen Stadt verfolgen, dann flieht in die andere. Denn, amen, ich sage euch: Ihr werdet

mit den Städten Israels nicht zu Ende kommen, bevor
der Menschensohn kommt. (Mt 10,23)[3]

Selbst noch kurz vor seinem Tod rechnet Jesus damit, selbst das Reich Gottes zu erleben:

Denn ich sage euch: Von jetzt an werde ich von der
Frucht des Weinstocks nicht mehr trinken, bis das Reich
Gottes kommt. (Lk 22,18)

Es ist gewissermaßen ein Enthaltsamkeitsgelübde, das Jesus hier ablegt. „Wenn Jesus sich den Weingenuß versagt, bis die Königsherrschaft Gottes kommt, dann muß dieses Kommen in greifbarer Nähe sein."[4]

Ein apokalyptischer Schwärmer

Nun ist es für das Verständnis und die geistesgeschichtliche Einordnung dieses Jesus von Nazareth ungemein wichtig, sich klarzumachen, dass sich Jesus, dem die Kirche später unter anderem Allwissenheit zuschreiben wird, schlicht und einfach geirrt hat. Denn das von ihm erwartete Reich Gottes ist nie gekommen. Kein Gott stieg vom Himmel herab, keine Feinde wurden vertrieben, kein Reich der Gerechtigkeit ausgerufen. Wie andere religiöse Phantasten ist auch Jesus einem damals weit verbreiteten Aberglauben aufgesessen, und offenbar war dieser Aberglaube bei ihm besonders stark ausgeprägt. Sein Wahn vom „Reich Gottes" hat ihn möglicherweise sogar später den Kopf gekostet.

Man muss Jesus wohl in erster Linie nicht als großen Menschenfreund, sondern als apokalyptischen Schwärmer verstehen. Mit seiner naiv-religiösen Phantastik, seinem starren Glauben, den Fortgang der Geschichte erkannt zu haben, ist er Träger eines Wahns, den er mit vielen anderen vermeintlichen Propheten teilt, religiösen wie politischen.

Verständlicherweise wollte man lange in Theologie und Kirche nicht zugestehen, dass sich Jesus geirrt hat. Sein „Reich Gottes" wurde meist als jenseitiges Reich interpretiert, oder es wurde subjektivistisch ins Innere der Gläubigen verlegt.[5] Der Kulturprotestantismus brachte es im 19. Jahrhundert mit Bildung, Gewissen und ethischem Handeln in Verbindung, „in dem die sittliche Mitarbeit zu seiner allmählichen Durchsetzung führt. Sie stellte sich aus späterer Sicht darum als bürgerliche Aussöhnung mit dem fremd gewordenen Jesus dar."[6]

Durch die für die Theologie epochemachende Schrift von Johannes Weiß „Die Predigt Jesu vom Reiche Gottes" (1892) realisierte die theologische Forschung dann aber schlagartig, wie fremd und illusionär die Verkündigung Jesu vom Gottesreich eigentlich gewesen ist. Nun sprachen es auch Theologen deutlich aus: „Es bedarf keines Wortes, dass sich Jesus in der Erwartung des nahen Weltendes getäuscht hat."[7] Ein bloß subjektivistisches oder symbolisches Verständnis war damit ausgeschlossen. Denn dann müsste man annehmen, „dass er seine Jünger komplett getäuscht hat; denn sie fuhren fort, ein Königreich zu erwarten."[8] 2000 Jahre sind seitdem vergangen. Kein Reich Gottes ist gekommen. Jesus ist mit seiner „illusionären Eschatologie" (Albert Schweitzer) schlichtweg gescheitert.

Ein wenig erinnert dieser Jesus mit seinem Aberglauben an die „Zeugen Jehovas" oder andere radikale christliche Gruppen, die mit dramatisch-kitschigen Worten vom Reich Gottes reden und die „Wiederkunft des Herrn" alle paar Jahre neu erwarten oder reichlich albern versichern, dass es nun nicht mehr lange dauern könne. Der Gott und Erlöser Jesus kann sich, so sind sie überzeugt, unmöglich geirrt haben. Zum Umkehrschluss, dass er ja unmöglich ein Gott sein kann, wenn er sich so geirrt hat, dazu sind sie freilich nicht fähig. Aber auch derjenige, der Jesus nicht in den verstaubten Kategorien antiker Dogmatik sehen will, der ihn vielmehr als idealen Menschen und Bringer überzeitlicher Weisheit verstehen möchte, muss sich fragen, welche Wahrheiten ein Mensch für uns heute bereithalten könnte, dem es offenbar nicht möglich gewesen ist, sich vom zeitgenössischen Volksaberglauben zu befreien. Welche richtigen Erkenntnisse darf man in Nebendingen von ihm erwarten, wenn er sich schon auf seinem Hauptgebiet so hat irren können? Wir werden noch sehen, dass Jesus auch in anderen Fragen weit weniger originell und richtungsweisend war, als ihm gewöhnlich unterstellt wird, hat doch sein Aberglaube vom Reich Gottes auch seine andere Wortverkündigung immer wieder kontaminiert und diskreditiert.

Hat Jesus überhaupt je gelebt?

Immer wieder zweifeln Menschen daran, dass Jesus überhaupt gelebt hat.[9] Ist er nicht vielmehr eine rein literarische Figur, die an einem antiken Schreibpult erst entstanden ist und geformt wurde? Ist es nicht einfach die kirchliche Gebundenheit der Neutestamentler, die verhindert, dass dies deutlich ausgesprochen wird? Für Religionskritiker wäre es allerdings am einfachsten, könnten sie darauf verweisen, dass Jesus als historische Person überhaupt nur eine Erfindung ist, wie es große Teile seiner angeblichen Lehre zweifellos sind.

Was dieser Annahme jedoch entgegensteht, sind Ecken und Kanten der Überlieferung, die man sich nur schwer als literarische Schöpfungen vorstellen kann. Warum kommt dieser Jesus aus dem völlig unbedeutenden Dorf Nazareth? Warum hätte man sich so etwas ausdenken sollen? Warum unterzieht er sich, der doch frei von Sünde ist, der Sündertaufe durch Johannes den Täufer? Die ersten Christen haben mit dieser Taufe große Probleme gehabt. Warum endet Jesus ausgerechnet auf so schändliche Weise am Kreuz? So etwas war für den Messias, für den die Christen ihren Herrn ja hielten, nirgendwo vorgesehen und widersprach aller Erwartung. Alle diese Fragen haben den ersten Christen mächtig zugesetzt und erhebliche Schwierigkeiten bereitet, und sie mühten sich sichtlich an ihnen ab, versuchten die peinlichen Fakten – Taufe, Kreuzigung, Verrat durch einen selbst ausgewählten Jünger, Irrtum Jesu – abzumildern oder aus der Welt zu schaffen. Ein Schriftsteller hätte diese Anstößigkeiten und Widersprüchlichkeiten wohl schwerlich erfinden können. Deshalb ist es aus Sicht der historischen Forschung die bessere Erklärung, dass sie tatsächlich auf missliebigen Fakten beruhen und nicht nur auf literarische Erfindungen zurückgehen.

Man erkennt dies auch daran, wie bestimmte Anschauungen und Begriffe sich wandeln. So haben der Reich-Gottes-Begriff und die Naherwartung für Jesus unverkennbar eine zentrale Rolle gespielt. Doch für die späteren Gläubigen war beides vernachlässigbar, ja sogar fragwürdig geworden, schließlich ist das erwartete Reich Gottes ja nicht gekommen. Bei Paulus spielt das „Reich Gottes" keinerlei Rolle mehr, und auch im Johannesevangelium, dem jüngsten der vier Evangelien, kommt es praktisch nicht vor. Zudem hatte Jesus noch auf das Kommen Gottes gewartet, die frühe Gemeinde wartete hingegen auf den wiederkehrenden Jesus. Sie machte aus dem Verkündiger einen Verkündigten. Warum hätte ein späterer Literat einen Jesus erfinden sollen, den seine Gemeinde dann erst mühsam korrigieren und der eigenen Situation anpassen muss? Solche Widersprüche erklären sich am besten aus der Geschichte selbst, nicht bloß aus der Literaturgeschichte. Sogar das Johannesevangelium, das ja anerkanntermaßen fast vollständig eine Erfindung des Evangelisten oder seiner Schule ist, kommt an bestimmten Eckdaten des Lebens Jesu offenbar nicht vorbei. Zwar eliminiert es die anstößige Taufe Jesu durch Johannes, aber sein Tod am Kreuz ließ sich einfach nicht verschweigen (nur uminterpretieren), ebenso wie die Existenz seiner Mütter und Brüder, obwohl der Prolog des Johannes mit dem berühmten Satz „Am Anfang war das Wort …" im Grunde davon ausging, dass Jesus schon von Anbeginn der Welt existierte – Mutter und Verwandte hätte es da keine gebraucht.

Der Wahn Jesu vom Reich Gottes

Dass Jesus der festen Überzeugung war, das Reich Gottes stünde unmittelbar bevor, und er alles daran setzte, auch sein Umfeld von diesem Aberglauben zu überzeugen, zeigt ihn uns, nüchtern betrachtet, als einen religiös verwirrten Menschen. Wie würde man heute auf einen Prediger reagieren, der ruft: „Das Ende ist nah", und verspricht, keinen Alkohol mehr zu trinken, bis es angekommen ist? Wäre dies schon ausreichend, um eine religiöse Neurose zu diagnostizieren? Oder kann es noch als harmloser Spleen gewertet werden? Zugegeben, irren ist menschlich. Man darf aber nicht vergessen, dass es vermutlich diese partielle Bewusstlosigkeit (Theologen sprechen an dieser Stelle lieber von „Selbstbewusstsein") war, die das Todesurteil gegen Jesus befördert hat. Weniger die Römer, sondern mehr sein religiöser (Aber-)Glaube hat ihn umgebracht. Ein solches Ende aus einer Tendenz zur Selbstgefährdung heraus spräche nun allerdings schon für eine Neurose.

Viele glaubten Ähnliches wie Jesus, ohne dass es für sie in der Katastrophe geendet hätte. Aber Jesus belässt es eben nicht beim passiven Glauben, sondern sammelt Schüler und verkündet aktiv das Reich Gottes. Dabei hat er trotz aller Übernahmen aus der Umwelt auch einen eigenen Akzent gesetzt. Denn offenbar war er nicht nur der Meinung, dass das Reich Gottes bald kommen würde (das glaubten viele), sondern dass es bereits dabei war, sich zu verwirklichen. Auf die Frage des Täufers, wer er denn sei, antwortet Jesus:

> *Blinde sehen* und Lahme gehen, Aussätzige werden rein
> und *Taube hören*, und *Tote werden auferweckt*, und
> Armen wird das Evangelium verkündigt. (Lk 7,22)

Das Wort enthält Anspielungen auf Weissagungen Jesajas. „Gott hatte durch diesen Propheten mitgeteilt, in der künftigen Heilszeit würden Blinde ihr Augenlicht wiedererlangen, Lahme ihr Gehvermögen, Ertaubte ihr Gehör, Verstorbene würden auferstehen und Arme frohe Kunde empfangen."[10] Offenbar ist Jesus der Meinung, dass dies alles sich jetzt verwirkliche, und bringt es mit seinem Auftreten als Exorzist und Wundertäter in Verbindung. In der Forschung wird diesem Jesuswort eine hohe Authentizität zugesprochen. Nicht das Bevorstehen, sondern schon die Gegenwärtigkeit des Gottesreiches hatte bisher noch keiner verkündet. Der Spruch lässt sich auch nicht aus der späteren Gemeinde oder dem Judentum ableiten, weshalb man davon ausgeht, dass wir es hier mit einem echten Jesuswort zu tun haben.

In die gleiche Richtung geht ein Wort Jesu, dass Historiker ebenfalls zumeist für authentisch halten.[11] Es spricht noch urtümlicher von den Exorzismen Jesu und der Ankunft des Gottesreiches:

Wenn ich durch den Finger Gottes die Dämonen austreibe, dann ist das Reich Gottes zu euch gelangt. (Lk 11,20)

Der „Finger Gottes"[12] steht dabei als Teil für das Ganze, das heißt, Jesus treibt mit Gott die Dämonen aus, und das versteht er als ein Zeichen, dass das Reich Gottes sich bereits verwirklicht.

Und noch ein drittes Wort sei genannt, dass die Neutestamentler fast einhellig für ein echt halten, wenngleich es für Bibelleser etwas kryptisch daherkommt:

Da sagte er [Jesus] zu ihnen: Ich sah den Satan wie einen Blitz vom Himmel fallen. (Lk 10,18)

Im Denken Jesu und seiner Zeitgenossen war der Teufel eine feste Größe. Offenbar glaubte auch Jesus der mythologischen Vorstellung von einem endzeitlichen Himmelskampf. „Der Satan (als Anführer des himmlischen Heeres) wurde beim Himmelskampf besiegt und aus dem Himmel gestoßen."[13] Die Macht des Teufels ist damit gebrochen. Eben deshalb war im Denken Jesu der Kampf gegen die Dämonen so erfolgreich, weil der Herrscher über die Dämonen bereits selbst seine Macht verloren hatte. Im Himmel (den Jesus noch ganz mythisch als Aufenthaltsort Gottes und seiner Engel verstanden hat) war das schon Realität. Über ein Kurzes musste es sich auch auf der Erde zeigen. Dann würde Gott für alle sichtbar die Herrschaft übernehmen. In der Offenbarung des Johannes (12,7–10) finden wir übrigens ein ähnliches Geschehen. Hier stehen sich der gute Erzengel Michael und der Satan mit ihren Heeren gegenüber. Im anschließenden Hymnus wird diese Konfrontation als Anbruch der Gottesherrschaft interpretiert.

War Jesus nun aber der Meinung, das Reich Gottes sei bereits da oder verwirkliche sich gerade, dann müsste man seinen religiösen Geisteszustand noch kritischer beurteilen. Denn ein präsentisches Reich Gottes ist noch irrealer als ein rein futurisch gedachtes Reich. Was würde man heute von einem Menschen halten, der behauptet: „Das Reich Gottes ist schon da, ihr könnt es doch an meinem Wirken sehen. Warum begreift ihr das denn nicht?" Begegnet man in der Stadt einem solchen Prediger, kann es durchaus angeraten sein, die Straßenseite zu wechseln.

Die Neutestamentler haben sich natürlich gefragt, was genau Jesus da nun gesehen haben will. Denn der Satz „Ich sah den Satan wie einen Blitz vom Himmel fallen" scheint ja auf eine einmalige Erfahrung hinzudeuten. Manche wollen hier gar das Schlüsselerlebnis im Leben Jesu erkennen. „Das Ende der Herrschaft des Teufels ist die tragende Glaubensüberzeugung des religiösen Lebens Jesu", meint etwa Gerd Lüdemann.[14] Aber was hat Jesus gesehen? Ein besonders eindrucksvolles Gewitter? Eine beeindruckende Sternschnuppe in einer klaren Nacht in Galiläa? Der Theologe Ebner vermutet einen Meteor, den Jesus erblickt und in apokalyptischem Sinne interpretiert hat.[15] Das bleibt natürlich Spekulation. Aber denkbar wäre es schon, dass Jesus, der ja das Gottesreich ganz konkret vom Himmel her kommend erwartete und sicherlich oft gebannt nach oben schaute, ein natürliches Himmelsphänomen in apokalyptischem Sinne interpretiert hat. Wen wundert's: Glaube ist ja vor allem die Kraft zur Einbildung, und wer krampfhaft nach himmlischen Zeichen sucht, der wird schon welche finden. Aber vielleicht war es doch kein handgreifliches Erlebnis, sondern nur ein Traum oder eine Vision. Wir werden es nie erfahren.

Jesus als Schüler eines Extremisten

„War also zuletzt die ganze angebliche Heilsökonomie Gottes eine peinliche Illusion?", fragt der Theologe Gräßer.[16] Man wird antworten müssen: Ja, sie war es zweifellos, wie auch immer Jesus das Reich Gottes verstanden haben mag. Wie gewöhnlich nimmt die Wirklichkeit keinerlei Rücksicht auf selbsternannte Propheten und Rechthaber, die vorgeben zu wissen, wo es langgeht. Mit seiner lächerlichen Naherwartung hat Jesus seinen späteren Anhängern freilich ein Ei ins Nest gelegt, an dem sie lange zu brüten hatten. Als das Reich Gottes sich zu Jesu Lebzeiten partout nicht einstellen wollte, warteten die Anhänger der jüdischen Sekte, die man später Christen nannte, auf den wiederkehrenden Jesus. Aber auch der ließ auf sich warten. Inständig beteten die Christen das „Maranatha", das „Unser Herr, komm!". Doch immer mehr Anhänger starben, ohne dass der Herr sich zeigte. Kommt er denn überhaupt noch?, fragten die Gläubigen zunehmend verunsichert. Man erkennt ihre religiöse Not daran, dass an vielen Stellen im Neuen Testament eindringlich davor gewarnt wird, ja nicht zu verzagen – der Herr komme bestimmt, man könne sich darauf verlassen. Selbst Jesus werden solche Warnungen in den Mund gelegt. Und das einst ganz irdisch und materiell gedachte Reich Gottes wurde immer mehr spiritualisiert und schließlich ganz ins Jenseits abgeschoben. Dort schien es auch vor Kritikern einigermaßen sicher zu sein.

Zur Entlastung Jesu kann geltend machen, dass er selbst ein verführter Verführer war. Denn offenbar hat ihm sein Meister, hat ihm Johannes der Täufer den Floh mit dem angeblich bevorstehenden Gottesreich ins Ohr gesetzt. Von Johannes hat er diese leere Lehre übernommen, schon der Täufer hatte sich darin geirrt.

Wir müssen etwas ausholen. Das Bild, das das Neue Testament von Johannes dem Täufer zeichnet, ist bereits durch und durch verchristlicht, zurechtgefeilt von den allerersten Installateuren einer sich ausbildenden christlichen Dogmatik. Keineswegs ist Johannes der Täufer so etwas wie der Vorläufer Jesu gewesen. Erst die christliche Überlieferung hat ihn dazu gemacht. Die neutestamentliche Forschung hat dies längst und einhellig erkannt. Es scheint mehr als wahrscheinlich, dass Jesus von Johannes entscheidende Lehrstücke übernommen hat, weil er vermutlich einige Zeit selbst sein Jünger gewesen ist.

Johannes der Täufer findet, anders als Jesus, beim jüdischen Historiker Josephus vergleichsweise breite Erwähnung. Weil die Kommunität von Qumran nur zwölf Kilometer von seiner Wirkungsstätte entfernt lag und weil es auch einige inhaltliche Überschneidungen gibt, wird immer wieder diskutiert, ob Johannes ein Qumran-Essener war oder doch nur ein Teil der syrisch-palästinischen Taufbewegung, die seit 150 v. Chr. nachweisbar ist. Josephus möchte ihn als Philosophen sehen (so wie er auch Pharisäer und Sadduzäer euphemistisch als Philosophenschulen verstanden wissen will), als Tugendlehrer, „der die Juden anhielt, nach Vollkommenheit zu streben, indem er sie ermahnte, Gerechtigkeit gegeneinander und Frömmigkeit gegen Gott zu üben und so zur Taufe zu kommen."[17] Nun, philosophisches Gedankengut finden wir bei Johannes nicht. Sein Denken war eher von religiösem Fanatismus geprägt. Denn auch er wartete schon auf ein Reich, das nicht gekommen ist.

> In jenen Tagen aber trat Johannes der Täufer auf und verkündete in der judäischen Wüste: Kehrt um! Denn nahe gekommen ist das Himmelreich. Er ist es, von dem durch den Propheten Jesaja gesagt ist: Stimme eines Rufers in der Wüste: Bereitet den Weg des Herrn, macht gerade seine Straßen! Schlangenbrut! Wer machte euch glauben, dass ihr dem kommenden Zorn entgehen werdet? Bringt also Frucht, die der Umkehr entspricht! ...

> Schon ist die Axt an die Wurzel der Bäume gelegt: Jeder
> Baum, der nicht gute Frucht bringt, wird gefällt und ins
> Feuer geworfen. (Mt 3,1–3.8.10)

Johannes war zweifellos ein übler Gerichtsprediger, einer, der seinen Mitmenschen ihre angebliche Gottlosigkeit vorhielt und ihnen drohte mit Feuer und Gewalt. Einer von denen, die es besser zu wissen meinen, die sich für reiner halten als das gemeine Volk. Sein Extremismus zeigte sich offenbar schon in seiner Kleidung und Nahrung.

> Er aber, Johannes, trug ein Gewand aus Kamelhaaren
> und einen ledernen Gürtel um seine Hüften; seine Nahrung waren Heuschrecken und wilder Honig. (Mt 3,4)

Weltfremder Asketismus und Drohbotschaften: Er muss schon für damalige Verhältnisse ein sehr finsterer Geselle gewesen sein. Doch solche Fanatiker ziehen Menschen offenbar automatisch an, weil ihr deviantes Verhalten gern als prophetischer Impetus und Ausweis höherer Einsicht missverstanden wird. Zudem hielt Johannes mit der Taufe gleich eine Art Sakrament bereit, um vor dem kommenden Zorngericht Gottes zu schützen. Die Johannestaufe war etwas Neues. „Eine befriedigende religionsgeschichtliche Ableitung der Johannestaufe [ist] … bisher noch nicht gefunden. Am nächsten liegt es, an essenische Einflüsse zu denken."[18] Das Judentum kannte zwar Reinigungsriten, die Taufe des Johannes aber war wohl als einmaliger Reinigungsakt gedacht, der auf das anstehende Gottesreich vorbereiten sollte. Es war offenbar eine Art Schutzritus, durch die die Bußfertigen vor dem drohenden Gottesgericht bewahrt werden konnten.[19]

Für die Kirchen ist der Extremist Johannes ein Heiliger geworden, weil er angeblich Jesus angekündigt hat. Doch dies nimmt heute kein ernst zu nehmender Wissenschaftler mehr an. Nicht auszuschließen ist, dass sich Johannes selbst als eine Art „neuer Elia" stilisiert hat (mit ledernem Gürtel und Wüstennahrung), wie er für die Endzeit erwartet wurde. Er wartete auf Gott höchstpersönlich. Denn sein Jesaja-Zitat (Jes 40,3) „Stimme eines Rufers in der Wüste: Bereitet den Weg des Herrn, macht gerade seine Straßen!" spricht eben von Gott selbst, der kommen wird, und also nicht von einer Mittlergestalt oder einem Messias, und natürlich erst recht nicht von einem Wanderprediger aus Galiläa. Johannes hat auf Gott selbst gewartet, wie es Jesus auch getan hat.

Die Christen haben Johannes vereinnahmt und ideologisch ausgeschlachtet. Der Evangelist Lukas entfaltet eine eigene Geburtslegende – Johannes habe bereits vor seiner Geburt im Leib seiner Mutter Jesus als dem Größeren gehuldigt –, und die Evangelien werden nicht müde, immer wieder zu betonen, dass Jesus der Bedeutendere ist und Johannes es nicht einmal wert sei, seine Sandalen zu tragen (Mt 3,11).

Johannes der Täufer und seine finstere Predigt

Die Evangelien beschäftigen sich deshalb so intensiv mit dem Täufer, weil Jesus einst selbst ein Jünger des Johannes war. Die spätere Dogmatik der Kirche und auch bereits die Evangelien geben Jesus den Vorrang, historisch jedoch war Johannes der Lehrer Jesu. Indem Jesus sein Jünger wurde, begann offenbar sein öffentliches Wirken. Für die Christen ist dieser Gedanke gewöhnungsbedürftig, in der neutestamentlichen Forschung aber längst allgemein akzeptiert. Jesus „hat vermutlich eine Zeitlang zu den Johannesjüngern gehört", so der Theologe Vielhauer in einem Lexikonartikel des Standardwerks „Religion in Geschichte und Gegenwart".[20] Auch für den Theologen Schröter ist klar, dass Jesus „zunächst zum Jüngerkreis Johannes des Täufers gehörte."[21] Jesus war „der ehemalige Schüler des Rabbi Johannes."[22] Der Theologe Ebner meint: „Wir sehen ein Doppelgespann vor uns, in dem Jesus als Junior, der Täufer dagegen als Senior fungiert. ... Jesus lässt sich von der Botschaft des Täufers treffen, er ordnet sich seiner führenden Rolle als Täufer unter, er bekennt seine eigenen Sünden usw."[23] Es ist Johannes, dem Jesus seine „theologische und spirituelle Formation" verdankt.

Der Täufer hat sich nicht als Vorläufer einer weiteren Person, eines Propheten oder des Messias gesehen. Er war offenbar davon überzeugt, dass er der letzte Prophet sei und nach ihm nur noch Gott selbst kommen werde. Sein Bild, dass die „Axt schon an die Wurzel der Bäume gelegt ist", lässt für einen weiteren Vermittler keinen Platz. Der „Stärkere", den Johannes erwartet, ist vielmehr Gott selbst.

Offenbar ist Jesus einer der vielen gewesen, die zu Johannes gezogen sind, um sich seiner Sündertaufe zu unterziehen. Die Taufe Jesu durch Johannes darf als gesichertes Faktum im Leben Jesu gelten, denn sie stellte später eine Anstößigkeit dar. Jesus – noch gänzlich in Unkenntnis der späteren Dogmatik, die ihn zu einem Sündlosen erklärte – bekennt seine Sünden und unterzieht sich der Sündertaufe. Das konnte die frühe Kirche so unmöglich stehen lassen. In den Evangelien lässt sich schön verfolgen, wie versucht wurde, diese Peinlichkeit zu eliminieren oder abzuschwächen, wie man den Täufer von einem Lehrer zu einem Schüler machte und feststellte, die Taufe habe eigentlich gegen den Willen des Johannes und nur auf ausdrücklichen Wunsch Jesu stattgefunden (so bei Matthäus); der Evangelist Johannes schließlich hat sie einfach verschwiegen. Ein nettes Beispiel, wie gläubige Menschen mit missliebigen Fakten umgehen. Historische Wahrheit oder Wahrhaftigkeit hat keine Chance, wo sie mit der Dogmatik und dem Wunschbild von Gläubigen kollidiert. Das ist kein Fehler des Christentums allein, sondern ein Grundgesetz der Religionsgeschichte überhaupt.

Von seinem Lehrer Johannes dürfte Jesus also die fixe Idee übernommen haben, das Reich Gottes stehe unmittelbar bevor. Jesu Predigt von der Gottesherrschaft, sprich sein Gotteswahn, hätte wohl „ohne die Begegnung mit Johannes gar nicht diejenige Gestalt gewonnen[, wie sie uns] in den Evangelien entgegentritt."[24] Man mag es als Entschuldigung werten, dass der Lebensirrtum Jesu, dass seine Naherwartung gar nicht sein eigenes Erzeugnis war. Jedoch muss man dann auch einräumen, dass Jesus offenbar nicht die Kraft gehabt hat, sich grundlegend von seinem Herrn und Meister Johannes zu distanzieren.

Jesus muss von Johannes fasziniert gewesen sein. Wenn die Evangelisten auch versuchen, die Bedeutung des Täufers herunterzuspielen, so stehen dem Worte Jesu entgegen, die den Täufer in höchsten Tönen rühmen und die Verbundenheit Jesu mit seinem Lehrer belegen. Halten die Menschen Johannes für einen Propheten, dann legt Jesus enthusiastisch noch eins oben drauf:

> Ja, ich sage euch, mehr als einen Propheten habt ihr gesehen! (Mt 11,9)

> Amen, ich sage euch: Unter denen, die von einer Frau geboren wurden, ist keiner aufgetreten, der grösser wäre als Johannes der Täufer. Doch noch der Geringste im Himmelreich ist grösser als er. (Mt 11,11)[25]

Jesus hat den Täufer offenbar permanent überschätzt. Hätte ihm die christliche Verkündigung nicht ein Andenken, wenn auch ein verfälschtes Andenken gesetzt, er wäre heute völlig unbekannt. Ohne die positive Meinung, die Jesus von ihm hatte, wäre er nur eine Randnotiz der Geschichte. Dem seinen Meister verherrlichenden Schüler fehlte sichtlich die Distanz. Der Neutestamentler Schröter stellt fest, dass sich „in der Jesusüberlieferung nicht der geringste Anhalt dafür findet, dass Jesus seine eigene Wirksamkeit als Kontrast zu derjenigen des Johannes beurteilt hätte."[26] Als braver Schüler ist Jesus seinem Meister gefolgt, auch und gerade in seinen Absurditäten.

Einen bedeutenden Unterschied allerdings gibt es doch: Der Täufer zeichnete ein sehr düsteres Bild vom Kommen Gottes; er erwartete einen Gerichtsgott, einen, der mit Feuer um sich wirft. Bei Jesus ist dieser Zug deutlich abgeschwächt, wenngleich er nicht gänzlich fehlt. Das Gottesreich, das Jesus erwartete, war weit freundlicher gezeichnet. Jesus hat mehr die „Gnade" Gottes betont. Zwar gibt es auch bei ihm Teufels- und Gerichtsvorstellungen, aber er kann das Gottesreich auch freudig als Hochzeit mit vielen Geladenen schildern, als Zeit der Gerechtigkeit und der Tröstung. Das mag damit zusammenhängen, dass Jesus kein grimmiger Asket wie Johannes gewesen ist. Je düsterer der Prophet, desto düsterer seine Lehre. Doch Jesus konnte sich offenbar freuen an den schönen Dingen des Lebens; er fastete nicht, sondern aß und trank offenbar gern und üppig, stand in Kontakt mit Frauen von zweifelhaftem Ruf und ließ sich gerne zu Gelagen einladen, auch von dubiosen Reichen. Sein Lehrer Johannes hätte das nie getan.

Das Fehlen[27] der Düsternis in Jesu Verkündigung hängt vielleicht damit zusammen, dass er der Meinung war, das Böse sei ohnehin schon besiegt, „dass eine endgültige Wende zum Guten geschehen war. Der Satan war besiegt, das Böse grundsätzlich überwunden. Man konnte es in Exorzismen erleben, bei denen die Dämonen fliehen mussten."[28] Hatte Jesus doch mit eigenen Augen den Teufel vom Himmel stürzen sehen. Wie sich die Weltsicht Jesu nun erklärt und wie sie sich gestaltet hat, ist psychologisch nicht mehr zu ergründen. Es wäre schon viel erreicht, wenn sich bei seinen religiösen wie nichtreligiösen Verehrern die Einsicht durchsetzen würde, wie irreal und weltfremd die Lehre Jesu eigentlich war.

Ein ungebildeter Prophet

Konnte Jesus überhaupt lesen und schreiben? Allein die Frage mag für Gläubige eine Zumutung sein, wo ihr Herr doch quasi als verborgener Gott in der Welt unterwegs ist. Doch unter Historikern wird sie durchaus unterschiedlich beantwortet. So meint Gerd Lüdemann: „Lesen und schreiben konnte er, wie die meisten seiner Zeitgenossen, nicht. Doch war die heimatliche Synagoge neben dem Elternhaus der Ort seiner religiösen Erziehung."[29] Der Neutestamentler Gerd Theissen billigt ihm zumindest „eine elementare jüdische Bildung" zu. Aber wenn er sie hatte, wo hatte er sie her? Er wuchs im kleinen und unbedeutenden Dorf Nazareth auf, das wohl weniger als 400 Einwohner beherbergte. Gab es dort eine Schule? Bislang haben die Archäologen keinen Hinweis darauf gefunden, was aber nicht bedeutet, dass es nicht doch eine gegeben haben könnte. Jesus wird als „Tekton" bezeichnet, was gewöhnlich mit „Zimmermann" übersetzt wird, wegen des Holzmangels in Galiläa aber besser als „Bauhandwerker" verstanden werden sollte. Ein Handwerker also, der mit seinen Brüdern in den größeren Städten der Umgebung Arbeit fand und der vermutlich auch etwas Landwirtschaft betrieben hat, wie seine Gleichnisse vermuten lassen, wo er gerne Bilder von Saat und Ernte und dem Wachsen der Frucht verwendet. Damit gehörte Jesus vermutlich aber noch nicht zur Mittelschicht, wo man mit einer gewissen Bildung rechnen könnte.

Etwas Schriftliches hat Jesus jedenfalls nicht hinterlassen. Das war zweifellos ein großes Versäumnis, hätte doch etwas von eigener Hand das Verständnis dessen, was dieser Wanderprediger eigentlich wollte und vertrat, sehr erleichtert. So haben seine Anhänger nach seinem Tod die Erinnerungen an ihn zunächst mündlich weitergegeben, auf nicht mehr rekonstruierbaren Wegen und mit einer unbekannten Zahl von Überlieferungsstufen, in deren Zuge Markus das erste Evangelium verfasste oder die Wortsammlung Q entstanden ist, aus der Matthäus und Lukas geschöpft haben. Kann man aus dem Fehlen direkter schriftlicher Zeugnisse bereits schließen, dass Jesus einfach nicht schreiben konnte? Nicht zwingend, es könnte aber ein starker Hinweis darauf sein.

Oft wurde Bildung vom Vater auf den Sohn übertragen. Doch ob Joseph, der vermutlich ebenfalls Bauhandwerker war, über Bildung verfügte, entzieht sich unserer Kenntnis. Es fällt auf, dass die Brüder von Jesus biblische Namen des Erzvaters Jakob und seiner Söhne bekommen haben (Jakobus, Judas, Joses und Simon), und man hat von daher auf eine fromme Familie schließen wollen. Doch muss das nichts heißen, wo doch heute selbst Atheisten ihre Kinder Dorothea oder David nennen, was ja „Geschenk Gottes" und „Gottes Liebling" bedeutet. Hat Jesus seine Bildung, sofern er eine hatte, vielleicht aus der Synagoge bezogen? Es wäre dann keine Bildung im eigentlichen Sinne gewesen, sondern lediglich eine Art Einführung in die Überlieferung vor allem der Moseüberlieferung und der Propheten. Dass er selbst kostbare Schriftrollen besaß, erscheint abwegig. Er hätte sich also seine Kenntnisse rein passiv-rezeptiv erwerben müssen. Offenbar teilte er die Unbedarftheit seiner Zeit. Er hielt Adam und Eva für reale Personen, Noah und die Sintflut für ein historisches Geschehen und die Psalmen Davids tatsächlich für Psalmen Davids.[30]

Nun beschreiben die Evangelien aber Jesus mehrfach lehrend in den Synagogen. Im Lukasevangelium (Lk 4) reicht man ihm die Schriftrolle des Propheten Jesaja und er scheint daraus vorzulesen. Allerdings hat man schon lange gesehen, dass gerade diese Stelle sehr wahrscheinlich eine späte Erfindung ist. Denn Jesus zitiert den Propheten Jesaja nach der Septuaginta, dem griechischen Alten Testament, hätte also eine für seine Umgebung unübliche Übersetzung verwenden müssen. Zudem hätte er nun auch noch griechisch sprechen müssen, was gänzlich auszuschließen ist. Überhaupt hat „seine" Auslegung des Propheten theologische Gründe: Jesus weist auf sich hin als die Erfüllung der Schrift. Dies spiegelt klar den Wunsch der späteren Gläubigen wider, Jesu Wirken im Alten Testament vorangekündigt zu sehen. Jesus selbst, auch da sind sich die meisten Neutestamentler einig, hat zwar Gott und sein kommendes Reich verkündigt, aber nicht sich selbst. Jesus selbst gehörte nicht in das Evangelium, dass er verkündete.

Bei der Geschichte von der Ehebrecherin (Joh 8), deren Steinigung Jesus verhindert, schreibt er mit dem Finger etwas auf die Erde. Doch auch dies ist kein Hinweis darauf, dass Jesus tatsächlich schreiben konnte, denn diese Geschichte steht erst bei Johannes, wird also erst um das Jahr 100 erstmals greifbar. In den ältesten Papyri ist sie noch gar nicht zu finden, fehlte also offenbar in der ersten Fassung des Evangeliums noch. Die Geschichte mit der Ehebrecherin ist somit klar eine spätere Hinzufügung, ähnlich wie der unechte Schluss bei Markus (Mk 16,9–20).

Jesu Bildung – oder sagen wir besser: sein Kenntnisstand – dürfte sich auf den religiösen Bereich beschränkt haben. Doch auch da hat er offenbar keine Ausbildung genossen. Häufig wird er als Rabbi gesehen und lässt sich offenbar auch gerne so anreden. Immerhin wäre das ein Ausdruck, der noch nicht von der späteren Christologie beeinflusst wäre, nach der Jesus ja viel mehr war als ein Rabbi. Deshalb ist es gut möglich, dass man ihn tatsächlich so angesprochen hat. Doch das Rabbinat setzte eine mehrjährige Ausbildung voraus, die Jesus wohl nicht durchlaufen hat.

Missglückte Schriftauslegung Jesu

Die Evangelien wollen Jesus selbstverständlich als „Schriftgelehrten" darstellen, damit er ebenbürtig mit den anderen Schriftgelehrten und Pharisäern streiten kann. Man weiß heute, dass in vielen Streitgesprächen, die sich in den Evangelien finden, weniger die Auseinandersetzungen Jesu mit den Pharisäern wiedergegeben wird, sondern sich in ihnen vielmehr jene der jüdischen Christussekte mit dem rechtgläubigen Judentum spiegeln. Christliche Schriftgelehrte transportierten eine frühe Dogmatik der Kirche, indem sie sie als Jesusworte verpackten und auf die Reise schickten.

Wo die Evangelisten Jesus als Ausleger der Schrift zeichnen, haben sie nicht immer eine glückliche Hand. Manches wirkt dilettantisch. Dass sie Jesus aus einer griechischen Bibel zitieren lassen, erwähnten wir schon. Auch verwechselt Jesus schon mal den Namen des Hohepriesters zur Zeit Davids (und spricht von Ahimelech statt von Abiatar, Mk 2,26).[31] Was aber schwerer wiegt, ist dies: Jesus liegt mit seinen Interpretationen der Schrift, so wie sie die Evangelisten bieten, oft völlig daneben. Es sind nicht eigenwillige Interpretationen, die der später zum Gott erklärte Wanderprediger hier liefert. Sie sind oft schlicht und einfach falsch. Sie verfehlen das Thema.

Dass Jesus zum Beispiel David als Rechtfertigung dafür anführt, am Sabbat Ähren gerauft zu haben, passt nicht, denn in der Davidererzählung ging es überhaupt nicht um eine Sabbatverletzung (1 Sam 21,1–7). Hat Jesus das tatsächlich so gesagt, dann hat er die alttestamentliche Stelle einfach nicht richtig verstanden. Noch deutlicher ist sein mangelndes Verständnis aber bei der Sadduzäerfrage (Mk 12,18–27). Die Sadduzäer waren konservativ, sie glaubten nicht an eine Auferstehung der Toten, weil sie nirgendwo in der Thora erwähnt war.[32] Das einfache Volk, aber auch die Pharisäer und Jesus glauben daran. Und so stellen die Sadduzäer Jesus mit viel Ironie die Frage, mit welchem Mann eine Frau im Jenseits zusammenleben wird, die nacheinander mit mehreren Männern verheiratet gewesen war.[33] Jesus antwortet nach Markus (Mk 12,27):

> Er [Gott] ist nicht ein Gott von Toten, sondern von Lebenden.

Hätte Jesus dies tatsächlich gesagt, hätten die Sadduzäer sich sicher vor Lachen auf die Schenkel geschlagen, denn Jesus zitiert damit ausgerechnet eine der besten Stellen, die die Sadduzäer selbst gerne angeführt haben, um zu zeigen, dass es keine Auferstehung der Toten geben kann: weil Gott kein Gott der Toten, sondern ein Gott der Lebenden ist. Hätte Jesus dies also tatsächlich gesagt, hätte er seine Unkenntnis deutlich unter Beweis gestellt.[34]

Auch bei der sogenannten Tempelreinigung reißt Jesus wieder Stellen der Schrift aus ihrem Zusammenhang und missversteht sie deutlich. Und bei der Verleugnung des Petrus wird ein Sacharja-Zitat bemüht, das in gänzlich anderem Zusammenhang steht und das Jesus (wenn er es in Unkenntnis nicht selbst so gemeint hat) hier untergeschoben wird, nur um zu verdeutlichen, dass Gott alles vorausgesehen hat. Ja, die ganze Passion ist derart mit „Schriftbeweisen" durchsetzt, die aber allesamt nicht passen wollen, sodass Theologen peinlich berührt sind ob des Niveaus, auf dem ihr Herr hier argumentiert. Einfache Gläubige aber sind beeindruckt, wie Gott sein angebliches Handeln an Jesus schon Jahrhunderte früher angekündigt hat. Sogar Jesus selbst wird immer wieder bemüht, um deutlich zu machen, von wie langer göttlicher Hand alles trefflich vorbereitet war. In der literarisch überaus kunstvoll gestalteten Emmaus-Geschichte (Lk 24) begegnet Jesus nach seiner Auferstehung zunächst unerkannt zwei Jüngern und legt ihnen die Schrift aus. Alles sei doch so angekündigt worden, wie es dann geschehen ist.

> Dann öffnete er ihren Sinn für das Verständnis der Schriften und sagte zu ihnen: So steht es geschrieben: Der Gesalbte wird leiden und am dritten Tag von den Toten auferstehen. ... Musste der Gesalbte nicht solches erleiden und so in seine Herrlichkeit eingehen? Und er fing an bei Mose und allen Propheten und legte ihnen aus, was in allen Schriften über ihn steht.

Theologen aller Jahrhunderte wären bei dieser Belehrung gerne dabei gewesen. Denn sie suchen bislang vergeblich im Alten Testa-

Ein ungebildeter Prophet

ment nach den Stellen, die den Ablauf der Passion belegen sollen und die über bloße Stichwortassoziationen und schiefe Vergleiche hinausgehen. Doch Jesus soll sie entdeckt haben? Natürlich ist eben auch dies eine von der gläubigen Gemeinde erfundene Geschichte, die apologetisch einfach den Zweck verfolgt, Jesus als den schon im Alten Testament angekündigten Erlöser oder Messias oder Gottessohn zu erweisen. Denn wäre die Geschichte echt, dann würde dies bedeuten, dass selbst der Auferstandene nur über rudimentäre theologische Kenntnisse verfügt hätte.

Eindeutige Texte fehlen, aber man wird wohl nicht umhin kommen, sich Jesus eher als ungebildet vorzustellen. Seine Herkunft bot wenig an Bildungschancen, er kam aus einem Umfeld mit einem hohen Anteil an Analphabeten, und vermutlich war er selbst einer. Sein Beruf erforderte keine literarischen Fähigkeiten. Bücher hat er nicht besessen, seine religiösen Kenntnisse sich wohl im Synagogengottesdienst herausgehört. Er war ein Dorfkind, sprach mit Sicherheit einen galiläischen Dialekt, der für Menschen in Judäa zumindest auffällig war, wie das Beispiel der Verleugnung Petri zeigt, wo dieser an seinem Dialekt erkannt wird. Jesu Verkündigung außerhalb Galiläas war das sicherlich nicht förderlich. Was würde man heute von einem Propheten halten, der seine Reden vom Reich Gottes gemütlich schwäbelnd oder gar in sächsischem Idiom hält?

Vielleicht ist dies und seine Unbildung der Grund, warum Jesus so lange in ziemlich unbedeutenden Gegenden in Galiläa herumgezogen ist. Es ist den Forschern schon lange aufgefallen, dass er die größeren Städte sichtlich gemieden hat. Tiberias und das nur wenige Kilometer von Nazareth entfernt liegende Sepphoris werden im Neuen Testament nirgends erwähnt, und dies obwohl sie Jesus gekannt haben muss. Die Ruinen von Sepphoris kann man heute noch bewundern, die Kolonnadenstraße, die Mosaikfußböden, die Agora und sogar ein Theater mit 4000 Sitzplätzen. Es steht zu vermuten, dass Jesus und seine Familie dort als Bauhandwerker über Jahre hinweg Arbeit gefunden haben. Nicht unmöglich, aber natürlich auch nicht belegt und überaus pikant wäre es, wenn Jesus dabei in seiner Jugend vielleicht sogar am Bau und der Unterhaltung heidnischer Tempel beteiligt gewesen wäre.

Warum aber meidet Jesus später diese Städte? Nur, weil er offenbar kein Griechisch spricht? Weil er sich der Stadt nicht gewachsen fühlt, sondern lieber den Bauern auf dem Land predigt? Weil die Städte hellenistisch geprägt sind und nicht seinem Frömmigkeitstyp entsprechen? Weil er sich bei seinen Reich-Gottes-Predigten, die ja durchaus auch als politisch interpretiert werden konnten, auf dem Land vor dem Zugriff von Herodes Antipas oder den Römern sicherer fühlte? Jedenfalls sehen wir Jesus, den die Christen bald als einen auf Erden wandelnden Gott verehren werden, durch abgelegene Landschaften mit unbedeutenden Dörfern wandern und vor der einfachen Landbevölkerung predigen. In unsere heutige Zeit übertragen wäre das in etwa so, als würde ein sächsisch sprechender Prophet die Gegenden von Werdau, Langenweisbach und Glauchau durchwandern, aber das zentrale Zwickau bereits meiden. Und ein Gott, der solches täte, hätte sich zweifellos verlaufen. Weil Namen wie *Kapernaum* und *Nazareth*, anders als Glauchau und Langenweisbach, so fremd und geheimnisvoll klingen, ist der Bibelleser von ihnen fasziniert. Zeitgenossen Jesu dürften aber schon damals die Nase gerümpft haben, als sie hörten, der Prophet oder der Messias komme aus Nazareth (Langenweisbach[35]). Nur einmal schließlich wagt sich Jesus in die große Stadt, nach Jerusalem – und kommt auch sofort unter die Räder. Wir werden davon noch sprechen.

Es sieht also alles danach aus, als sei der Bauhandwerker Jesus, nachdem er von Johannes dem Täufer hörte, wie viele andere zu ihm aufgebrochen und habe sich von ihm taufen lassen. Aber dann ist er nicht mehr zu seiner alten Tätigkeit zurückgekehrt, sondern wurde „ein Schüler des Rabbi Johannes"[36] (so Gerd Theißen) oder „sein Assistent".[37] Hier bei Johannes ist Jesus vielleicht zum ersten Mal auf so etwas wie einen Lehrer gestoßen und hat dessen Lehre begierig aufgesaugt. Ein erster Lehrer hat immer besonders viel Einfluss auf einen Schüler. Doch Jesus ist dabei leider an einen Extremisten geraten, einen Radikalen in Auftreten und absurden Erwartungen, einen Apokalyptiker und Endzeitphantasten. Jesus selbst gibt die Meinung der Leute über Johannes wieder:

... und sie sagen: Er hat einen Dämon! (Mt 11,18)

Das meint: „Er ist verrückt!" Sein Fanatismus hat den Täufer letztlich das Leben gekostet, er stirbt als Gefangener von Herodes Antipas.[38] Jesus hat seine Lehre vom Gottesreich aufgenommen, weitergetragen und zum Zentrum seiner Verkündigung gemacht. Unbestimmte Zeit später wird auch Jesus hingerichtet. Er hatte den falschen Lehrer. Ironie der Geschichte: Wäre der Schuster bei seinen Leisten geblieben, wäre der Handwerker Jesus bei seiner Mutter und seinen Brüdern geblieben und nicht zum Täufer an den Jordan gezogen, die Geschichte der Welt wäre anders verlaufen. Wäre sie besser gewesen? Jesus zumindest wäre ein schmählicher Tod am Kreuz erspart geblieben. Doch gerade darauf legten seine späteren Anhänger sogar besonderen Wert.

Jesus als Mann der Rhetorik

Die Nähe Jesu zum Fanatismus und seine religiöse Überspanntheit nehmen Gläubige nicht wahr. Die Irrtümer dieses selbsternannten Propheten kennen sie nicht oder verdrängen sie. Seinen grimmigen Lehrer Johannes, der sogar für damalige Verhältnisse bedenkliche religiöse Deformationen und Devianzen aufwies, verklären sie zu einem Heiligen. Und aus dem vermutlich nur rudimentär gebildeten Wanderprediger Jesus machen sie alsbald einen allwissenden Gott. All das ist Ausdruck von Überdrehtheit, von ins Kraut schießender Dogmatik, von religiösem Kitsch.

Bei allen Mängeln der Herkunft und der Ausbildung Jesu hat er *eine* Eigenschaft offenbar besessen, die ihn heraushebt aus seinem sozialen Umfeld. Er muss ein äußerst begabter Redner gewesen sein, jemand, der seine Mitmenschen faszinieren konnte – trotz des Dialekts seiner Heimat. Einer, der es vermochte, dass sie in ihm einen großen Lehrer, gar einen Propheten sehen konnten. Er war in der Lage, seine Hörer emotional zu packen und zu (ver-)führen. Kein religiöser oder politischer Führer ist ohne diese Gabe der Rhetorik denkbar. Sie ist auch nur bedingt erlernbar, sondern denen, die sie haben, potenziell in die Wiege gelegt. Man kann sie deshalb auch bei Ungebildeten antreffen. Sie ist nur ein Werkzeug, ein Vermögen. Welchem Zweck es dient, steht auf einem anderen Blatt. Sie ist unabhängig von Wahrheit und Wahrhaftigkeit, kann zu Vernunft wie Unvernunft aufrufen und gebraucht werden.

Jesus muss ein überzeugender Redner und Rhetoriker gewesen sein. Schon sein partieller Erfolg in Galiläa ist anders nicht denkbar. Niemals wären ihm andere gefolgt, wäre er ein Stammler oder Langweiler gewesen. Der Evangelist Markus rühmt die Lehre Jesu als eine „Lehre in Vollmacht, nicht wie die Schriftgelehrten" (Mk 1,22). Dieser Satz an dieser Stelle darf getrost der Redaktion des Markusevangeliums zugeschrieben werden, aber das Faktum hat er sicherlich korrekt getroffen. Bei Matthäus heißt es:

> Und es geschah, als Jesus diese Rede abgeschlossen hatte, dass die Leute überwältigt waren von seiner Lehre. Denn er lehrte sie wie einer, der Vollmacht hat, und nicht wie ihre Schriftgelehrten. (Mt 7,28–29)

> Noch nie hat ein Mensch so geredet. (Joh 7,46)

Auch diese Verse verdanken sich als „Erfolgs-Summarien" der Redaktion der Evangelisten. Der Eindruck, den Jesus hinterlassen haben soll, war aber wohl real. Jesus konnte mitreißen, begeistern, aufrühren. In der Form seiner Rede, nicht in seinen Inhalten (soweit wir bisher davon gesprochen haben) muss man sein wirkliches Talent erkennen.

Der Hauptinhalt der Lehre Jesu hat sich als religiöses Wunschdenken entpuppt, als für die Nachfolgenden peinliche Naherwartung eines Reiches Gottes, das nie gekommen ist. Die Befürchtung, dass nun auch der Rest der Lehre Jesu diverse Mängel aufweisen könnte, erhält dadurch zumindest Nahrung. Hat sich Jesus vielleicht auch in anderen Punkten geirrt? Was ist mit seinen Geboten und Forderungen, mit seiner Ethik? Bevor diese Fragen beantwortet werden, soll es nun jedoch zunächst um Jesus den Wundertäter gehen.

Jesus und seine Wunder

Antike Wundertäter neben Jesus

Über Jahrhunderte war das Wunderwirken Jesu für Kirchen und Gläubige so etwas wie der Beweis seiner Göttlichkeit. Nur ein Gott oder Gottessohn konnte tun, was Jesus getan hat. Verbürgt waren diese heiligen Taten in einer heiligen Schrift, die bewahrt und ausgelegt wurde von einer heiligen Kirche. Und selbst als aus der heiligen Kirche im Urteil der Reformatoren eine Hure geworden war, hat das den Wunderglauben nicht tangiert. Bis heute sind Gläubige beeindruckt von den Machttaten ihres Christus, auch wenn die Theologen und vor allem die Klügeren unter ihnen betonen, dass es eigentlich nicht auf Wunder ankomme, sondern auf den Glauben. Doch der Menge der Gläubigen gefällt, was auf dem Marktplatz taugt, und so wurde der Glaube zu allen Zeiten ganz erheblich befördert durch spektakuläre Mirakel und Legenden.

Dabei erschiene der Glaube an die Wundertätigkeit Jesu um einiges weniger aufregend, wenn heutige Gläubige wüssten, wie verbreitet der Wunderglaube zur Zeit Jesu gewesen ist. Vielen Rabbinen wurden Wunder nachgesagt. Zelotische Zeichenpropheten sollen sie getan haben. Es gab wunderwirkende Chassidim, wie etwa den Regenmacher Honi, der seine Kenntnisse sogar an seine Söhne vererbte.[39] Der Heiler Eleazar, den Josephus erwähnt (Antiquitates 8,44–49), zieht sogar in Anwesenheit von Kaiser Vespasian einem Kranken einen Dämon aus der Nase. Der „Charismatiker" Chanina ben Dosa führte Gebetsheilungen durch. „Wie Jesus stammt er aus der Nähe von Sepphoris ... und galt als Sohn Gottes."[40] Es war offenbar das Buch Tobit, dass diese Formen der Esoterik ins Judentum eingeschleust hat (Tob 6,4–9). Doch Wunder waren den Juden bereits aus den alten Schriften bekannt, so zum Beispiel aus den Prophetenlegenden über Elia und Elisa. „Um die Zeitenwende dominieren exorzistische Krankenheilungen in der David-Salomo-Tradition."[41] Auch aus Qumran kennt man Dämonenbeschwörungen.

Wunder waren also kein rein „heidnischer Aberglaube", sie fanden sich reichlich auch in jüdischer Frömmigkeit. Doch war der Hellenismus offenbar besonders wunderverliebt. Wir finden in der zeitgenössischen hellenistischen Literatur Berichte von Heilungen, Totenauferweckungen und Sturmstillungen. Dämonen werden in großer Zahl ausgetrieben. Wundertätige Männer (gr. im Singular *„theios aner"*), beispielsweise der historische Apollonius von Tyana, ziehen herum und heilen auf spektakuläre Weise. In den Asklepiosheiligtümern finden sich Hunderte von Danktafeln für den Heilgott und für erfolgreiche Heilungen, so wie man heute ebenso Hunderte Danktafeln in katholischen Wallfahrtsorten findet, die Maria, die Gottesmutter, für die Heilung verantwortlich machen. Mit Tacitus und Sueton berichten gleich zwei angesehene Historiker von Kaiser Vespasian als Wundertäter. „Er werde dem Blinden das Augenlicht wiedergeben, wenn er die Augen mit seinem Speichel benetzen, und dem Lahmen das Bein heilen, wenn er so gnädig sein wolle, es mit seiner Ferse zu berühren."[42] Es ist gar keine Frage, dass aus der Umwelt Jesu viele Heilungswunder und Heilungsmotive einfach auf Jesus übertragen worden sind. Was „die Heiden" konnten, dass musste der Heiland doch erst recht liefern können. Wunder Jesu konnte man zudem für die Mission gut brauchen.

> Der Glaube an Wunder und Magie ist dabei eher ein Phänomen unterer sozialer Schichten. Wundergeschichten dienen der Unterhaltung … der kleinen Leute, mit denen diese ihrer Not entgegenwirken und Zuversicht für deren Überwindung gewinnen. Sie bergen zeitlos

gültige Bilder der Hoffnung in sich und klagen eine bessere Welt ein.⁴³

Jesus als Exorzist

Geister und Dämonen gelten selbst heutigen Gläubigen als Ausdruck des Aberglaubens einer fernen Zeit. Umso mehr muss es befremden, dass Jesus sich offenbar besonders als Exorzist verstanden hat. Das Austreiben von Dämonen war sein Spezialgebiet. Die Exorzismen Jesu sind in der Evangelienüberlieferung am sichersten bezeugt, sie „stehen im Zentrum seines Wunderwirkens."⁴⁴

> Seine Exorzismen, in denen er psychisch Kranke heilte, sind die am besten bezeugten Wundertaten im Neuen Testament. Nerven- und Geisteskrankheiten wurden damals auf die Besessenheit durch Dämonen zurückgeführt. Als Oberster dieser bösen Geister galt Satan.⁴⁵

Dass Jesus als Exorzist gewirkt hat, belegen auch seine Auseinandersetzungen, die er wegen seiner Exorzismen mit jüdischen Gegnern hat (und wo solche Austreibungen also vorausgesetzt werden). Weiter spricht dafür, dass diese Art von Wundern noch nicht christologisch aufgeladen sind. Sie dienen oft weniger der Verherrlichung Jesu als mehr der Gottesherrschaft und weisen auf sie hin. Seine Exorzismen werden offenbar auch von den Gegnern Jesu anerkannt, wie der Vorwurf zeigt, dass Jesus nur mit Beelzebuul, dem obersten der Dämonen, austreiben könne (dass Austreibungen stattgefunden haben, wird also nicht bestritten). Für Jesus als praktizierenden Exorzisten spricht ebenfalls die Tendenz, dass man sich dieser Erinnerung langsam entledigen will. Exorzismen spielen sichtlich nur in den ältesten Überlieferungen eine Rolle. Sie fehlen jedoch in jüngeren Texten, so dem Sondergut des Lukas und dem Johannesevangelium.[46] Deshalb wird in der Forschung die Heiltätigkeit Jesu häufig auf ein „exorzistisches Minimum" zurückgeführt. Spektakuläre Wunder wie die Speisung der 5 000 oder Totenauferweckungen, aber auch Naturwunder wie der Seewandel Jesu werden von Neutestamentlern fast einhellig als späte Legenden angesehen.

Wenn es aber außer Frage steht, dass Jesus als Exorzist gewirkt hat,[47] muss die Frage erlaubt sein: Was um alles in der Welt hat Jesus denn da ausgetrieben? Es gibt keine Dämonen, und es hat auch damals keine gegeben! Fromme Christen, die meinen, es gäbe sie doch, eben weil sie ja sogar in der Bibel erwähnt werden, sitzen hier wie anderswo einfach einem überholten Weltbild auf.[48] Dämonen waren Teil einer als real verstandenen Unter- und Gegenwelt. Dämonen mussten herhalten für Dinge, die sich Menschen nicht erklären konnten, als Verursacher von Unglücksfallen oder Krankheiten, besonders von Geisteskrankheiten. Sind diese Wesen erst einmal erfunden, wundert es nicht, dass sie zuweilen sogar sprechen oder gar diskutieren können, und vielleicht auch nicht, dass Jesus gleich 2 000 von ihnen in eine Herde Schweine fahren lässt.[49]

Jesus hat dieses überholte Weltbild geteilt. Er war offenbar nicht in der Lage, sich von dem Volksaberglauben zu distanzieren, sondern hat er ihn sogar offen propagiert. Wir werden sehen, dass Jesus, der von vielen Menschen ja geradezu als modern und aufklärerisch verstanden wird, auch auf anderen Gebieten wenig Fortschrittliches vorzuweisen hat. Sicherlich hat dies nicht zuletzt mit seiner mangelnden Bildung bzw. seiner rein religiösen Unterweisung zu tun gehabt, die er „genossen" hat und auf die wir noch zu sprechen kommen. Man musste jedoch nicht dem Volksaberglauben verfallen, andere Haltungen zu Dämonen waren auch in der Antike möglich. So hat Hippokrates über 300 Jahre zuvor in seiner Schrift „De morbo sacro" 7 eine ähnliche Krankheit beschrieben wie die Heilung des kranken Jungen in Mk 9. Allerdings führt Hippokrates sie nicht auf Dämonen, sondern auf eine Funktionsstörung des Gehirns zurück. Doch der Exorzist Jesus weiß davon nichts und gibt damit einen interessanten Einblick in seine rückständige Diagnose- und Therapiekompetenz:

> Als Jesus nun sah, dass das Volk zusammenlief, schrie er den unreinen Geist an und sagte zu ihm: Stummer und tauber Geist! Ich befehle dir, fahr aus und fahr nie wieder in ihn hinein! (Mk 9,25)[50]

Jesus als Magier

Wenn ihr Hausarzt Ihnen unvermittelt ins Auge spuckt oder wenn er offenbar versucht, Sie mit Zaubersprüchen zu heilen, dann wissen Sie, dass es dringend angeraten ist, sich einen anderen Behandler suchen sollten. Zum Glück sind solche Ärzte selbst in katholischen Krankenhäusern eher selten anzutreffen. Jesus jedoch war noch ein Anhänger dieser Therapieformen. Wenn er tief in die Mottenkiste der Volksfrömmigkeit greift und nichtexistente Dämonen (erfolgreich!) austreibt, dann muss man sich auch nicht wundern, wenn er mit Magie arbeitet. Seit der Antike wird immer wieder behauptet, dass Jesus eigentlich ein Magier gewesen sei. Schon der Christentumskritiker Kelsos hat in ihm einen Schüler ägyptischer Zauberei und einen Scharlatan gesehen. Wenn Theologen von Jesus als „Wundercharismatiker" sprechen (Gerd Theißen), soll das positiv klingen, Jesus als „Magier" zu bezeichnen (Morton Smith) hat dagegen etwas Anrüchiges. Denn Magier waren schon in der Antike vielen aufgeklärteren Zeitgenossen ein Synonym für Bauernfängerei und Betrug.

In Jesu Wunderheilen finden sich viele magische Züge. Wenn er der Tochter des Jairus (Mk 5) die Hände auflegen soll, um sie vor dem Tod zu retten, und er dies dann sogar bei dem inzwischen gestorbenen Mädchen tut,[51] so ist das eine magische Geste, übrigens eine, die es auch heute noch in den Kirchen und esoterischen Gruppen gibt. Dahinter steht der Gedanke, dass durch das Handauflegen Kraft übertragen wird. Die Handauflegung ist also keineswegs eine bloß symbolische Handlung. Auf dem Weg zur Tochter des Jairus gelingt es einer Frau, Jesus zu berühren, und siehe da: Sie ist von ihrem jahrelangen Blutfluss geheilt.[52] Kein Wort ist gefallen, wieder hat die heilende Kraft des Magiers Jesus ihre Wirkung getan. Er merkt zwar, dass eine Kraft von ihm ausgegangen ist, weiß aber zunächst gar nicht, wer ihn berührt hat.[53] Als die Frau sich zu erkennen gibt, sagt er zu ihr: „Tochter, dein Glaube hat dich gerettet" (Mk 5,34). Dieses Wort passt hier eigentlich nicht, denn vom Glauben selbst war gar nicht die Rede. Gewirkt hat vielmehr die Magie. Der Glaube beschränkt sich darauf zu glauben, dass eine Wirkung eintreten wird, wenn man einen heiligen Mann auch nur berührt. Oder auch nur sein Gewand.

> Und wo er auch hinkam, in Dörfer oder in Städte oder in Gehöfte, legten sie die Kranken auf die Marktplätze, und die baten ihn, wenigstens den Saum seines Mantels berühren zu dürfen. Und alle, die ihn berührten, wurden gerettet. (Mk 6,56)

Später ist es übrigens schon ausreichend, wenn man vom Schatten des Propheten berührt wird. In der Apostelgeschichte des Lukas (Apg 5,15) zeigt sich Petrus auf diese Weise noch heilungskräftiger als sein Herr selbst. Man sieht, wie die Phantasie der Evangelisten das Motiv weitergesponnen und so selbst aus den Aposteln Wundertäter gemacht hat.

Häufiger ist bei den Heilungen auch vom Blick in den Himmel und vom Seufzen Jesu die Rede. Auch hier zeigt sich Jesus als Magier:

> Erzählt wird dieses *Aufpumpen* mit göttlicher Kraft auch von Jesus, z. B. in der Geschichte von der Heilung des stummen Besessenen, wo in Mk 7,34 vom *Aufblicken Jesu zum Himmel* und seinem *Seufzen* die Rede ist. Bei-

des sind magische Praktiken, mit denen göttliche Kraft aufgesogen werden soll.[54]

Bibelleser werden solche Details leicht übersehen. Handgreiflicher ist da schon die Heilung des Taubstummen (Mk 7,31–37). Jesus „legte die Finger in seine Ohren und berührte seine Zunge mit Speichel, blickte auf zum Himmel und seufzte, und er sagt zu ihm: Effata! Das heisst: Tu dich auf!"
Jesus stellt analog einem elektrischen Kabel eine körperliche Verbindung mit dem Kranken her und verbindet sich mit den kranken Organen (Ohren und Zunge). Nun kann nach magischer Vorstellung die Kraft des Heilers auf den Kranken übergehen. Speichel wurde dabei in der Antike als Heilmittel angesehen. Der Blick zum Himmel holt die göttliche Kraft ein, und das Seufzen Jesu ist Ausdruck der damit verbundenen Anstrengung. Zudem spricht Jesus ein Zauberwort, *Effata*! Da es als aramäisches Original zitiert wird, könnte es sich um ein geläufiges Heilungswort in solchen Situationen handeln. Die ganze Heilungsgeschichte

> zeigt den Stil volkstümlicher Wundergeschichten und lässt Jesus alle jene Mittel anwenden, die damals bei Wunderärzten Brauch waren. ... der Erzähler schildert Jesus einfach nach dem Muster der mancherlei Wunderdoktoren, die damals durch die Lande wanderten.[55]

Auf heutige Leser wirkt diese Heilung, mit Fingern in den Ohren und fremdem Speichel auf der Zunge, einigermaßen unappetitlich.[56] Theologen sind froh, wenn eine Heilung nicht so drastisch körperlich, sondern nur durch „das Wort" geschieht. Auch solche Geschichten gibt es. Bei der Blindenheilung in Bethsaida (Mk 8) geht es jedoch wieder recht drastisch zu. Jesus

> spuckte in seine Augen und legte ihm die Hände auf und fragte ihn: Siehst du etwas? Der blickte auf und sprach: Ich sehe Menschen – wie Bäume sehe ich sie umhergehen. Da legte er ihm noch einmal die Hände auf die Augen. (Mk 8,23–25)

Und nun sieht der Blinde die Welt klar. Die Heilung erfolgt hier in zwei Stufen. Damit soll verdeutlicht werden, dass sie besonders schwierig ist, denn der Heiler muss „die Dosis erhöhen", damit der gewünschte Erfolg eintritt. Das Spucken in die Augen ist dabei ein „verbreiteter Brauch magischer Praktik."[57] Vom Heilgott Asklepios wird übrigens eine ähnliche Geschichte erzählt, bei der auch zunächst Menschen wie Bäume wahrgenommen werden. Wir haben hier also vermutlich eine Anleihe aus der zeitgenössischen hellenistischen Literatur, die zeigen soll: Seht her, Jesus konnte das auch!

Ein magisches Moment ist auch das Vorherwissen Jesu, von dem die Evangelien erzählen. Jesus wird als Hellseher vorgestellt, der von einem Eselsfüllen weiß, das dann auf geheimnisvolle Weise von den Jüngern gefunden und für den Einzug in Jerusalem benötigt wird (Mk 11), aber auch vom geheimnisvollen Finden eines Raumes für das Passamahl (Mk 14,13–16). Selbst die Verleugnung des Petrus und das Versagen und die Flucht der Jünger bei seiner Festnahme sieht Jesus voraus (Mk 11,27; 14,12–16; 16,17–21).[58] Der Evangelist will damit verdeutlichen, dass Jesus nicht von den Ereignissen überrascht oder gar überrollt wurde, sondern immer das Heft des Handelns in der Hand behielt.

Dass Jesus magische Praktiken bei seinen Heilungen und Exorzismen verwendet hat, scheint einigermaßen sicher. Seine hellseherischen Fähigkeiten sind ihm aber wohl erst durch die Überlieferung zugewachsen. Für den späteren Gott, zu dem ihn die Kirche per Dogmatik beförderte, waren solche Eigenschaften gleichsam unverzichtbar. Seltsam nur (aber das fällt Gläubigen nicht auf), dass ein so weitsichtiger Gott nicht auch ein wenig mehr medizinisches Fachwissen zu bieten hat, sondern Heilmethoden anwendet, die sich heute nicht einmal auf Esoterikmärkten finden.[59] Jesus war eben lediglich ein mäßig gebildeter Mensch in den Grenzen einer vergangenen Zeit, mit aller entschuldbaren Unbedarftheit, die man erwarten muss. Nur weil seine Gläubigen je länger je mehr in ihm etwas Anderes sehen wollten, den Wanderprediger aus Galiläa zunächst (jüdisch) zum Messias, dann (griechisch) sogar zum Sohn Gottes machten, haben sie ihn in seinen Beschränkungen nicht ernst nehmen können, seine Persönlichkeit völlig verdreht und den „Stein, den die Bauleute verworfen hatten", als Eckstein für den steilen Bau der kirchlichen Dogmatik verwendet, und das im Grunde ohne ausreichende intellektuelle Baugenehmigung. Nach Jahrhunderten der Standfestigkeit hat nach der Aufklärung eine kritische historische Forschung zu Jesus und den frühen Anfängen des Christentums diesen Turm von Babel zum Einsturz gebracht.

Wie die Wunder erfunden wurden

Hat Jesus tatsächlich Wunder gewirkt? Für eine dogmatisch-verstellte Sicht stand das lange außer Frage. Warum sollte ein Gottmensch nicht auch Wunder gewirkt haben? So etwas durfte man von einem Gott durchaus erwarten. Mit dem gleichen dogmatischen Ansatz sind dann auch Jungfrauengeburt, Auferstehung und Himmelfahrt kein Problem. Wir sehen: Ein Gott kann sich alles erlauben.

Demgegenüber geht selbst die neutestamentliche Forschung, die ja fast ausschließlich durch Neutestamentler (also Theologen) betrieben wird, davon aus, dass die allermeisten Wunder Jesu Erfindungen der späteren Gemeinde und Übertragungen von Wundern aus dem Alten Testament und aus der hellenistischen Welt auf Jesus sind. Jesus wurde dabei ursprünglich vor allem für einen Exorzisten gehalten, seine Wunder sind vor allem Dämonenaustreibungen. Die Urgemeinde habe, wenn überhaupt, nur wenige Wundergeschichten gekannt. Für sie war das Leben Jesu noch nicht mirakelhaft verklärt. In Jesus sah sie noch einen Propheten oder einen „leidenden Gerechten", den Gott aber durch seine Auferstehung (und erst dadurch!) zum künftigen Messias bestimmt hatte. Ihn erwartete sie zurück. Aus den Wolken des Himmels würde er wiederkehren und das Reich Gottes errichten. Der Irrtum Jesu, der vergeblich das Reich Gottes erwartet hat, setzte sich also im Irrtum seiner Gläubigen fort, die vergeblich auf die Wiederkunft Jesu wartet.

Das irdische Leben Jesu vor seiner Adoption durch Gott durch seine Auferstehung aber war noch das eines wortgewaltigen Predigers, eines gerechten Mannes, eines Lehrers oder Propheten. An Wundern war es noch unspektakulär. Im Markusevangelium verbietet Jesus immer wieder, dass seine Wunder bekannt werden (sog. Messiasgeheimnis). Man geht allgemein davon aus, dass die Theorie des Messiasgeheimnisses (Jesus war zwar schon zu Lebzeiten der Messias, aber hat dies bewusst geheim gehalten) nichts weiter als den Umstand kaschiert, dass das Leben Jesu eben weitgehend unspektakulär war. Auch für Paulus spielte ja der „Jesus nach dem Fleisch", also der Jesus bis zu Golgatha, der irdische gelebt habende Jesus, keine Rolle. Er war für ihn unbedeutend, er konnte ihn für seine Verkündigung kaum verwenden. Paulus war nur am „erhöhten Herrn" interessiert, dem von Gott Adoptieren, dem Auferstandenen.

Doch die Legendenbildung musste unweigerlich einsetzen und sich exponentiell steigern. Das ist sie ihrem Ruf schuldig, und es ist ein Grundgesetz der Überlieferung von heiligen Männern. Man kann die Tendenz bei den Heiligenviten des Mittelalters vielfach wiederfinden, aber auch schon bei den „apokryphen Evangelien" lässt sie sich beobachten, wo die Wundermacht Jesu immer mehr und zuweilen bis zur Lächerlichkeit gesteigert wird.

War das irdische Leben Jesu nun aber keineswegs „wunderbar", wo kommen dann die vielen Wunder her, von denen die Evangelien erzählen? Dieser Frage wollen wir im Folgenden nachgehen. Wir können uns dabei auf den glücklichen Umstand stützen, dass wir mit dem Markus- (Mk), dem Matthäus- (Mt) und dem Lukasevangelium (Lk) drei Evangelien besitzen, die in literarischer Abhängigkeit zueinander stehen. Es gilt als sicher, dass die Autoren des Lukas- und des Matthäusevangeliums das Markusevangelium schriftlich vorliegen hatten. Zudem stand ihnen eine zweite schriftliche Quelle Q zur Verfügung, die vor allem Reden und Sprüche Jesu enthalten hat (keine Passion!) und die sie für ihre Evangelien nutzen konnten (sog. Zweiquellen-Theorie). Daneben enthalten das Matthäus- und das Lukasevangelium auch noch Sondergut, das aus unterschiedlicher Herkunft stammt. Das Markusevangelium ist etwa um das Jahr 70 entstanden, Q wird zumeist als älter angesehen. Eben wegen der literarischen Abhängigkeit des Matthäus- und des Lukasevangeliums vom Markusevangelium lässt sich sehr schön beobachten, was beide aus Markus gemacht haben, zum Beispiel wie sie mit den Wundern umgegangen sind. Wir werden sehen, wie die Evangelisten die Wunder immer mehr ausschmücken, sie für ihre Theologie zurechtstutzen und sich auch nicht scheuen, komplette Wunder und ganze Wundergruppen samt dazugehörigen Jesusworten zu erfinden. Sehen wir also den Evangelisten ein wenig beim Erfinden der Wunder Jesu zu!

Die Heilung der Schwiegermutter des Petrus

Die erste Heilung Jesu wird bei Markus noch recht unspektakulär erzählt. Die Schwiegermutter des Petrus hat Fieber.[60] Sie kann die Gäste, Jesus und die Jünger, nicht bewirten. Bei Markus kommt diese kleine Geschichte nicht besonders dramatisch daher.

> Die Schwiegermutter des Simon aber lag mit hohem
> Fieber im Bett; und sogleich erzählten sie ihm von ihr.
> Und er trat herzu, nahm ihre Hand und richtete sie
> auf. Da wich das Fieber von ihr, und sie bewirtete sie.
> (Mk 1,30–31)

Jesus wird hier eher noch passiv geschildert. Er weiß nichts von der Krankheit der Frau, man sagt es ihm. Es findet kein Exorzismus statt, Jesus ergreift nur ihre Hände. Am Schluss kann die Frau die hauswirtschaftliche Tätigkeit wieder aufnehmen, was die Heilung bestätigt.

Bei Lukas, der wie gesagt das Markusevangelium wörtlich vorliegen hatte, liest sich die Geschichte so:

> Die Schwiegermutter des Simon aber war von hohem Fieber befallen, und sie wandten sich ihretwegen an ihn. Und er trat zu ihr, beugte sich über sie, schrie das Fieber an, und es wich von ihr. Und auf der Stelle stand sie auf und bewirtete sie. (Lk 4,38–39)

Lukas und Matthäus verbessern wie üblich das miserable Griechisch des Markus. Jesus hat bei Markus nur erfahren, dass die Frau krank ist. Bei Lukas nun wenden sich die Jünger deshalb offenbar bereits hilfesuchend an ihn. Lukas ergänzt zudem, dass sich Jesus über die Frau beugt und das Fieber anschreit. Er schildert damit einen Exorzismus, das Wunderwirken Jesu wird durch sein Schreien gesteigert.[61] Die Frau steht „auf der Stelle" auf.

Bei Matthäus liest sich unsere kleine Geschichte folgendermaßen:

> Und als Jesus in das Haus des Petrus kam, sah er, dass dessen Schwiegermutter im Fieber lag. Und er nahm ihre Hand, und das Fieber wich von ihr; und sie stand auf und bewirtete ihn. (Mt 8,14–15)

Matthäus bringt dieses Wunder anders als Markus nicht als erstes Wunder. Es ist ihm nur eine kurze Bemerkung wert, hat er doch gerade Jesus einen Aussätzigen sowie den Knecht des Hauptmanns von Kapernaum heilen lassen. Jesus kommt ohne Jünger in das Haus des Petrus. Er sieht von sich aus, dass die Schwiegermutter krank ist, niemand muss ihn erst darauf aufmerksam machen. Er muss auch nicht gebeten werden, sondern wird von sich aus aktiv. Dann folgt die Erzählung dem Markusevangelium und Jesus ergreift ihre Hand.[62] Das Fieber weicht. Matthäus hat somit auch gleich die merkwürdige Szene mit 13 Männern im kleinen Fischerhaus eliminiert. Die geheilte Frau muss nur noch ihn allein bewirten.

Es sind noch kleine Änderungen, die Matthäus und Lukas hier vornehmen. Aber sie zeigen schon deutlich, wie frei sie mit dem ihnen schriftlich vorliegenden Markusevangelium umgehen, wie sie Situationen verändern, das Wunder steigern, einen Exorzismus einbauen etc.[63] Die Anzahl dieser kleinen Änderungen geht in den Evangelien sicher in die Tausende, und sicherlich haben die Neutestamentler inzwischen alle erkannt und gewürdigt. Bei der bekannten Geschichte vom Hauptmann von Kapernaum kommt bei Matthäus der Hauptmann persönlich zu Jesus. Sein Knecht ist gelähmt, aber es besteht keine Lebensgefahr. Knecht und Hauptmann sind Heiden. Bei Lukas kommt der Hauptmann nicht selbst, sondern sendet Älteste, und hier ist der Knecht todkrank. Lukas rühmt die Wohltätigkeit des Hauptmanns, von der Matthäus nichts weiß. Bei Johannes schließlich ist es kein Knecht, der krank ist, sondern der Sohn eines königlichen Beamten und damit kein Heide. Und so geht es immer weiter fort.

Es gibt keine einheitliche Überlieferung. In den Evangelien finden sich zu jeder Geschichte, die mehrfach erzählt wird, Widersprüche, Kürzungen, Hinzudichtungen oder Theologisierungen. Selbst eifrige Bibelleser lesen leicht über sie hinweg, wenn sie nicht in einem synoptischen Vergleich die Erzählungen Wort für Wort gegeneinanderhalten. Man kann auf diese Weise wirklich ungeahnte Entdeckungen machen, die aber nicht unbedingt die Frömmigkeit fördern. Gläubige halten sich da lieber an Verfahren, die ihre religiöse Wellness vergrößern, lesen andächtig die Bergpredigt oder die Psalmen – und kritisieren die Kleinarbeit von Historikern und Neutestamentlern, weil sie ernsthaft glauben, dass das fromme Gemüt die sogenannte Heilige Schrift besser versteht als gelehrte Wissenschaftlichkeit. Selig die Armen im Geiste!

Das Verdoppeln und Kopieren von Wundern

Die Wunder Jesu konnte man für die Mission gut gebrauchen. Das ist sicherlich ein wichtiger Grund, warum sie im Stadium der mündlichen Überlieferung und noch vor der ersten Fixierung eines Evangeliums entstanden sind. Lyrische Wundergeschichten haben zu allen Zeiten die Menschen mehr fasziniert als prosaische Wirklichkeiten. Wie ja auch religiöser Glaube insgesamt geradezu dadurch charakterisiert ist, dass man einer phantastischen Gegenwelt eine höhere Wirklichkeit zubilligt als der Realität.

Wenn man nun die Wirkung für die Mission steigern will, so scheint sich der Evangelist Matthäus gedacht zu haben, dann verdoppelt man einfach ein Wunder. So geschehen mit der Heilung des blinden Bartimäus. Matthäus hatte bei Markus folgende Geschichte im Wortlaut vorgefunden:

> Und sie kommen nach Jericho. Und als er und seine Jünger und etliches Volk von Jericho weiterzogen, saß Bartimäus, der Sohn des Timäus, ein blinder Bettler, am Weg. Und als er hörte, dass es Jesus von Nazareth sei, begann er laut zu rufen: Sohn Davids, Jesus, hab Erbarmen mit mir! Da fuhren ihn viele an, er solle schweigen. Er aber rief noch viel lauter: Sohn Davids, hab Erbarmen mit mir! Und Jesus blieb stehen und sprach: Ruft ihn her! Und sie rufen den Blinden und sagen zu ihm: Sei guten Mutes, steh auf! Er ruft dich. Da warf er seinen Mantel ab, sprang auf und kam zu Jesus. Und Jesus wandte sich ihm zu und sagte: Was soll ich für dich tun? Da sagte der Blinde zu ihm: Rabbuni, mach, dass ich

wieder sehen kann. Und Jesus sagte zu ihm: Geh, dein
Glaube hat dich gerettet. Und sogleich sah er wieder
und folgte ihm auf dem Weg. (Mk 10,46–52)

Matthäus hat die Wundergeschichte von Markus übernommen, er macht aber aus dem einen Bettler Bartimäus „zwei Blinde". Die rufen nun gemeinsam nach Jesus. Die Leute gebieten beiden, still zu sein, aber sie rufen noch lauter:

Hab Erbarmen mit uns, Herr, Sohn Davids! Und Jesus
blieb stehen, rief sie zu sich und sprach: Was soll ich für
euch tun? Sie sagen zu ihm: Herr, mach, dass unsere
Augen sich auftun! Da fühlte Jesus Mitleid, und er
berührte ihre Augen; und auf der Stelle sahen sie wieder, und sie folgten ihm. (Mt 20,29–34)

Matthäus verdoppelt einfach alle Bemerkungen über Bartimäus. Sein Name kann dann natürlich nicht stehen bleiben und wird von Matthäus gestrichen. Ist das nicht dreist? Der Neutestamentler Ernst Haenchen bemerkt schmunzelnd: „Sie beide zu Brüdern zu machen, ist ihm nicht eingefallen."[64]

Das Steigern der Wunder durch Verdoppelung kann man noch öfter beobachten. Im apokryphen Hebräerevangelium wurde die Geschichte vom „reichen Jüngling" einfach verdoppelt. Bei der Aussätzigenheilung im Markusevangelium (Mk 1,40–45) befiehlt Jesus dem Geheilten, sich den Priestern zu zeigen, um die Heilung bestätigen zu lassen. Lukas hat diese Geschichte übernommen (Lk 5,12–16). Doch dann bringt er (Lk 17,12–19) eine weitere Aussätzigenheilung mit ähnlicher Situation. Es scheint sich also um eine Dublette zu handeln, eine Geschichte, die leicht abgewandelt in mehreren Varianten erzählt wird (und wo zuweilen der Evangelist den Dublettencharakter selbst nicht bemerkt). Doch die Dublette stammt in diesem Fall offenbar vom Evangelisten selbst. Der Grund scheint theologischer Natur zu sein. Lukas erzählt als Einziger die Geschichte noch weiter. Bei ihm (Lk 17) sind es gleich zehn Aussätzige, die Jesus heilt. Warum so viele?

> Einer von ihnen aber kehrte, als er sah, dass er geheilt worden war, zurück, pries Gott mit lauter Stimme, fiel ihm zu Füssen auf das Angesicht nieder und dankte ihm. Und das war ein Samaritaner. Jesus aber antwortete: Sind nicht zehn rein geworden? Wo sind die übrigen neun? Hat sich keiner gefunden, der zurückgekehrt wäre, um Gott die Ehre zu geben, außer diesem Fremden? (Lk 17,15–18)

Lukas erfindet bzw. dupliziert das Wunder mit zehn Aussätzigen offenbar nur aus dem Grund, damit er einen von ihnen dankbar zurückkommen lassen kann. Und dieser eine ist ein von den Juden verachteter Samaritaner. Die anderen neun undankbaren Aussätzigen muss man sich also als Juden denken. Lukas bringt hier seine Theologie in der Wundergeschichte unter: Die Juden sind undankbar für das empfangene Heil, die Samaritaner und die Heiden hingegen nicht.[65] Lukas übersieht dabei, dass sein Jesus einen Samaritaner ausgerechnet zu jüdischen Priestern schickt. Das macht deutlich, dass die Evangelisten keinerlei Skrupel haben, ein Wunder umzugestalten oder ein ganzes Jesusgespräch hinzuzuerfinden, wenn sie das für sinnvoll halten.

Solche Beobachtungen sind wahrhaft alarmierend. Wenn bereits auf einer einzigen Überlieferungsstufe, nämlich von Markus zu Matthäus und Lukas, bereits so viele Änderungen, Hinzuerfindungen, Theologisierungen und Weglassungen auftreten, in einem einzigen (!) Überlieferungsschritt, dann kann einem Historiker nur schaudern vor den vielen Veränderungen, die diese Geschichten bereits in der mündlichen Tradition durchlaufen haben müssen. Denn das kommt ja noch hinzu: Matthäus und Lukas verändern Markus, obwohl sie ihn schriftlich vor sich liegen haben. Es ist also nicht so wie bei der „stillen Post", wo vielleicht nur aus Gedankenlosigkeit etwas falsch weitergegeben wird. Hier wird bewusst verändert, geschönt, geglättet, idealisiert. Und natürlich – sprechen wir das Wort ruhig aus, das Theologen gerne vermeiden –, es wird in großem Stile gefälscht.

Noch ein weiteres eklatantes Beispiel einer Wunderverdoppelung, diesmal gleich von zwei Wundern: Im Matthäusevangelium (Mt 11) antwortet Jesus auf die Frage des Johannes, wer er denn sei, Folgendes:

> Geht und erzählt Johannes, was ihr hört und seht: Blinde sehen und Lahme gehen, Aussätzige werden rein und Taube hören, und Tote werden auferweckt, und Armen wird das Evangelium verkündigt. (Mt 11,4–5)

Matthäus scheint nun aufgefallen zu sein, dass er ja bisher noch gar keine Blindenheilung und Taubstummenheilung erzählt hat. Erst später kommen bei ihm eine Taubstummenheilung (Mt 12,22–24) und eine Blindenheilung (Mt 20,29–34) vor. Damit aber droht das Wort Jesu an Johannes eigentümlich in der Luft zu hängen. Was also tun? Matthäus kopiert nun einfach die beiden Heilungen (recht ungeschickt) und setzt sie vor den Spruch an den Täufer. Es ist unwahrscheinlich, dass Matthäus dies schon so in der Tradition vorgefunden hat. Nein, er wird hier selbst tätig. Er übernimmt zwei Wunder von Markus, wandelt sie leicht ab und fügt sie einfach als Kopie anderswo ein. Gleich darauf folgt bei Markus die Aussendungsrede, in der Jesus die Jünger auffordern wird, so wie er Blinde und Taube zu heilen. Also muss der Evangelist vorher unbedingt auch Jesus selbst solche Heilungen ausführen lassen. In der Forschung hat man dies schon längst bemerkt. „Die beiden Geschichten sind nicht mit Liebe und nicht um ihrer selbst willen erzählt", meinte schon der Theologe Julius Wellhausen. „Sie stehen als Belege zu Mt 11,5 und sind sekundäre Bildungen auf der Grundlage von 12,22–24 und 20,29–34." Und Rudolf Bultmann sieht in Matthäus 9,27–34 eine „sekundäre schriftstellerische Arbeit des Matthäus, zu der er typische Markus-Motive verwendet hat." Es seien „eigene Bildungen des Matthäus."[66]

Besonders frommen Christen gilt die Bibel ja geradezu als Gotteswort. Für manche hat sie fast selbst einen göttlichen Charakter. Nicht nur Historiker können verzweifeln angesichts der Leichtfertigkeit, mit der die Evangelisten mit der Überlieferung von Jesus, der einzigen, die ernsthaft in Betracht kommt, umgehen. Angesichts dessen, wie die Evangelisten aus simplen und vordergründigen Erwägungen die Überlieferung eben nicht bewahren, sondern sie erweitern und umdeuten. Auch die frommen Christen müssten eigentlich schockiert sein, würden sie realisieren, wie das von ihnen für heilig gehaltene Gotteswort zum Spielball der Überlieferung wird, den Launen nicht nur der mündlichen, sondern auch der schriftlichen Tradition unterliegt. Wie ihr Jesus, an dem sie doch ernsthaft interessiert sind wie an keiner anderen Person, durch eine unbekannte Überlieferungskette wegphantasiert wird und an die Stelle des vermeintlichen Gottesworts die momentane Meinung oder Stimmung eines unbekannten Evangelisten tritt, der seinerseits aus unbekannten Quellen schöpft oder, schlimmer noch, gleich selbst zum Schöpfer wird und einfach das, was er zur Verkündigung braucht, zur Not auch gleich selbst erfindet und Jesus unterschiebt.

Die Auferweckung von Toten

„Die Fama vom Wundertäter Jesus machte sich schon zu seinen Lebzeiten gegenüber der Realität selbständig", meint der Theologe Gerd Theissen. Eines der spektakulärsten Wunder Jesu ist sicherlich die Totenauferweckung des Lazarus. Von ihr berichtet erst der Evangelist Johannes (Joh 11,1–44). Das ist an sich schon ein historisches Ausschlusskriterium, denn wenn es tatsächlich so etwas wie eine Totenauferweckung gegeben hätte, dann wäre das eine Sensation gewesen. Die Geschichte hätte sich verbreitet wie ein Lauffeuer. Ein solches

Wunder hätte zudem die Gegner Jesu ein für alle Mal zum Schweigen gebracht; mit Begeisterung wären sie Anhänger dieses Messias geworden, der so etwas vermag. Die Totenauferweckung des Lazarus hätte immer zum Ersten gehört, was Spätere über Jesus erzählt hätten. Vieles, was die Evangelisten sonst so berichten, ist weitaus harmloser. Doch seltsam: Keiner der Synoptiker (Markus, Matthäus, Lukas) weiß etwas von dieser Geschichte. Weder bei Markus noch bei Matthäus oder Lukas und auch nicht in Q (die ja bis auf den „Hauptmann von Kapernaum" interessanterweise gar keine Wunder bringt) wird die Geschichte erwähnt. Es ist klar: Die Synoptiker haben sie einfach nicht gekannt, sie ist eine Erfindung späterer Zeiten. Erst ca. 70 Jahre nach Jesu Tod ist diese Legende historisch nachweisbar.

Die synoptischen Evangelien kennen jedoch die Auferweckung der Tochter des Jairos (Mk 5,35–43, Mt 9,23–26 und Lk 8,49–56). Sie ist laut Markus die Tochter eines Synagogenvorstehers, also eines expliziten Vertreter des Judentums, von dem sich die Evangelisten und die Gemeinden, für die sie schreiben, schon deutlich abgesetzt haben.[67] Dem Erzähler geht es nicht nur um ein auferwecktes Mädchen, er lässt Jesus vielmehr ein Schauwunder vollbringen, das den Juden zeigen soll, dass er der wunderwirkende Messias ist. Der Name des Vaters (Jairos) ist die Gräzisierung von Jair, was so viel heißt wie „Gott erweckt" – ein Kunstname für eine kunstvoll erfundene Geschichte. Als Jesus sagt, das Kind sei gar nicht gestorben, es schlafe nur, da wird Jesus verlacht. Im Auge des Erzählers verlacht hier das ungläubige Judentum den Erlöser. Dass die ersten Christen und ihr Jesus von den Juden nicht nur beargwöhnt und verfolgt, sondern auch verlacht wurden, dürfte sicher sein. Nun benutzen die Evangelisten das Jesuswunder, um zu zeigen, wer hier zuletzt lacht. Denn natürlich wird das Mädchen wieder lebendig.[68]

Die Auferweckung des Jünglings von Nain, die sich bei Lukas (Lk 7,11–17) findet, kennen weder Markus noch Matthäus. Es ist schon lange aufgefallen, dass sie Ähnlichkeiten hat mit einer Geschichte im 1. Buch der Könige im Alten Testament (1 Kön 17,17–24), wo erzählt wird, wie der Prophet Elia den Sohn einer Witwe wieder zum Leben erweckt. Doch während Elia zur Auferweckung noch viele Worte und die Hilfe Gottes braucht, berührt Jesus nur kurz den Sarg (damit der Kraftstrom fließen kann) und sagt: „Junger Mann, ich sage dir: Steh auf!" Der Tote gehorcht aufs Wort. Die Totenerweckung durch Elia war eine allen Juden bekannte Geschichte. Wenn sie nun vom Jesuswunder hören, dann wissen sie: Jesus ist mächtiger als Elia.[69] Und dies zu vermitteln ist offenbar die theologische Absicht dieses erfundenen Wunders.

Obwohl die drei Auferweckungsgeschichten vermutlich nichts miteinander zu tun haben außer dem Stichwort Totenauferweckung, lässt sich an ihnen eine Steigerung erkennen: Die Tochter des Jairos ist gerade erst gestorben, der Jüngling von Nain wird gerade ins Grab gebracht, und Lazarus ist schon vier Tage tot.

Erfundene Summarien

Das Erfinden von einzelnen Wundergeschichten, mit denen die Theologie der Evangelisten unter die Leute gebracht oder der Mission unter Juden und Griechen auf die Sprünge geholfen werden sollte, ging den Evangelisten erstaunlich leicht von der Hand. Der Skrupel, den heutige Gläubige hätten, das „Wort Gottes" zu ändern oder zu verfälschen, lag den Evangelisten offensichtlich fern. Nach heutigem Verständnis und im Sinne einer historischen Wahrhaftigkeit haben die Evangelisten sogar in großem Stil gefälscht, auch wenn sie vieles aus der Tradition und von uns unbekannten Gewährsleuten und Quellen übernommen haben. Aber auch für die unbekannten Quellen ist ja davon auszugehen, dass dort die Phantasie in freiem Lauf das Leben und die Worte Jesu stark ausgeschmückt hat. Es geschah ja, wenn das eine Entschuldigung sein kann, alles aus dem Wunsch heraus, neue Christen zu werben, Menschen zu fischen und sie damit letztlich vor dem Gericht oder der Hölle zu bewahren. Offenbar waren viele Christen der Meinung, zur höheren Ehre Gottes seien Lügen tolerierbar, der Zweck heilige die Mittel.

Das Erfinden von ganzen Wundergeschichten mag mühselig sein. Viel leichter ging es mit erfundenen Summarien. Damit kann man ohne viel Aufwand die Wundertätigkeit Jesu enorm steigern. Ein Summarium fasst viele einzelne Geschehen in ein, zwei Sätzen zusammen. Nehmen wir als Beispiel Markus (Mk 1,32–34):

> Am Abend aber, als die Sonne untergegangen war, brachten sie alle Kranken und Besessenen zu ihm. Und die ganze Stadt war vor der Tür versammelt. Und er heilte viele, die an mancherlei Krankheiten litten, und trieb viele Dämonen aus.

Solche Summarien sind eigentlich immer Erfindungen des jeweiligen Evangelisten. Denn während eine Wunderheilung auch einzeln weitererzählt werden kann, braucht ein Summarium einen Kontext. Es wird nur sinnvoll im Rahmen beispielsweise eines Evangeliums. Karl Ludwig Schmidt hat schon 1919 mit seinem Forschungsklassiker „Der Rahmen der Geschichte Jesu" das Bewusstsein dafür geweckt, dass solche verbindenden Bemerkungen, aber auch geographische Anschlüsse und Abläufe nur vom Evangelisten her sich verstehen lassen. Man findet deshalb gerade in Summarien die typische Wortwahl und Gedankenwelt des Autors. Summarien können einzelne Geschichten abschließen oder sie mit anderen verbinden, sie eignen sich gut für Übergänge und Resümees. Es ist ja nur eine Phantasie, aber vielleicht wollte unser Evangelist ja noch eine weitere Wundergeschichte erzählen, doch es war schon spät und das Licht schlecht. Also schnell noch ein Summarium zum Abschluss, und dann ab zum Abendessen!

Die Situation, die Markus hier schildert, wäre jedenfalls wieder eine echte Sensation, wenn sie denn tatsächlich passiert wäre. Immerhin verweist er in wenigen Worten auf eine Massenheilung. Zugleich entwertet er dabei die Einzelwunder und ihren individuellen Charakter, denn wenn Jesus Hunderte geheilt hat, warum sollte man dann noch einzelne Geschichten umständlich erzählen?

Auch die Summarien haben die Seitenreferenten Matthäus und Lukas bei Markus schriftlich vorgefunden. Wundergeschichten haben sie gesteigert, wie wir gesehen haben. Aber geht das mit Summarien auch? Matthäus macht Folgendes aus der Markus-Vorlage:

> Am Abend brachten sie viele Besessene zu ihm; und er trieb die Geister aus durch die Macht des Wortes und heilte alle Kranken. So sollte in Erfüllung gehen, was durch den Propheten Jesaja gesagt ist: Er nahm unsere Schwachheit auf sich, und unsere Krankheiten trug er. (Mt 8,16–17)

Haben Sie es bemerkt? Bei Markus hat Jesus „viele" geheilt und „viele" Dämonen ausgetrieben, bei Matthäus sind es gleich „alle" Kranken und „die" Dämonen. Matthäus scheint es nicht hinnehmen zu wollen, dass bei einigen die Heilung offenbar nicht gelungen sein soll. Er korrigiert dies und bringt auch gleich noch eines seiner berüchtigten Erfüllungszitate, die Gläubige leicht beeindrucken, von denen Theologen aber wissen, dass sie meist völlig an den Haaren herbeigezogen sind. Bei Lukas liest sich das Summarium so:

> Als die Sonne unterging, brachten sie alle ihre Kranken, die an Krankheiten aller Art litten, zu ihm. Und er legte jedem einzelnen von ihnen die Hände auf und heilte sie. Bei vielen fuhren auch Dämonen aus, die schrien: Du bist der Sohn Gottes! Doch er schrie sie an und ließ sie nicht reden, weil sie wussten, dass er der Gesalbte war. (Lk 4,40–41)

Matthäus hatte hinzuerfunden, dass Jesus mit der „Macht des Wortes" geheilt hat, Lukas fügt stattdessen das magische Handauflegen hinzu. Zudem fangen die Dämonen bei ihm sogar zu reden an. Sie verkünden (wer hätte das gedacht?) eine Wahrheit, die Lukas genauso sieht: Du bist der Sohn Gottes. Und auch gleich noch der Gesalbte, also der Messias. Da wir die Vorlage bei Markus genau kennen, sehen wir, wie Lukas an dieser Stelle die schreienden Dämonen und den ebenfalls schreienden Jesus (was für ein Spektakel!) kurzerhand hinzuerfunden hat.[70]

Auch Summarien lassen sich wunderbar kopieren, ohne dass der brave Bibelleser das merken müsste. So steht bei Matthäus (Mt 4,23):

> Und er zog in ganz Galiläa umher, lehrte in ihren Synagogen, verkündigte das Evangelium vom Reich und heilte jede Krankheit und jedes Gebrechen im Volk.

Im Matthäusevangelium (Mt 9,35) heißt es in leicht veränderter Form:

> Und Jesus zog umher in allen Städten und Dörfern, lehrte in ihren Synagogen, verkündigte das Evangelium vom Reich und heilte jede Krankheit und jedes Gebrechen.

Das Summarium wurde hier offenbar von Matthäus selbst erfunden, und ein paar Kapitel weiter kopiert er es einfach an eine andere Stelle seines Evangeliums. Damit steigert er ohne großen Aufwand die Wunderkraft Jesu, der wie am Fließband gewirkt zu haben scheint.

Bei Markus (Mk 10,1) ist zu lesen:

> Und er bricht von dort auf und kommt in das Gebiet von Judäa jenseits des Jordan, und wieder strömen ihm die Leute zu. Und wie es seine Gewohnheit war, lehrte er sie wieder.

Was hat Matthäus daraus gemacht?

> Und viele Leute folgten ihm, und er heilte sie dort.
> (Mt 19,2)

Wo Jesus bei Markus nur gelehrt hat, macht ihn der Griffel des späteren Evangelisten zum Heiler. Es entsteht das Bild eines Erlösers, der permanent mit Wundern und Heilungen beschäftigt ist, wo ganze Dörfer und Gegenden ihre Kranken zu Jesus bringen und er sie von ihren Krankheiten und Dämonen heilt. Wäre es tatsächlich so gewesen, dann könnte man wirklich nicht verstehen, warum Pharisäer, Sadduzäer und Römer nicht selbst gläubig geworden sind, sondern einen solchen Wundertäter verfolgt und getötet haben. Aber es war eben nicht Jesus, der die Wunder geschaffen hat, sondern die Evangelisten und ihre Vorgänger.

Bei der Heilung des Taubstummen (Mk 7,31–37) hat der Evangelist Markus eine äußerst drastische Geschichte vorgegeben, nämlich eine Heilung, bei der Jesus, wir sahen es schon, dem Kranken die Finger in die Ohren steckt und mit seinem Speichel (was für eine Szenerie!) dessen Zunge berührt. Matthäus lässt dieses Wunder unerwartet aus. Warum? Es scheint ihm nicht so recht gefallen zu haben. Er mag, das zeigen auch andere Stellen seines Evangeliums, solche „handgreiflichen Stellen" einfach nicht. Vielleicht waren sie ihm für das Wirken Jesu eher anstößig. Also lässt er dieses Wunder einfach weg. Doch er setzt an seine Stelle ein Summarium:

> Und es kamen viele Leute zu ihm, die hatten Lahme, Blinde, Krüppel, Stumme und viele andere Kranke bei sich, und sie legten sie ihm zu Füssen, und er heilte sie. Und das Volk staunte, als es sah, wie Stumme redeten, Krüppel gesund wurden, Lahme gingen und Blinde sahen; und sie priesen den Gott Israels. (Mt 15,30–31)

Aus *einer* Heilung macht der Evangelist gleich Dutzende (oder Hunderte?). Die Evangelisten entwickeln quasi eine größere Wundertätigkeit als Jesus selbst. Besonders beeindruckend ist dabei die Auskunft, dass Jesus auch „Krüppel" geheilt hat. Gemeint sind Menschen, die ein Körperteil verloren haben. Aber wie soll man sich das vorstellen? Hat Jesus es nachwachsen lassen? Es gibt ja vor allem in den USA heute viele Wunderprediger, die mit großem medialem Einsatz (wenngleich ohne seriöse Beteiligung z. B. des Max-Planck-Instituts) Kranke von allem Möglichen heilen. Aber noch keiner hat es geschafft, einen verlorenen Arm oder ein verlorenes Bein nachwachsen zu lassen. Für Jesus war das kein Problem – wenn auch nur mithilfe des Evangelisten.[71]

Auch bei Lukas, den man ja für einen Historiker hält, der aber gar keine eigenen Nachforschungen betrieben zu haben scheint, sondern im Wesentlichen nur vorliegendes Quellenmaterial (Markus und Q) sowie Sondergut verwendet, findet sich ein erfundenes Summarium. Anlässlich der Frage des Täufers, wer Jesus denn sei, bringt er den Vers:

> In eben jener Stunde heilte er viele von Krankheiten,
> Plagen und von bösen Geistern und schenkte vielen
> Blinden das Augenlicht. (Lk 7,21)

Dieses Summarium steht nicht bei Markus. Matthäus hat es ebenfalls nicht, es stand also offenbar auch nicht in der Redenquelle Q. Es ist unwahrscheinlich, dass Matthäus, hätte er es gekannt, es einfach weggelassen hätte. Wo also kommt es her? Das Summarium ist eine Erfindung des Lukas. Dafür spricht, dass es „sprachlich Wort für Wort lukanisch" ist.[72] Zudem wird Lukas Jesus gleich sagen lassen: „Blinde werden geheilt." Bis dahin hat er noch nicht von einer Blindenheilung berichtet. Mit diesem Summarium holt er das nach und schenkt gleich „vielen Blinden das Augenlicht" (Lk 7,21). Es ist deutlich: Auch hier ist es der Evangelist, der heilt, aber nicht Jesus.

Die ersten drei Evangelisten haben einerseits vorgegebenes Quellenmaterial verwendet, das muss man anerkennen. Sie haben sich nicht völlig einen Jesus zusammenphantasiert (Johannes, der vierte Evangelist, hat dies jedoch weitgehend getan). Aber sie hatten eben auch keine Bedenken, massiv in die Überlieferung einzugreifen und sich ihren Jesus und seine Geschichte zu formen, wie sie sich ihn vorstellten und wie sie ihn gerne gehabt hätten. Leider haben wir keine anderen Quellen über diesen Jesus als diese drei Evangelien (und wenige Hinweise bei Paulus), die überwiegend Produkte der frommen Phantasie sind, hinter denen sich aber immer wieder auch tatsächliche Historie und echte Jesusworte verbergen. Die Abgrenzung von beidem ist das Hauptgebiet der Evangelienforschung.

Machen wir noch einen kleinen Ausflug in die Apostelgeschichte des Lukas. Hier finden wir die bei Gläubigen sehr beliebte Beschreibung der Urgemeinde, die „ein Herz und eine Seele waren" und in Gütergemeinschaft lebten.

> Alle Glaubenden aber hielten zusammen und hatten alles gemeinsam; Güter und Besitz verkauften sie und gaben von dem Erlös jedem so viel, wie er nötig hatte. Einträchtig hielten sie sich Tag für Tag im Tempel auf und brachen das Brot in ihren Häusern; sie aßen und tranken in ungetrübter Freude und mit lauterem Herzen. (Apg 2,44–46)

> Die ganze Gemeinde war ein Herz und eine Seele, und nicht einer nannte etwas von dem, was er besaß, sein Eigentum, sondern sie hatten alles gemeinsam. ... Ja, es gab niemanden unter ihnen, der Not litt, denn die, welche Land oder Häuser besaßen, verkauften, was sie hatten, und brachten den Erlös des Verkauften und legten ihn den Aposteln zu Füssen; und es wurde einem jeden zuteil, was er nötig hatte. (Apg 4,32–34)

Paradiesische Zustände! Dieses Idealbild der frühen Gemeinde hat über die Jahrhunderte die Gläubigen fasziniert. Es spricht die Sehnsucht des Menschen nach Gemeinschaft, nach Solidarität und

Frieden an. Mönche versuchten dies zumindest in ihren Konventen zu verwirklichen, evangelikale Christen messen ihre eigenen Gemeinschaften bis heute am urchristlichen Ideal. Und Sozialisten oder zumindest religiöse Sozialisten sahen gar in der Gütergemeinschaft so etwas wie das Abbild der kommenden klassenlosen Gesellschaft. Alle nach ihren Fähigkeiten, jeder nach seinen Bedürfnissen!

Aber dieses Bild, das Lukas hier zeichnet, ist reiner Kitsch. Keineswegs war die Urgemeinde so einträchtig, wie hier suggeriert wird. Lukas selbst berichtet ja in seiner Apostelgeschichte an vielen anderen Stellen von Kämpfen und Auseinandersetzungen, Intrigen und Feindseligkeiten. Auch aus den Paulusbriefen wissen wir, dass es in der frühen Gemeinde sehr gemenschelt hat, dass konservative Jesuaner auf Gesetz und Beschneidung verwiesen und nichts mit Heiden zu schaffen hatten, während hellenistische Kreise das Gesetz relativierten und allen den „Weg zum Heil" öffnen wollten. Paulus beschimpft und verflucht geradezu die Exponenten der Urgemeinde, und diese sehen in ihm einen Ketzer.

All dies ist in der Forschung längst bekannt. Doch einfache Gläubige lassen sich gerne einlullen von der Mär und der gedanklichen Wellness einer harmonischen und unschuldigen Zeit des Anfangs. Doch hat es denn wenigstens die Gütergemeinschaft gegeben? Auch diese gehört wohl ins Reich der frommen Phantasie. Der Satz „Güter und Besitz verkauften sie und gaben von dem Erlös jedem so viel, wie er nötig hatte" ist ja ebenfalls eine Art Summarium. Es suggeriert, so sei es damals immer gewesen. Was dagegen spricht, ist, dass nach der harmonischen Beschreibung in der Apostelgeschichte (Apg 4) sich folgende Verse finden:

> Josef aber, der von den Aposteln den Beinamen Barnabas erhalten hatte, das heißt *Sohn des Trostes*, ein Levit, der aus Zypern stammte und einen Acker besaß, verkaufte ihn, brachte das Geld und legte es den Aposteln zu Füssen. (Apg 4,36–37)

Warum wird hier von einem einzelnen Fall berichtet, bei dem jemand seinen Besitz verkauft und den Aposteln gibt? Wenn dies doch angeblich alle getan haben, macht das keinen Sinn. Und so dürfen wir auch hier vermuten: Es ist ein Einzelfall, der einfach durch ein Summarium generalisiert wurde. Dieser Josef war zweifellos eine historische Person (dem Lukas damit ungewollt ein Denkmal gesetzt hat), aber er war offenbar eine Ausnahme, ein eher seltenes Beispiel, wie ein guter Christ handeln sollte. Der katholischen Kirche hat eine Aussage wie die, dass ein Vermögender sein Gut verkaufte und „brachte das Geld und legte es den Aposteln zu Füßen" (Apg 4,37), über die Jahrhunderte einen unermesslichen Reichtum beschert. Sie darf damit dem Evangelisten Lukas genau so dankbar sein wie dem Evangelisten Matthäus, der mit seinem erfundenen Jesuszitat „Du bist Petrus, und auf diesen Felsen werde ich meine Kirche bauen" (Mt 16,18) die Grundlage ihrer Machtfülle bis heute liefert.[73] Reichtum und Macht der katholischen Kirche gründet sich hier wie anderswo auf Jesusworte, die heute längst als unecht erwiesen sind.

Kuriose Wunder Jesu

Manche Wunder sind durch viele Münder gegangen, bevor sie von den Evangelisten schriftlich fixiert worden sind. Wenn sie früh erfunden wurden, waren sie möglicherweise mehrere Jahrzehnte unterwegs. Bei fast jeder Wundergeschichte können Historiker deshalb deutliche Brüche erkennen, Vorstufen herausarbeiten oder Motivwechsel und Motivwachstum konstatieren. Besonders leicht ist das natürlich, wenn man – wie bei den Synoptikern – die literarischen Abhängigkeiten kennt. Dabei ist es ein simples überlieferungsgeschichtliches Grundgesetz, dass alles immer spektakulärer erzählt wird und die Wunder immer großartiger werden. Zuweilen vermischen sich aber auch diverse Tendenzen und lassen höchst kuriose Geschichten entstehen.

2 000 Schweine und ein Talk mit Dämonen

Ein solches Wunder Jesu ist die Geschichte vom Besessenen von Gerasa und den 2 000 Schweinen (Mk 5,1–20). Jesus begegnet am See Genezareth einem Besessenen, der dort in Grabhöhlen lebt, unbändige Kräfte besitzt und offenbar gewalttätig ist und den man selbst mit Ketten nicht bändigen kann. Er schlägt sich selbst mit Steinen, ist offenbar nackt, und des Nachts schreit er in den Grabhöhlen und auf den Bergen herum. Also ein ganz schlimmer Fall, will uns der Erzähler damit sagen. Trotzdem wirft er sich, sobald er Jesus gewahr wird, gleich vor ihm nieder und redet ihn, dogmatisch durchaus korrekt, mit „Sohn des höchsten Gottes" an. Jesu Fähigkeit als Exorzist ist also gefragt, und er beginnt mit dem Dämon (nicht etwa mit dem Besessenen) ein Gespräch.

> Und er fragte ihn: Wie heißt du? Und er sagt zu ihm: Legion heiß ich, denn wir sind viele. Und sie flehen ihn an, sie nicht aus der Gegend zu vertreiben. Nun weidete dort am Berg eine große Schweineherde. Da baten sie ihn: Schick uns in die Schweine, lass uns in sie fahren! Und er erlaubte es ihnen. Da fuhren die unreinen Geister aus und fuhren in die Schweine. Und die Herde stürzte sich den Abhang hinunter in den See, an die zweitausend, und sie ertranken im See. (Mk 5,9–13)

Was für eine Szenerie! Der Held Jesus nimmt es gleich mit 2 000 Dämonen auf. Eine riesige Schweineherde stürzt sich in den See. Ein vormals offenbar nackter Besessener sitzt hinterher sehr artig „bekleidet und bei Sinnen" bei Jesus (als Demonstration des erfolgreichen Wunders). Man muss schon sehr gläubig sein, um hier nicht zumindest gewisse Übertreibungen zu vermuten.[74] Bei solchen Geschichten wird verständlich, dass selbst Theologen die Frage stellen, ob „die Wundergeschichten der Evangelien mehr [sind] als eine Sammlung abergläubischer Erdichtungen und Phantasien einer wunderfrohen Vergangenheit?"[75]

Den Exegeten gibt die Geschichte viele Rätsel auf. Sie beginnt wie ein „normaler" Exorzismus, aber gerät dann sichtlich aus dem Ruder. Es gibt viele Ungereimtheiten. So nötigen die Bewohner der Gegend den Exorzisten Jesus, nachdem sie sich vom Schreck einigermaßen erholt haben, ihr Gebiet wieder zu verlassen. Wenn sie die Eigentümer der Schweine waren, dann wäre ihnen durch Jesus großer materieller Schaden entstanden. Und der Dämon hätte, wenn er verhindern wollte, dass Jesus in der Gegend predigt, sein Ziel letztlich erreicht. Der Exeget Grundmann meint denn auch: „Jesus soll durch den Vorgang in der Gegend unmöglich gemacht werden."[76] Anders sieht es Bultmann, der in der Geschichte den volkstümlichen Schwank vom geprellten Teufel erkennt. Der Teufel sei der Verlierer. Aber warum werden ausgerechnet Schweine genannt, die in den Tod stürzen? Sie sind für die Juden unreine Tiere, geradezu Sinnbild für die Heiden. Ihre Hirten wären dann ebenfalls Heiden gewesen. Soll also Jesus als Schädiger der Heiden dargestellt werden? Das nun widerspräche den Intentionen aller Evangelisten.

Der Dämon nennt sich „Legion". Das könnte auf die Römer hindeuten, zumal die Legio X Fretensis einen Eber im Feldzeichen führt. Ist das Ganze also politisch gemeint, stürzt hier ein Römerheer in den See? Dann hätten die unbekannten Erfinder der Geschichte sogar noch eins drauflegen können, denn eine Legion bestand ja aus 5000 bis 6000 Soldaten. Probleme bereitet den Exegeten auch die Lokalisierung *in Gerasa*. Das liegt 60 Kilometer vom See entfernt, die armen Schweine hätten sicherlich schon auf dem Weg dorthin alle einen Herzinfarkt erlitten. Bereits in der Antike hat man dies erkannt, und manche Textzeugen korrigieren in *Gadara*. Das liegt näher, aber es sind immer noch 15 Kilometer zum See. Außerdem hätten sich die Tiere dann am Südufer in den See gestürzt. Nur gibt es dort nirgendwo ein Steilufer.

Fragen über Fragen; die Jetztgestalt der Geschichte ist wohl von so vielen Nebentendenzen begleitet und von Umprägungen betroffen, dass sich vieles nicht mehr wird klären lassen. Vermutlich stand am Anfang nur ein Exorzismus, die Herde Schweine, ihre große Zahl und der See sind später hinzugekommen oder entstammen einer anderen Geschichte. Es bliebe also als Ursprung nur eine Dämonenaustreibung. Und Dämonen sind in unserer Welt so zahlreich wie Drachen und Einhörner.

Die Verfluchung eines Feigenbaums

Für Gläubige ebenso irritierend wie die 2 000 Schweine ist die Geschichte, in der Jesus einen Feigenbaum verflucht.

> Und als sie am nächsten Tag von Betanien aufbrachen, hungerte ihn. Und er sah von weitem einen Feigenbaum, der Blätter hatte, und er ging hin, um zu sehen, ob er vielleicht etwas an ihm fände. Und als er zu ihm hinkam, fand er nichts als Blätter, denn es war nicht die Zeit für Feigen. Und er sagt zu ihm: In Ewigkeit soll niemand mehr eine Frucht von dir essen. Und seine Jünger hörten es. ... Und als sie am anderen Morgen vorübergingen, sahen sie, dass der Feigenbaum von den Wurzeln her verdorrt war. (Mk 11,12–14.20)

So wie die Geschichte hier steht, ist sie sehr befremdend. Es ist ein Fluchwunder, das einzige, dass von Jesus erzählt wird. Es „fällt aus allem, was Jesus tut, heraus."[77] Dies spricht für einen Überlieferungsirrläufer. Die Geschichte zeigt einen hungrigen und übel gelaunten Jesus, zeigt ihn als einen Choleriker, der sich vor einen Baum stellt und ihn laut verflucht. Man stelle sich die absurde Szene einmal vor. Der arme Baum! Zur Strafe, dass er für den Herrn keine Frucht bieten kann, wird er verflucht, und am nächsten Tag ist er verdorrt, und zwar radikal von den Wurzeln her.

Der Exeget Ernst Haenchen meint, die Geschichte widerspricht „völlig dem Geiste Jesu, der nicht einmal die Samariter bestraft wissen wollte, die ihm die Aufnahme verweigerten (Lk 9,51–56)."[78] Die Verse wollen tatsächlich schwer zum Prediger der Sanftmut und der Barmherzigkeit passen. Es ist ein Wunder ohne Moral und ohne tieferen Sinn. Das Wunder scheint überhaupt nur der Effekthascherei zu dienen. Fernab von jeder Geistigkeit soll offenbar nur die Macht Jesu auch über die Natur demonstriert werden. Ernst Haenchen meint:

> Wenn irgendwo, dann sind wir hier im Bereich einer späteren Legende. Für sie war es schon eine Majestätsbeleidigung, wenn ein Baum dem Herrn nicht die Frucht bot, die er verlangte, mochte es sich mit der Feigenzeit verhalten, wie es wollte.[79]

Derjenige, der sich diese Geschichte ausgedacht hat, muss ein sehr einfaches Gemüt gewesen sein, der um eines billigen Wunders willen einen egoistischen und affektgetriebenen Jesus zeichnet. Wie ist diese Geschichte zustande gekommen? Man hat an einen verdorrten Feigenbaum gedacht, von dem sich irgendwann die Legende verbreitete, Jesus habe ihn verflucht. Der verdorrte Baum wäre dann vor der Legende entstanden. Es kann aber auch sein, dass sich ein Jesuswort von einem verdorrten Feigenbaum verselbstständigt und sich zu einer Handlung und einer Geschichte gewandelt hat. Vielleicht war es einst ein Bildwort über Israel oder Jerusalem? Die Propheten haben ja von Israel als Weinberg und Feigenbaum gesprochen. Diese Erklärung scheint am tragfähigsten zu sein. Christen dürften zumindest an dieser Stelle der historisch-kritischen Forschung dankbar sein, die ihnen einen Herrn mit niederen Instinkten und Baumgespräch erspart.

Die Worte „es war nicht die Zeit für Feigen" (Mk 11,13) sind übrigens vermutlich eine ungeschickte Glosse eines späteren Abschreibers. Es ist unwahrscheinlich, dass Jesus, der vermutlich selbst auch

Kleinbauer war, nicht gewusst hätte, dass Feigen gerade keine Saison hatten. Die Hintergründe dieses Fluchwunders dürften dem Evangelisten Markus aber bereits unbekannt gewesen sein. Man hätte ihm eigentlich raten sollen, dieses Wunder aus qualitativen Gründen besser zu streichen. Lukas hat hier mehr Stilgefühl und lässt die Geschichte weg. Er bringt stattdessen das Gleichnis vom unfruchtbaren Feigenbaum (Lk 13,6–9). Doch Matthäus kann sich zu einer Streichung nicht durchringen, im Gegenteil. Bei ihm verdorrt der Baum nicht erst nach einem Tag, sondern sofort.[80]

Die Wunder bei Passion und Tod Jesu

Spektakuläre Wundergeschichten sind schon aus Prinzip verdächtig. Es ist ja denkbar, dass Jesus Menschen die Hände aufgelegt hat, sie dies als therapeutisch positiv empfunden haben und sich daraus Wundergeschichten entwickelten. Wo aber besonders dick aufgetragen wird, darf man vermuten, dass es reine Erfindungen sind und es keinerlei Bezug zu realen Geschehnissen gibt. Oder dass einfach nur theologische Aussagen durch Wunder effektvoll transportiert werden sollen. Bei der Kreuzigung Jesu geschieht ein solches Wunder. Zum Moment, als Jesus am Kreuz stirbt, liest man bei Markus:

> Und der Vorhang im Tempel riss entzwei von oben bis unten. (Mk 15,38)

Dieser Vorhang trennt im Jerusalemer Tempel das Allerheiligste ab. Nur der Hohepriester darf diesen heiligsten Bereich betreten, und auch er nur einmal im Jahr. Wenn nun der Vorhang entzweireißt, dann bedeutet das: Mit dem Tod Jesu liegt das Allerheiligste frei, es ist für jedermann sichtbar. Das ist die theologische Aussage der Geschichte. Es wäre Unsinn anzunehmen, der Vorhang wäre tatsächlich an diesem Tage zerrissen. Er zerreißt nicht wirklich, sondern lediglich aus theologischen Gründen. Den Tod Jesu können sich die Evangelisten einfach nicht anders vorstellen als von überirdischen Zeichen begleitet. Zu solchen Zeichen gehörte schon die Sonnenfinsternis, die nach den Evangelisten von 12 bis 15 Uhr über die ganze Erde kam. Auch sie verdankt ihre Existenz einer Theo-Logik, denn am Passafest kann es schon aus astronomischen Gründen keine Sonnenfinsternis geben. Überflüssig zu erwähnen, dass sie auch von niemandem außer den Evangelisten in der Antike registriert worden ist. Aber der Tod Jesu musste für die Evangelisten einfach auch kosmische Veränderungen und Zeichen mit sich gebracht haben. Der Himmel musste im Glauben der Christen einfach irgendwie zum ungeheuerlichen Passionsgeschehen Stellung genommen haben. Schon bei der Geburt Jesu war deshalb, wieder aus theologischen Gründen, ein Stern aufgetaucht. Und so werden auch jetzt die üblichen Register gezogen.

Markus und Lukas lassen es mit Sonnenfinsternis und Tempelvorhang noch gemächlich angehen. Aber Matthäus setzt wieder eins drauf:

> Und siehe da: Der Vorhang im Tempel riss entzwei von oben bis unten, und die Erde bebte, und die Felsen barsten, und die Gräber taten sich auf, und die Leiber vieler entschlafener Heiliger wurden auferweckt. Nach der Auferweckung Jesu kamen sie aus den Gräbern hervor und zogen in die heilige Stadt und erschienen vielen.
> (Mt 27,51–53)

Diese Verse stehen nur bei Matthäus, und es spricht viel dafür, dass er sie sich selbst ausgedacht hat. Offenbar war ihm eine Sonnenfinsternis noch zu wenig. Er erfindet ein Erdbeben hinzu und ein Bersten der Felsen (welcher?). Dann aber geschieht noch Merkwürdigeres. Die Gräber tun sich auf und die „entschlafenen Heiligen" werden auferweckt. Wer sind die „Heiligen"? Christen können es nicht sein, die gibt es zu diesem Zeitpunkt noch nicht. Propheten des Alten Testaments? Bedeutende Rabbinen? So ganz scheint sich Matthäus dies nicht überlegt zu haben, denn folgt man seiner Geschichte, dann wurden die Gräber dieser Heiligen zwar mit Donnergetöse geöffnet und die Heiligen auferweckt, aber sie blieben zunächst für drei Tage in ihren Gräbern liegen. Erst nach der Auferstehung Jesu ziehen sie, die Untoten, nach Jerusalem und erscheinen den Bewohnern. Wiederum: Was für eine bizarre Szenerie! Fast wie in einem Horrorfilm! Wie ist das zu verstehen? Und was, so darf man weiter fragen, ist danach mit ihnen geschehen? Sind sie, nachdem sie in der Stadt für reichlich Verwirrung gesorgt haben, wieder zurück in ihre Gräber und haben von innen verriegelt? Oder sind sie mit Jesus in den Himmel aufgefahren? Der Evangelist äußert sich nicht dazu, und das ist vielleicht auch besser so.

Matthäus hat mit diesen paar hingeworfenen Versen nicht nur erneut eine ganze Reihe von spektakulären Wundern erfunden, sondern auch für reichlich Irritation bei Theologen, Kirchen und Konzilien gesorgt. Der Evangelist hat so ganz nebenbei eine komplette Totenauferstehung erfunden. Zwar erwarteten die Christen mit der Auferstehung Jesu auch bald eine allgemeine Auferstehung. Aber der voreilige Matthäus bringt diese schon mit dem Tod Jesu. Die Heiligen werden bereits drei Tage vor Jesus vom Tod erweckt, gewissermaßen eine *resurrectio praecox*.[81] Doch weil die „Heiligen" sich ja schlecht schon vor Jesus zeigen können (das scheint nun selbst für Matthäus unpassend zu sein), müssen sie eben noch eine Weile in ihren offenen Gräbern warten. Man kann wieder nur staunen, wie (formulieren wir es positiv) selbstbewusst und unerwartet erfrischend die Evangelisten mit ihrem Stoff umgehen. Sie sind wahrhaftige Schöpfer – was wäre die Geschichte Jesu ohne sie?

Aus der Antike auf Jesus übertragene Wunder

„Kopieren geht über Studieren" und „Gut kopiert ist besser als schlecht erfunden." Diese studentischen Weisheiten haben offenbar auch unseren Evangelisten zuweilen Obdach gewährt. Heutigen Bibellesern erscheinen alle Wunder Jesu originär und originell. Doch die Neutestamentler haben längst erkannt, dass von Jesus auch Wunder erzählt werden, die von der Motivik und zuweilen sogar bis in Details auf bereits existierende Wundergeschichten zurückgreifen und sie kopieren. Die Versuchung, ein Wunder einfach auf Jesus zu übertragen, war groß. Denn es galt ja einerseits die Juden zu überzeugen, dass die Wunder Jesu größer sind als die der Propheten des Alten Testaments, war hier doch der Messias höchstselbst am Werk. Andererseits musste dieser Jesus mithalten können mit hellenistischen Göttern und Wundertätern.

In späterer Zeit hat man offenbar auch Anklänge ans Alte Testament mit hellenistischen Wundergeschichten kombiniert. Bei der Totenauferweckung des Jünglings von Nain (Lk 7,11–16), von der oben bereits die Rede war, findet man klare Bezüge zu den alten Schriften und die Wunder, die von den frühen Propheten Elia und Elischa erzählt worden sind (1 Kön 17,17–24). In beiden Geschichten wird der Sohn einer Witwe vom Tod erweckt und der Erweckte dann seiner Mutter wiedergegeben. Die Tat wird von den Anwesenden gerühmt. In der Geschichte von Nain spiegelt sich aber auch ein Wunder des neuphythagoreischen Philosophen Apollonius von Tyana wider, dessen Leben Philostratus im 3. Jahrhundert romanhaft niedergeschrieben hat. Es finden sich erstaunlich viele Parallelen zum Leben Jesu, so seine wunderbare Geburt, diverse Wunder, Dämonenaustreibungen, Erscheinungen des toten Apollonius und sogar seine Himmelfahrt. Und Philostratus erzählt eben auch von einer Totenauferweckung, bei der Apollonius eine scheintote Braut, die zu Grabe getragen wird, auferweckt und dem Bräutigam wiedergibt.[82] Solche Übereinstimmungen sind kaum zufällig, und man hat sich schon in der Antike gegenseitig vorgeworfen, beim jeweils anderen abgekupfert zu haben. Vermutlich waren es aber einfach volkstümliche Vorstellungen und Erwartungen vom Wirken „göttlicher Männer", aus denen sich beide bedient haben. Genuine Einzelstücke sind die Wunder Jesu jedenfalls nicht.

Das gilt auch von der Hochzeit zu Kana (Joh 2,1–12), bei der Jesus Wasser in Wein verwandelt haben soll. Ein solches Wunder wurde bereits dem griechischen Gott Dionysos nachgesagt. In der Antike haben die Gebildeten diese Abstammung sicher bemerkt. Das Wunder Jesu dürfte dann weniger beeindruckend für sie gewesen sein als für heutige Gläubige.

Bei der Frage, ob die Tempelsteuer gezahlt werden müsse (Mt 17,24–27), vermischen sich sehr anschaulich antike Motivik mit einem schönen Wunder und der Antwort auf ein Problem der frühen Christengemeinde. Denn diese hat sich offenbar gefragt, ob sie die Tempelsteuer von zwei Drachmen noch zahlen soll. In die Situation des Lebens Jesu passt diese Frage nicht. Jesus hat als gläubiger Jude weder die Beschneidung noch den Sabbat und die Gesetze grundsätzlich infrage gestellt. Auch die Tempelsteuer wird er gezahlt haben, wie man es von ihm erwartete. Wäre es anders gewesen, hätten das die Evangelisten sicherlich erwähnt. Im Leben Jesu macht die Geschichte also keinen Sinn. Wohl aber in der Urgemeinde, die sich immer mehr vom Judentum abzuspalten begann. Die Frage deutet dabei auf eine Zeit vor dem Jahr 70 hin, als der Tempel noch bestand. Und offenbar scheinen einige die Frage verneint zu haben. Möglicherweise, wir wissen es nicht, gab es deshalb sogar heftige Diskussionen. Was tun? Um das Problem zu lösen, erfindet man eine Geschichte, in der Jesus die Frage selbst entscheidet. Seine Antwort lautet: Eigentlich ist die Tempelsteuer nicht mehr nötig, aber um „keinen Anstoß zu erregen" (Mt 17,27), solle man sie dennoch zahlen. Jesus rät in dieser erfundenen Szene also zu einem pragmatischen Opportunismus.

Dass Jesus häufig für das Lösen von Problemen der frühen Gemeinde benutzt wird, zeigen noch viele andere Stellen in den

Evangelien.[83] Hier aber haben wir einen Sonderfall. Eigentlich ist die Frage abschließend gelöst. Doch offenbar war den Erfindern dieser Geschichte die Situation noch zu harmlos, und so hängen sie einfach ein Wunder dran. Man lässt Jesus zu Petrus sprechen:

> Damit wir aber bei ihnen keinen Anstoß erregen, geh an den See und wirf die Angel aus und nimm den ersten Fisch, der anbeißt. Und wenn du ihm das Maul öffnest, wirst du ein Vierdrachmenstück finden. Das nimm und gib es ihnen als Steuer für mich und dich. (Mt 17,27)

Das kleine Wunder mit der Münze im Fischmaul, das die Geschichte erst interessant macht, erinnert an die Geschichte vom Ring des Polykrates, wie sie sich im 3. Buch der Historien bei Herodot (III 42) findet. Wer immer diesen kleinen Anschluss hinzuerfunden hat (die Perikope wäre auch ohne diesen Zusatz lebensfähig gewesen), verfügte offenbar über ein Stück klassische Bildung. Man wäre froh, könnte man dies öfter behaupten. Die Evangelien hätten dadurch zwar nicht an Authentizität oder gar Historizität, wohl aber an inhaltlicher Qualität gewonnen. Jesus konnte hier offenbar wenig beisteuern, seine Jünger, die vermutlich alle ungebildete Fischer waren, ebenso. Und auch die Urgemeinde müssen wir uns eher bildungsfern vorstellen. Klassische Bildung dürfte vielen einfach als „heidnisch" gegolten haben. Und vielleicht stimmt ja die Aussage: je frommer, desto bildungsferner. Die Evangelisten haben sich eher an den heiligen Schriften des Judentums orientiert. Moses und sein Gesetz haben sie mehr interessiert als Homer oder Platon, sofern sie sie überhaupt kannten. Religion war für sie wichtiger als Philosophie, Gehorsam gegenüber „Gottes Wort" hatte einen ungleich höheren Wert als freies Denken.

Die Verklärung Jesu (Mk 9,2–8) ist zwar keine klassische Wundergeschichte. Sie atmet den Geist des Wunderbaren, aber ebenso des Mystischen und Surrealen.

Und sechs Tage danach nimmt Jesus den Petrus, den
Jakobus und den Johannes mit und führt sie auf einen
hohen Berg, sie allein. Da wurde er vor ihren Augen
verwandelt, und seine Kleider wurden glänzend, ganz
weiß, wie kein Färber auf Erden sie weiß machen kann.
Und es erschien ihnen Elia mit Mose, und sie redeten
mit Jesus. Da ergreift Petrus das Wort und sagt zu Jesus:
Rabbi, es ist schön, dass wir hier sind. Wir wollen drei
Hütten bauen, eine für dich, eine für Mose und eine für
Elia. Er wusste nämlich nicht, was er sagen sollte, denn
sie waren in Furcht geraten. Da kam eine Wolke und
warf ihren Schatten auf sie, und aus der Wolke kam eine
Stimme: Dies ist mein geliebter Sohn. Auf ihn sollt ihr
hören! Und auf einmal, als sie um sich blickten, sahen
sie niemanden mehr bei sich außer Jesus. (Mk 9,2–8)

Was haben wir hier vor uns? Ist es ein Mythos (so David Friedrich Strauß), eine Epiphaniegeschichte (so Dibelius) oder gar eine Auferstehungsvision, die ins Leben Jesu rückdatiert wurde (so Wellhausen, Bultmann und andere)? Auf einem imaginären Berg[84] trifft Jesus mit den größten Propheten Mose und Elia zusammen.[85] Die Szenerie ist voller Märchenmotive und Anklänge ans Alte Testament[86] (Verwandlung Jesu, leuchtend weiße Kleider, Lichtsymbolik, geheimnisvolle Gestalten der Vorzeit, eine Wolke, aus der eine Stimme ertönt, plötzliches Verschwinden der geheimnisvollen Besucher), in keiner Szene der Evangelien geht es so wundersam zu wie hier. Es macht keinen Sinn, wenn manche Neutestamentler fragen, auf welchem Berg denn dies stattgefunden haben könnte. Denn es geht auch hier nicht um Historie, sondern um Theologie. Jesus soll offenbar als zumindest gleichwertig mit den großen prophetischen Helden der Frühzeit dargestellt werden. Worüber werden sie geredet haben? Der Evangelist Markus sagt es uns nicht, aber Lukas, der von Markus abschreibt und es also auch nicht wissen kann, erfindet es hinzu:

> Sie erschienen im Lichtglanz, und sie sprachen von seinem Ende, das sich in Jerusalem erfüllen sollte. (Lk 9,31)

Die Passion, dass will Lukas hier wohl sagen, wird zwischen Jesus und den großen Propheten abgesprochen. Die Absicht ist es, zu zeigen, dass Jesus in Jerusalem nicht von den Ereignissen überrollt wurde, sondern dass alles von Anfang an geplant war.

Die ganze Geschichte ist so theologiegetränkt, dass kein historischer Anknüpfungspunkt im Leben Jesu ausgemacht werden kann. Sie ist eine Erfindung durch und durch. Dabei haben wir sogar den seltenen Fall, dass sich Gott selbst vom Himmel her direkt äußert. Allerdings gibt es bei den drei Evangelisten eine gewisse Uneinigkeit, was denn der Herr nun gesprochen haben soll:

> Dies ist mein *geliebter* Sohn. Auf ihn sollt ihr hören! (Mk 9,7)

> Dies ist mein *auserwählter* Sohn. Auf ihn sollt ihr hören! (Lk 9,35)

> Dies ist mein *geliebter* Sohn, *an dem ich Wohlgefallen habe.* Auf ihn sollt ihr hören! (Mt 17,5)

Matthäus und Lukas haben den Wortlaut des Markus wie so oft auch hier geändert. Man sieht daran, dass die Evangelisten keinerlei Bedenken, Skrupel oder heilige Scheu haben, auch das direkte Gotteswort sich ganz nach ihrem Geschmack zurechtzulegen. Ähnlich war es schon bei der Taufe Jesu, wo Gott ebenfalls selbst aus dem Himmel spricht:

> *Du bist* mein geliebter Sohn, *an dir* habe ich Wohlgefallen. (Mk 1,11; Lk 3,22)

Das ist mein geliebter Sohn, *an dem* ich Wohlgefallen habe. (Mt 3,17)

„Du bist …" ist eine Adoptionsformel, das heißt, nach Markus wird Jesus im Augenblick der Taufe von Gott zu seinem Sohn ernannt, nicht früher. Vorher war er nach Markus also kein Gottessohn, erst recht kein „leiblicher Sohn". Markus kennt noch keine Jungfrauengeburt. Matthäus ändert in „Das ist …" und macht aus der Adoption eine Proklamation Jesu vor den Jüngern und dem Volk. Kein Wunder, bei ihm ist Jesus bereits qua Jungfrauengeburt als Sohn Gottes ausgewiesen. Lukas bleibt beim „Du bist …", weil er als Nichtjude die Adoptionsformel offenbar nicht erkennt.

Zwischenruf: Schweigende Götter – miserable Offenbarungen

Auch ein direktes Gotteswort wird also zur Knetmasse der Evangelisten. Allerdings muss man einräumen, dass in den Evangelien nur wenige direkte Gottesworte vorkommen. Gab es also doch eine Scheu, sie zu erfinden? Hatten die Evangelisten, die ja erstaunlich frei mit Jesusworten jonglierten, zumindest hier ein mulmiges Gefühl? Wir haben jedenfalls bei allen drei monotheistischen Religionen den Umstand, dass wir es mit erstaunlich schweigsamen Göttern zu tun haben, aber dafür mit umso geschwätzigeren Propheten. Sie bringen lange Reden „im Namen Gottes". Ein Gott, der etwas auf sich hält, müsste sich nicht durch Mittelsmänner vertreten lassen, sondern könnte selbst klar und deutlich sagen, was er von den Menschen erwartet. Oder wäre das von einem Gott zu viel verlangt? Er könnte Inhalte und Form der Rede auf ein ansprechendes Niveau heben und verhindern, dass seine Propheten, wie leider oft geschehen, zuweilen einfach Unsinn als Gotteswort „offenbaren".

Doch die Götter schweigen eisern. Warum tun sie das? Weil es sie nicht gibt? Das wäre eine gute Erklärung und Entschuldigung für ihr Nichtstun. Greifbar sind ja nie die Götter selbst, sondern immer nur ihre selbsternannten Propheten. Und die nützen die Leerstellen, die ihre Götter bieten, nicht nur auf schamlose, sondern oft auch auf peinliche oder gar lächerliche Weise aus. Eine ersoffene Schweineherde und verdorrte Feigenbäume, nackte Besessene und bespuckte Augen, magische Tricks und vom Fieber geheilte Schwiegermütter – soll so etwa eine geglückte Offenbarung aussehen? Tatsächlich wirkt das alles mehr als stümperhaft, als sei nicht der Heilige Geist, sondern nur sein Praktikant am Werk gewesen. Ein Gott, wenn es ihn wirklich gäbe, müsste sich schämen für das niveaulose Zeug, das die Evangelisten hier abliefern.

Wenn es ihn gäbe, wäre er aber auch nicht ganz unschuldig am Desaster seiner „Offenbarung". Hätte er nicht wenigstens zum Beispiel nur das Matthäusevangelium entstehen lassen können? Man hätte dann die Flickschusterei, die seine Evangelisten betreiben, wenigstens nicht so deutlich erkennen, hätte die dreisten Erfindungen, Streichungen, Hinzufügungen, die oft höchst subjektiven Interessen der Evangelisten nicht so leicht entlarven können. Im Dunkel der Überlieferung wären die erfundenen Wunder ebenso absurd, aber eben doch geheimnisvoller geblieben. Stattdessen kann man den Evangelisten regelrecht beim Erfinden von Wundern zusehen, die sie dann ihrer eigenen Gemeinde, ungewollt aber auch noch dem Weltchristentum als angebliche „Wahrheiten" und „Krafttaten" untergejubelt haben.

Zudem: Nach Milliarden von Jahren der Entwicklung des Universums offenbart sich Gott endlich und ein einziges Mal, und dann sucht er sich dafür ausgerechnet eine trübe Gegend im Vorderen Orient aus? Warum nicht Rom, warum nicht Athen oder Korinth? Wenn er seinen einzigen Sohn schon mit Rhetorik gesegnet hat, warum hat er ihn nicht auch ordentlich lesen und schreiben lernen lassen, damit er in der Lage ist, sein Wort, das ja später auch zu seinem eigenen erklärt wird, in Form und Inhalt tadellos rüberzubringen, wie sich das für einen Gott gehört? Warum hat er aus ihm nicht einen Philosophen gemacht, der Sokrates, Platon und Aristoteles lehrt, wo es langgeht? Stattdessen muss der Sohn Gottes 28 von ca. 30 Jahren seines Lebens als Bauarbeiter arbeiten, um dann hoppla hopp umgebracht zu werden? Hätte man das nicht besser machen können, ja müssen? Hätte er seinem Sohn nicht ein paar Tipps mit auf den Weg geben können, damit dieser nicht ständig ein Reich ankündigt, das dann nicht kommen will?

Man kommt nicht umhin, diesem Gott, gäbe es ihn wirklich, eine ganze Reihe von handwerklichen Mängeln zu bescheinigen. Offenbarung war jedenfalls nicht seine starke Seite. Doch seine Gläubigen haben sich offenbar an das niedrige Offenbarungsniveau gewöhnt. Überall zeigen sich Spuren rein menschlichen Herumwerkelns mit den zu erwartenden Inkonsequenzen und Widersprüchen. Überall menschelt es, doch nirgendwo kann man in der Überlieferung so etwas wie Gott selbst erkennen. Angesichts dieser Mängel ist es wohl auch für einen Gott besser, wenn er nicht existiert. Seine „heilige Schrift" erklärt sich viel besser ohne ihn – er stünde dem Verständnis dessen, was Religionen sind und wollen, ohnehin nur im Weg.

Auferstehung und leeres Grab

Doch zurück zu den Wundern Jesu. Es ist vielleicht aufgefallen, dass die Frage, ob Wunder überhaupt möglich sind, noch gar nicht gestellt wurde.[87] Dies war nicht nötig, denn rein aus literarkritischen Erwägungen heraus lösen sich die meisten Wunder Jesu ins Legendenhafte auf. Übertragungen aus der hellenistischen Umwelt oder dem Alten Testament, Steigerungen, Verdoppelungen, Summarien, „theologische" Wunder, Volksaberglaube und Wundersüchtigkeit der Gläubigen, dazu das Missionsinteresse ergänzen und unterstützen die immer wieder erstaunliche Unbekümmertheit der Evangelisten beim Erfinden neuer Wunder. Diese kreative Phantasie muss man natürlich auch deren Quellen unterstellen. All dies lässt die Wunder Jesu als das erkennen, als was sie verstanden werden müssen: als Ausdruck von Glaubens- und Überlieferungskitsch zur Idealisierung einer weit überschätzten Person der Geschichte und zum Zwecke der Mission. Damit man umso besser „Menschen fischen" kann. Als solche haben die Wunder ihren Zweck bis heute nicht verfehlt, und wer die Bibel unbedarft liest, wird dies kaum ohne Hintergrundwissen erkennen können. Er wird von der „Heiligen Schrift" in eine Gegenwelt hineingezogen, wo die Wunder ebenso zur Beglaubigung Christi dienen wie Christus zur Beglaubigung der Wunder.

Es spricht allerdings vieles dafür, dass das „Urwunder" des Christentums erst die Auferweckung Jesu von den Toten gewesen ist. Die Behauptung oder Überzeugung, Jesus sei auferweckt worden und seinen Anhängern erschienen, hat wohl die nach Jesu Tod desorientierten Jünger wieder zusammengeführt. Dabei war es eigentlich gar kein Wunder Jesu, sondern eines, das Gott bewirkt hatte. In den ältesten Texten ist Jesus nämlich nicht auferstanden (aktiv), sondern er wurde auferweckt (passiv). Nicht mit Jesus und seiner Lehre selbst, sondern eigentlich erst mit seiner behaupteten Auferstehung hat das Christentum seinen Anfang genommen. Paulus bietet uns im 1. Korintherbrief (1 Kor 15) eine alte Glaubensformel, die er offenbar auch selbst schon übernommen hat und die damit bis in die Jahre 30–33 zurückgehen könnte.

> Denn ich habe euch vor allen Dingen weitergegeben, was auch ich empfangen habe: dass Christus gestorben ist für unsere Sünden gemäß den Schriften, dass er begraben wurde, dass er am dritten Tage auferweckt worden ist gemäß den Schriften und dass er Kephas erschien und dann den Zwölfen. (1 Kor 15,3–5)

Und Paulus fügt dann noch mit eigenen Worten hinzu:

> Danach erschien er mehr als fünfhundert Brüdern auf einmal, von denen die meisten noch leben, einige aber entschlafen sind.[88] Danach erschien er dem Jakobus, dann allen Aposteln. Zuallerletzt aber ist er auch mir erschienen, mir, der Missgeburt. (1 Kor 15,6–8)

Die alte Glaubensformel endet mit Vers 5. Beschrieben wird ein Handeln Gottes an Jesus. Seine Auferweckung sei „gemäß den Schriften" erfolgt,[89] und zwar am dritten Tag, also am Sonntag. Petrus wird als Erstzeuge der Auferstehung genannt, dann alle zwölf Jünger, offenbar einschließlich Judas.[90]

Paulus schildert hier „Erscheinungen Jesu". Das verwendete griechische Wort *„ophte"* heißt übersetzt „er erschien". Paulus beschreibt mit diesem Wort auch die Erscheinung Jesu vor ihm selbst. In der Forschung gehen wohl die meisten Neutestamentler davon aus, dass es sich bei den ersten Erscheinungen lediglich um „subjektive Visionen" (Theologensprache, deutlicher formuliert: Einbildungen!) einzelner Jünger gehandelt hat. Sie meinten, der Meister lebe und er sei ihnen erschienen. Auch heute noch meinen ja Angehörige von Verstorbenen zuweilen, dass ihnen diese noch irgendwie erschienen seien, zu ihnen gesprochen hätten oder ihnen etwas mitteilen wollten.[91]

Reimarus hat die Vermutung geäußert, die Jünger hätten den Leichnam Jesu gestohlen und dann das Gerücht seiner Auferstehung in die Welt gesetzt. Dieser Gedanke wird von den Theologen immer scharf zurückgewiesen. Dazu seien die Jünger mental gar nicht in der Lage gewesen, meint selbst ein kritischer Theologe wie Gerd Lüdemann. Doch kann man ausschließen, dass zwei oder drei Jünger den Leichnam Jesu haben verschwinden lassen, einfach um zu sehen, was passiert? Ihr Zündeln an der Weltgeschichte hätte gewaltige Konsequenzen gehabt.

Über die näheren Umstände der Auferweckung gibt die knappe Formel, die Paulus zitiert, keine Auskunft, es geht bekenntnishaft nur darum, dass sie stattgefunden hat. Die Auferweckung aber wurde von den ersten Christen als eine Art Bestätigung Gottes verstanden, dass dieser Jesus tatsächlich der Messias war und dass er bald mit den Engeln des Himmels wiederkehren würde. Auch der Gedanke, dass Jesus erst mit der Auferstehung (!) zum Sohn Gottes eingesetzt worden sei, findet sich im Neuen Testament und ist sehr alt (Röm 1,4).

Der Auferweckungsglaube der Jünger ist fraglos das Urdatum der christlichen Kirche.[92] Wohlgemerkt nur „der Glaube" daran ist nachweisbar. Wie bei den Wundern stellen wir hier gar nicht die Frage, ob so etwas wie Auferstehung möglich ist, sondern untersuchen literarkritisch nur die Texte, die davon erzählen. Ein Eindruck drängt sich dabei sehr schnell auf: Noch mehr als bei den Wundergeschichten geht bei den Auferstehungserzählungen wirklich alles wild durcheinander. Ausgerechnet beim für Christen so wichtigen „Ereignis" der Auferstehung Jesu finden wir eine unglaubliche Fülle von Widersprüchen und Ungereimtheiten. Keine zwei Texte stimmen überein. Man weiß gar nicht, wo man anfangen soll.

Ungereimtheiten bei der Auferstehung Jesu

Vielleicht mit den ersten Zeugen, die den auferstandenen Herrn angeblich gesehen haben. Paulus beschreibt im Korintherbrief (1 Kor 15) nur eine Vision, benennt aber Petrus als ersten Zeugen. Das deckt sich mit dem Lukasevangelium.[93] Doch seltsam: Nirgendwo in den Evangelien wird eine Erscheinung Jesu vor Petrus erzählt, obwohl dies doch so nahe gelegen hätte und Petrus ja auch eine Zeit lang eine wichtige Rolle in der Urgemeinde gespielt hat.[94] Der (unechte) Schluss des Markusevangeliums (Mk 16,9) nennt Maria Magdalena als erste Zeugin. Welche Rolle sie im Leben Jesu gespielt hat, ist rätselhaft. Jesus hat ihr nach Lukas (Lk 8,2) sieben Dämonen ausgetrieben. Das könnte auf eine Geistesstörung hinweisen. Schon der antike Christentumskritiker Celsus hatte deshalb ausgerufen: „Wer hat dies gesehen? Ein halb verrücktes Weib." Hat sie phantasiert? Stammt die erste „Vision" von ihr und hat sie dann die Jünger damit „angesteckt"? Hat man sie im alten Bekenntnis des 1. Korintherbriefs (1 Kor 15) deshalb nicht genannt, weil sie eine Frau ist und das Zeugnis einer Frau damals nur halb so viel wert war wie das eines Mannes?[95] Das könnte durchaus sein, nur kann man dann schwer erklären, warum der späte Evangelist Johannes sie ebenfalls als erste Auferstehungszeugin nennt. Bei Lukas scheinen weder Petrus noch sie, sondern die Emmaus-Jünger die ersten Auferstehungszeugen gewesen zu sein. Zudem wird noch Jakobus, der leibliche Bruder Jesu, als Auferstehungszeuge genannt, der in der Urgemeinde in Jerusalem Petrus verdrängt und lange Zeit die führende Rolle eingenommen hat. Paulus erwähnt ihn ja ebenfalls als frühen Zeugen, es wäre aber denkbar, dass er dies nur aus Höflichkeit vor dem Amt tut, das Jakobus innehatte. Im apokryphen Hebräerevangelium wird Jakobus aber dann tatsächlich Erstzeuge der Auferstehung. Die späte sogenannte syrische Didaskalia nennt gar Levi als Erstzeugen der Auferstehung.[96]

Was alle diese „Zeugen" verbindet, ist, dass sie allesamt Jesusanhänger sind. Kein einziger neutraler Zeuge befindet sich darunter. Dies ist schon in der Antike aufgefallen. Die Auferstehung Jesu, später von den Christen als größtes Ereignis der Weltgeschichte gefeiert, fand nur vor seinen engsten Anhängern statt. Dabei wäre ein Höflichkeitsbesuch des Auferstandenen beispielsweise bei Pilatus oder Herodes oder gar bei Kaiser Tiberius doch eine wirklich nette Idee gewesen. Aber Jesus erscheint nur ein paar von seinen Jüngern und verabschiedet sich, bei Lukas noch am Tage der Auferstehung, in den Himmel. „Man stelle sich vor, Bhagwan wäre vom Tode auferstanden, und bei denen, die dies bezeugen, handele es sich um seinen engsten Jünger und um eine Frau mit zweifelhaftem Geisteszustand."[97]

Vor wem die ersten Erscheinungen geschehen sind, darüber gab es also schon bald konkurrierende Traditionen. Ebenso über die Frage, wo die Erscheinungen sich ereignet haben. Das Markusevangelium bringt bis zu seinem echten Schluss in Vers 16,8 noch überhaupt keine Erscheinungsgeschichte, doch der (typische) junge Mann im Grab, mit dem (typischen) weißen Gewand weist die Jünger nach Galiläa:

Dort werdet ihr ihn sehen, wie er euch gesagt hat.
(Mk 16,7)

Demnach hätten die ersten Erscheinungen erneut in der Provinz, in Galiläa, stattgefunden. Vermutlich ist dies tatsächlich so gewesen, und Matthäus bringt denn auch ausschließlich Erscheinungen Jesu in Galiläa. Lukas scheint dies unpassend für den Messias gewesen zu sein. Jesus musste selbstverständlich in Jerusalem erscheinen. Also will er uns nicht nur gänzlich andere Auferstehungsgeschichten als Matthäus weismachen, sondern verlegt diese auch alle nach Jerusalem. Jesus startet seine Himmelfahrt bei Lukas denn auch von dort aus, bei Matthäus (er berichtet sie gar nicht) ist es wohl eher Galiläa, von wo aus Jesus abgehoben hat.

Es ist unwahrscheinlich, dass die Jerusalem-Tradition älter ist und sich eine Galiläa-Tradition daraus entwickelt hätte. So läuft historische Überlieferung nicht ab. Die unspektakuläre Variante ist deshalb die wahrscheinlichere. Aber was ist dann mit den drei Tagen? Wenn Jesus nach drei Tagen seinen Jüngern erscheint, dann können diese schwerlich schon wieder in Galiläa gewesen sein. Sind die drei Tage bereits Theologie? Sie könnten abgeleitet worden sein aus dem Buch Hosea des Alten Testaments, wo es heißt: „er wird uns belehren nach zwei Tagen und am dritten Tag werden wir auferstehen, dass wir von ihm leben" (Hos 6,2), oder auch aus der Jona-Geschichte, wo Jona drei Tage im Bauch des Fisches war. Sie könnten aber auch eine Adaption aus dem Attis- und Osiriskult sein, wo es ebenfalls eine Auferstehung nach drei Tagen gibt. Die Himmelfahrt ist ein (weiteres) Mythologem, dass vermutlich aus der hellenistischen Umwelt auf Jesus übertragen wurde. Ohne sie wäre es auch denkbar, dass die Visionen der Jünger sich über einen längeren Zeitraum erstreckt hätten, vielleicht über Jahre.[98]

Ein weiteres Problem ist das leere Grab. Wurde Jesus überhaupt begraben? Dies war bei Verbrechern nicht üblich, zu denen Jesus ja gerechnet wurde. Gekreuzigte ließ man oft über Wochen zur Abschreckung am Kreuz hängen, sie wurden von wilden Tieren gefressen oder wurden anonym bestattet. Wenn die Darstellung der Evangelisten zuträfe, wäre das bei Jesus also deutlich anders gewesen. Es wäre denkbar, dass die Bestattung Jesu, die dann auch immer aufwändiger gestaltet wird, erfunden ist. Es wäre eine verständliche Reaktion, die Gemeinde hätte es dann einfach nicht ausgehalten, dass ihr Herr auf diese Weise geendet hätte. Viele Neutestamentler, so etwa Gerd Lüdemann, halten deshalb das leere Grab für sekundär. Jesus sei mit anderen Verbrechern an unbekanntem Ort begraben worden. Die Erscheinungen hätten sich dann ereignet, bevor die Tradition vom leeren Grab aufgekommen sei. In der alten Formeltradition fehlt ja auch das leere Grab. Auch Paulus hat es noch nicht gekannt. Ludger Schenke meint:

> In Mk 16,8 wird ... ausdrücklich festgestellt, dass die Frauen über das am Grab Jesu Erlebte nichts berichteten, womit in späterer Zeit doch wohl der Tatsache Rechnung getragen wurde, dass den Jüngern das leere Grab zunächst unbekannt blieb.[99]

Die Urgemeinde konnte auch offenbar auf kein Grab Jesu verweisen, an dem es dann zu einer Verehrung hätte kommen können. Andere Forscher jedoch halten an der Priorität des leeren Grabes fest. Die Tradition, dass der Leichnam Jesu von den Jüngern geraubt worden sei, würde sonst keinen Sinn machen. Wie so oft in der historischen Forschung gibt es für beide Meinungen gute Argumente.

Ein leeres Grab in vier Versionen

Nehmen wir einfach einmal an, es hätte das leere Grab tatsächlich gegeben. Alle vier Evangelisten erzählen schließlich davon. Umso interessanter ist es zu sehen, was sie daraus gemacht haben. Ein Tipp:

Evangelikale Christen, von denen viele ja an die Widerspruchslosigkeit „der Schrift" glauben und die einen in der Fußgängerzone ansprechen, sollte man einfach auffordern, die Geschichten vom leeren Grab einmal nebeneinander zu lesen und zu vergleichen. Da können sie etwas lernen.

Markus bringt zwar die Geschichte vom leeren Grab, es fehlen aber bei ihm noch Erscheinungsgeschichten, die Matthäus und Lukas hätten übernehmen können. Markus endet in seiner ursprünglichen Fassung mit dem Schweigen der Frauen. Die Verse Markus 16,9–20 stehen nicht in den ältesten Textzeugen und sind sekundär. Bei Markus kommen drei Frauen zum Grab, bei Matthäus nur noch zwei. Die Salome des Markus hat Lukas aus unbekannten Gründen gestrichen, dafür eine Johanna, „die Frau des Chuza", teilnehmen lassen. Bei Johannes kommt Maria Magdalena allein, die noch bei Dunkelheit (!) zum Grab läuft. Der Kauf der Salben (bei Markus) schon vor Sonnenaufgang ist schwer möglich, Lukas erzählt stattdessen von wohlriechenden Ölen, die die Frauen am Abend zuvor selbst bereitet hatten. Auch das Salben eines Toten nach drei Tagen wäre schon sehr ungewöhnlich und wirkt unglaubwürdig. Deshalb gibt Matthäus als Grund nur an, dass die Frauen „nach dem Grab sehen" wollten. Johannes kann sich die Salbung sparen, denn Jesus ist ja schon von Joseph von Arimatäa gesalbt worden. Den Frauen wird bei Markus verkündet, dass Jesus nicht da sei, dann erst sehen sie, dass das Grab leer ist. Nach Lukas entdecken sie zunächst, dass das Grab leer ist, und erst im Anschluss erhalten sie durch zwei (!) Engel eine Erklärung dafür.

Die Überlegung der Frauen bei Markus, wie man wohl den schweren Stein vom Grab wegbekommt, haben Matthäus und Lukas ebenfalls gestrichen. Matthäus bringt (mal wieder) ein Erdbeben, das den Stein wegwälzt. Der junge Mann bei Markus hatte noch Erscheinungen in Galiläa angekündigt, die Lukas wie beschrieben gestrichen hat. Auch die Rede von Engeln wird erwartungsgemäß geändert, wenn es den Evangelisten geboten erscheint. Dafür erfindet Lukas den schönen Satz: „Was sucht ihr den Lebenden bei den Toten?" Aber er lässt in Vers 24,12 noch Petrus zum Grab laufen, der bisher gar nicht erwähnt wurde. Petrus sieht nur die Leinentücher und geht verwundert wieder weg. Vermutlich kennt Lukas die Überlieferung von der Ersterscheinung vor Petrus, und er versucht, ihn auf diese etwas ungeschickte Weise ins Geschehen mit hineinzubringen. Bei Markus schweigen die Frauen, bei Matthäus und Lukas aber reden sie, wie es der oder die Engel befohlen haben. Bei Johannes verkünden die Engel weder die Auferstehung noch erteilen sie einen Auftrag an die Jünger. Im Matthäusevangelium (Mt 28,9–10) taucht Jesus unvermittelt selbst auf und spricht die Frauen an. Er wiederholt aber lediglich dass, was die Engel bereits gesagt haben, der Neuigkeitswert seiner Rede – immerhin der ersten Worte des Auferstandenen! – ist gleich null. Das hätte man wie so vieles andere wirklich besser machen können.

Der Evangelist Johannes hat eine Geschichte vom leeren Grab, die von den Synoptikern unabhängig ist. Sie ist äußerst mysteriös. Bei ihm taucht zunächst gar kein Engel auf, doch der Stein ist weggerollt. Maria Magdalena teilt dies Petrus mit, der mit dem Jünger Johannes in einem seltsamen Wettlauf dorthin eilt. Doch sie entdecken nur die Leichentücher[100] und gehen wieder nach Hause (!). Maria ist nun allein, und erst jetzt tauchen zwei Engel auf, und schließlich sogar Jesus selbst. Doch Maria erkennt ihn nicht und hält ihn für den Gärtner. Sie fragt ihn, wo Jesus sei, denn sie ist der Meinung, er sei umgebettet worden. Jesus gibt sich zu erkennen, verbietet aber, dass sie ihn berührt: „Denn ich bin noch nicht hinaufgestiegen zum Vater." Das klingt logisch. Doch bei Matthäus haben die Frauen seine Füße als Zeichen der Ehrerbietung noch umfassen dürfen.

Matthäus bringt am Schluss seines Evangeliums den berühmten „Missionsbefehl":

> Geht nun hin und macht alle Völker zu Jüngern: Tauft
> sie auf den Namen des Vaters und des Sohnes und des

heiligen Geistes, und lehrt sie alles halten, was ich euch geboten habe. (Mt 28,19–20a)

Besonders der triadische Taufbefehl ist interessant. Denn man weiß, dass die Urgemeinde anfangs (eingliedrig) nur „auf den Namen Jesu" getauft hat. Offenbar war die triadische Formel aber in der Gemeinde des Matthäus bereits in Gebrauch. Deshalb schiebt Matthäus sie zum Schluss seines Evangeliums noch Jesus unter. Und auch der letzte Satz seines Evangeliums „Und siehe, ich bin bei euch alle Tage bis an das Ende der Welt" ist eine Erfindung des Matthäus. Jesus hat ihn nie gesagt. Aber immerhin ist er dem Evangelisten sprachlich schön gelungen.

Matthäus hatte vorher schon die Wache am Grab erfunden. Damit wollte er deutlich machen, dass die Jünger den Leichnam Jesus nicht haben stehlen können. Denn genau mit diesem Vorwurf hatte die Urgemeinde zu kämpfen. Aber die Wache stört dann natürlich, als Jesus auferweckt werden soll. Also lässt sie der Evangelist kurzerhand wie tot umfallen. Später behauptet Matthäus dann, die Wachen seien bestochen worden, damit sie das Gerücht verbreiten, die Jünger hätten den Leichnam gestohlen, während sie geschlafen hätten. Doch wenn sie geschlafen hatten, woher wussten sie dann, dass es die Jünger waren, die den Leichnam Jesu gestohlen hatten? Es stimmt mal wieder vorne und hinten nichts. Die tapsigen Versuche des Evangelisten machen jedenfalls deutlich, dass man schon in der Antike sehr reserviert auf die Nachricht der Jünger reagiert hat, Jesus sei auferstanden. Man hat schon der frühen Kirche betrügerische Absichten unterstellt. Und wenn wir die Überlieferungspraxis der Evangelisten sehen, kann man das auch gut verstehen.

Gespenstergeschichten – die Auferstehungswunder

Die Evangelisten legen allen Wert auf die Geschichte vom leeren Grab. Sie ist geheimnisvoll und hat die Gläubigen zu allen Zeiten fasziniert. Der Herr ist auf geheimnisvolle Weise aus seinem Grabe verschwunden. Das verursacht zuweilen sogar bei Ungläubigen ein Aufstellen der Nackenhaare. Das anfängliche Nicht-Wissen, was passiert ist, ist ein Motiv bei allen Mysteryfilmen. Außerdem gibt es einen konkreten Ort und eine konkrete Zeit. Auferstehungsgeschichten treten gegenüber der Geschichte vom leeren Grab in den Hintergrund. Das ursprüngliche Markusevangelium brachte keine einzige. Der unechte, später hinzugefügte Schluss setzt literarisch Lukas und Matthäus voraus, die 13 Verse sind historisch ohne Wert und auch knapp gehalten. Auch bei Matthäus kommen die Auferstehungserzählungen erstaunlich knapp daher. Schon der Plural ist verfehlt, denn Matthäus erzählt nur eine einzige Auferstehungsgeschichte (Mt 28,16–20).

> Die elf Jünger aber gingen nach Galiläa, auf den Berg, wohin Jesus sie befohlen hatte. Und als sie ihn sahen, warfen sie sich nieder; einige aber zweifelten. Und Jesus trat zu ihnen und sprach: Mir ist alle Macht gegeben im Himmel und auf Erden. Geht nun hin und macht alle Völker zu Jüngern: Tauft sie auf den Namen des Vaters und des Sohnes und des heiligen Geistes, und lehrt sie alles halten, was ich euch geboten habe. Und seid gewiss: Ich bin bei euch alle Tage bis an der Welt Ende.

Das sind gerade einmal fünf Verse, in denen Matthäus auch noch seinen Missionsauftrag und seinen Taufbefehl unterbringt. Die Jünger sehen Jesus auf einem imaginären Berg. Eine knappe Rede, dann endet das Evangelium des Matthäus. Eine Himmelfahrt kennt er nicht. Wie erklärt sich diese Wortkargheit ausgerechnet bei diesem für die christliche Gemeinde doch so wichtigen Ereignis?

Der Grund könnte folgender sein: Das Bekenntnis, dass Gott Jesus auferweckt hat, ist für Gläubige kein Problem, wenn man sich erst einmal an den Gedanken gewöhnt hat. Und die Gewöhnung stellt sich ein mit der Wiederholung einer Bekenntnisaussage. Die Wiederholung macht aus Jesus einen „eingeborenen Sohn", aus Maria eine Frau „voll der Gnade" und aus Gott jemanden, der im Himmel ist. Das Bekenntnis zur Auferstehung also ist einfach. Wenn man jedoch versucht, es mit Geschichten auszuschmücken, dann wird es leicht lächerlich, und der Erzähler läuft Gefahr, sich zu verrennen. Denn bei Geschichten (anders als bei Bekenntnissen) wollen die Hörer Details wissen. Sie wollen wissen, wie der Gekreuzigte ausgesehen hat, wie die Jünger reagiert haben und was Jesus noch alles gesagt und getan hat. Zudem muss der Auferstandene ja irgendwie auch wieder verschwinden. Er kann ja nicht ewig auf der Erde bleiben. Lukas hatte deshalb die Idee, Jesus in den Himmel auffahren zu lassen. Jesus wird von Lukas durch die Himmelfahrt quasi in den Himmel entsorgt.

Matthäus vermeidet Details, vielleicht weil er zu Recht spürt, dass seine Rede andernfalls leicht ins Absurde abgleiten kann. Nicht ungeschickt lässt er sein Evangelium besser mit einem gemessenen Schlusswort Jesu enden. Das „Ich bin bei euch alle Tage bis an der Welt Ende" ist dabei direkt an die Gemeinde des Matthäus gerichtet.

Wie man es anders und schlechter machen kann, führt uns Lukas vor. Zunächst bringt er mit der Emmaus-Legende eine literarisch sehr schön aufgebaute Erscheinungsgeschichte, zwar vollgepackt mit Gemeindetheologie, aber durchaus ansprechend gehalten. Viele Exegeten vermuten, dass Lukas sie nicht selbst erfunden, sondern von irgendwoher übernommen hat. Hätte er sein Evangelium damit enden lassen, wäre das in Ordnung gewesen. Doch dann kann er der Versuchung nicht widerstehen, selbst noch eine Erscheinung Jesu zu erzählen. Und sofort wird es absurd:

> Während sie noch darüber redeten, trat er selbst in ihre Mitte, und er sagt zu ihnen: Friede sei mit euch! Da gerie-

ten sie in Angst und Schrecken und meinten, einen Geist zu sehen. Und er sagte zu ihnen: Was seid ihr so verstört, und warum steigen solche Gedanken in euch auf? Seht meine Hände und Füße: Ich selbst bin es. Fasst mich an und seht! Ein Geist hat kein Fleisch und keine Knochen, wie ihr es an mir seht. Und während er das sagte, zeigte er ihnen seine Hände und Füße. Da sie aber vor lauter Freude noch immer ungläubig waren und staunten, sagte er zu ihnen: Habt ihr etwas zu essen hier? Da gaben sie ihm ein Stück gebratenen Fisch; und er nahm es und aß es vor ihren Augen. (Lk 24,36–43)

Jesus erscheint völlig unvermittelt wie ein Gespenst, und die Reaktion der Jünger ist Angst und Schrecken. Sie halten ihn für einen Geist, und Jesus muss alle Register ziehen, um ihnen deutlich zu machen, dass er aus Fleisch und Knochen besteht. Als letzten Beweis verlangt er gebratenen Fisch und verzehrt ihn vor ihren Augen.

Erneut: was für eine Szenerie. Da erscheint ein Untoter, ein zum Tode Verurteilter, bekleidet oder unbekleidet, plötzlich leibhaftig mit den noch blutigen Malen seiner Kreuzigung im Halbdunkel einer Hütte. Eine weitere Szene wie aus einem Horrorfilm. Er fordert die mit Recht Erschreckten sogar auf, ihn zu berühren. Und dann steht oder sitzt er im Raum und kaut auf einem Fisch herum, den man ihm gereicht hat. Wenn man sich die Drastik dieser Erscheinungsgeschichte mal verdeutlicht, dann versteht man plötzlich die partielle Weisheit des Matthäus, der sich solche Details verkniffen hat. Ein durch die Nacht streifender und Fisch essender Gekreuzigter eignet sich schwerlich für ein Andachtsbild, und für einen Kindergottesdienst nur dann, wenn man die Kids ordentlich erschrecken will.

Zweifellos ist diese Geschichte ein Tiefpunkt in der Erzählkunst des Lukas. Natürlich ist das alles nie passiert. Jesus isst den Fisch gewissermaßen nur aus dogmatischen Gründen. Der Sinn dieser Geschichte war es offenbar nachzuweisen, dass Jesus kein Totendämon war, kein Gespenst und auch kein Trugbild. Offenbar hatten die ersten Christen, als sie von einem vom Tode Erweckten erzählten, genau diese skeptischen Einwände gehört. Die Geschichte ist also eine apologetische Legende, sie verteidigt die Auferstehung Jesu gegen den Vorwurf der Täuschung oder Selbsttäuschung. „Die Tendenz, die Leiblichkeit des Auferstandenen zu materialisieren", geht dabei „bis zur derben Drastik".[101]

Denkbar ist aber auch, dass diese Geschichte eine Opposition gegen Paulus darstellt. Denn dieser hatte im 1. Korintherbrief (1 Kor 15,35–53) zwar von einer „Auferstehungsleiblichkeit" gesprochen, aber von einem „pneumatischen Leib" (was immer er darunter verstanden haben mag).[102] Er hatte also ein Verständnis der Auferstehung, das man als vergeistigter bezeichnen könnte als bei Lukas. Sich „modern" verstehende Christen haben freilich schon mit dem vergeistigten Leib des Paulus ihre Probleme. Demgegenüber finden wir hier beim Evangelisten Lukas einen naiven und platten Realismus des Auferstehungsleibes, völlig untauglich für eine auch nur halbwegs anspruchsvolle spätere Theologie. Der Körper ist wieder komplett vorhanden, nur eben vom Tode auferweckt. Und wenn dem so ist, dann darf die Frage gestattet sein: Wohin geht der Fisch, nachdem Jesus ihn gegessen hat?

Antike Vorbilder der Auferstehung

Christen halten die Auferstehung ihres Gottes für etwas Singuläres, einen ungeheuren und einzigartigen Vorgang in der Geschichte der Welt. Doch gemessen an der Antike war das keineswegs der Fall. Dort war der Gedanke von sterbenden und auferstehenden Göttern so präsent, dass die Gebildeten sich abwandten, wenn schon wieder eine Auferstehung verkündet wurde. Besonders in den Mysterienreligionen hatte der Gedanke sich behaglich eingenistet, und es gibt zuweilen so große Übereinstimmungen antiker Mysterienkulte mit der christlichen Überlieferung, dass man davon ausgehen muss, dass manches Detail der christlichen Passion nur ein Rückgriff auf die Requisitenkiste antiker Kulte ist.

Osiris stirbt nach der Mythologie am 17. November und wird wie Jesus nach drei Tagen wiederbelebt.[103] Ebenso kehrt Attis nach drei Tagen wieder ins Leben zurück.[104] Auch die Auferstehung von Adonis geschah vermutlich am dritten Tag bzw. nach drei Tagen.[105] Eine Auferstehung wird ebenfalls erzählt vom babylonischen Gott Tammuz und dem griechischen Dionysos.

> Manche dieser Götter erduldeten Leid oder Martern, einige starben am Kreuz; selbst Sühnecharakter besaß manchmal ihr Tod. ... Wie der Christus der Bibel wurde Bel-Marduk [Hauptgott von Babylon] gefangengenommen, verhört, zum Tod verurteilt, gegeißelt und mit einem Verbrecher hingerichtet, während man einen anderen Verbrecher freiließ. Eine Frau wischt das Herzblut des Gottes ab, das aus seiner Speerwunde quoll! Endlich fuhr schon Marduk in die Hölle und erlöste die Gefangenen, und sogar sein Grab war den Alten bekannt.[106]

Auch in der Osiris-Mythologie finden sich Frauen am Grab, und in dem viel gelesenen griechischen Roman *Chaireas und Kallirrhoë* von Chariton von Aphrodisias findet sich sogar der weggewälzte Stein. Apollonius von Tyana erscheint wie Jesus zweien seiner Jünger und lässt sich sogar anfassen, damit sie überzeugt sind, dass er lebt. Himmelfahrten gab es vor Jesus schon von Homer, Herakles, Kybele, Attis und Mithras, sogar von Caesar und Augustus werden sie erzählt. Im Alten Testament galten bereits Henoch und Elia als in den Himmel entrückt. Später wird man es auch von Paulus und Mohammed erzählen. Sogar die Jungfrau und Gottesmutter Maria hat mithilfe einer dogmatischen Spitzbubenleiter der katholischen Kirche noch im 20. Jahrhundert Aufnahme im Himmel gefunden.

Als Jesus noch kein Wundertäter war

Dass die heutigen Gläubigen Wunder, Auferstehung und Himmelfahrt Jesu als etwas Einzigartiges wahrnehmen, ist also vor allem mangelndem Wissen über die antike Verbreitung solcher Vorstellungen geschuldet. Als Jesus nach seinem Tod für seine Anhänger immer bedeutender wurde und er zumindest in den phantasierten Himmel der Gläubigen aufgestiegen war, hat er viele Wunder und Motive aus der wundersüchtigen Umwelt angezogen. Einen Wundertäter wünschten die Gläubigen in ihrem Jesus zu sehen, und deshalb hat die Überlieferung einen wundertätigen Jesus zunehmend bereitgestellt. Das muss man nicht notwendig als bewusste Fälschung verstehen (wiewohl es dies dennoch oft gewesen ist), vielmehr ist es vor allem Ausdruck dessen, dass sich der Glaube in diese Vorstellungen allmählich hineinphantasiert hat. Wie auch immer, das Wunderwirken Jesu, so wie es uns die Evangelien überliefern, ist im Wesentlichen ein Ausdruck von Glaubenskitsch und enthusiastischer Übertreibung.

Was aber war vor dem Kitsch? Können wir quasi einen Blick zurück in eine Zeit werfen, wo Jesus noch nicht oder nur in stark verringertem Maße als Wundertäter galt? Die uns erhaltenen neutestamentlichen Schriften scheinen das auf den ersten Blick auszuschließen. Aber die Forschung ist findig, und sie hat tatsächlich zumindest einige Hinweise auf ein unspektakuläres Leben Jesu finden können.

Vom sogenannten Messiasgeheimnis haben wir schon gesprochen. Die theologische Konstruktion des Evangelisten Markus, dass Jesus seine Messianität und seine Wunder geheim gehalten hat, macht ja nur Sinn, wenn es eine Frühzeit gegeben hat, als man von Wundern Jesu noch nichts wusste. Das Messiasgeheimnis Jesu ist quasi eine Erklärung und Entschuldigung dafür, dass man von Jesu Messianität zu seinen Lebzeiten so wenig gesehen hat. Für die Urgemeinde war offenbar erst die Auferweckung das erste Wunder, ein Wunder also, bei dem Jesus noch ganz passiv war. Interessant ist, dass Jesus selbst es ablehnt, ein Wunder als Zeichen seiner Vollmacht zu geben.

> Und die Pharisäer kamen zu ihm hinaus und begannen mit ihm zu streiten: Sie forderten von ihm ein Zeichen vom Himmel, um ihn zu versuchen. Da seufzt er auf in seinem Geist und spricht: Was fordert dieses Geschlecht ein Zeichen! Amen, ich sage euch: Diesem Geschlecht wird kein Zeichen gegeben! Und er ließ sie stehen, stieg wieder ins Boot und fuhr ans andere Ufer. (Mk 8,11–13)

Pharisäer treten an Jesus heran und wollen prüfen, ob er tatsächlich ein Prophet ist. Denn auch die Juden werden vom häufigen Auftreten selbsternannter Propheten genervt gewesen sein. Deshalb soll sich gemäß der Thora ein Prophet mit einem Zeichen vom Himmel gewissermaßen ausweisen. Dabei ist wohl an mehr gedacht als nur an eine Dämonenaustreibung, ein großes Wunder wird verlangt. Bibelleser sind irritiert, denn für sie macht Jesus ja den ganzen Tag nichts anderes. Wenn er Massen heilt, Tausende speist, über das Wasser läuft, dann sind das doch wahrlich genug Zeichen vom Himmel. Warum verstehen die Pharisäer das nicht? Doch auch hier muss man wieder von der anderen Seite her denken. Die Forderung der Pharisäer macht nur Sinn, wenn Jesus diese großen Zeichen, die ihm die Überlieferung angedichtet hat, eben *nicht* gewirkt hat. Deshalb fragen die Pharisäer nach. Doch Jesus zieht sich gereizt zurück und verlässt die Gegend. Für die Pharisäer ist damit klar, dass Jesus ein Phantast oder Scharlatan sein muss. Er kann kein Wunder liefern. Der Exeget Ernst Haenchen meint zur Ablehnung der Zeichenforderung:

> Dieses Wort ist sehr wichtig. Denn es steht in einem inneren Widerspruch zu manchen Wundergeschichten und zeigt: Jene großen Wunder, die nach Mk die Gottessohnschaft Jesu beweisen sollen, sind erst in einer späteren Zeit in der Überlieferung aufgekommen … Hier liefert nun Mk selbst (ohne es zu merken) den exakten Nachweis.[107]

Der Theologe Stegemann formuliert noch deutlicher:

> Die Tragweite der Ablehnung jeglicher Zeichenforderung durch Jesus wird meist verkannt. Der Sache nach bedeutet sie nichts anderes, als dass Jesus sich stets geweigert hat, auch nur ein einziges Wunder zu tun. Die Evangelien aber sind voller Berichte über eigenständig bewirkte Wundertaten Jesu.[108]

Die Ablehnung der Zeichenforderung gilt unter Neutestamentlern weitgehend als echtes Jesuswort. Sie ist im Aramäischen offenbar weit stärker gewesen und hat eine Art Selbstverfluchung enthalten, im Sinne von: „Verflucht will ich sein, wenn ich je ein Zeichen gebe." Der sich in Argumentationsnöten befindliche Jesus tritt die Flucht nach vorn an und lehnt es geradezu ab, jemals ein Zeichen zu geben. Auf seine großen Wunder kann er nicht verweisen, denn von denen wusste er noch nichts. Die viel gescholtenen Pharisäer (hier als Versucher geschildert) aber haben vollkommen korrekt gehandelt. Dass sich Jesus schmollend zurückzieht, ist bemerkenswert. Erstaunlich, dass eine solch negative Geschichte überhaupt überliefert ist. Später hat die Gemeinde die Weigerung Jesu offenbar nicht mehr ausgehalten oder verstanden, und sie hat ihm das Wort vom Zeichen des Jona in den Mund gelegt. Wie Jona drei Tage im Bauch eines Fisches verborgen war, so war Jesus drei Tage tot. Aber diese Geschichte setzt die Auferstehung Jesu voraus und wird deshalb nicht als echtes Jesuswort angesehen.

Der Evangelist Lukas bringt ein Verhör Jesu vor Herodes Antipas, dem Landesherrn Jesu.

> Als Herodes Jesus sah, freute er sich sehr. Es war nämlich schon seit längerer Zeit sein Wunsch, ihn zu sehen, denn er hatte von ihm gehört; nun hoffte er, ein Zeichen zu sehen, das von ihm vollbracht würde. So stellte

er ihm mancherlei Fragen; er aber gab ihm keine Antwort. (Lk 23,8–9)

Die ganze Szene könnte eine Erfindung des Lukas sein, denn weder Markus noch Matthäus wissen von einem solchen Verhör. Herodes scheint von Jesus schon gehört zu haben und ihm mit einer gewissen Bewunderung gegenüberzutreten; er freut sich möglicherweise wirklich darauf, ein Wunder von ihm zu sehen. Aber Jesus kann offenbar auch hier nicht liefern. Er antwortet nicht einmal auf die Fragen des Herodes. Die Szene wirkt merkwürdig blass. Spricht das für oder eher gegen ihre Historizität? Von den Gläubigen wird das Schweigen Jesu jedenfalls als Ausdruck von Stärke gewertet. Aber man kann es auch als Zeichen von Angst verstehen. Jesus begreift allmählich, in welch gefährliche Situation er sich gebracht hat und dass es um seinen Kopf geht. Ach, wenn doch jetzt nur ein Wunder geschähe …

Es gibt eine Stelle in einem echten Paulusbrief, die zu unserer Frage, wie der frühe Jesus gesehen werden muss, ungemein viel beiträgt. Selbst Exegeten lesen meist darüber hinweg. Im Galaterbrief (Gal 1) spricht Paulus über seine eigene Biographie. Freimütig berichtet er darüber, wie er einst die Jesusanhänger verfolgt hat, und wir glauben ihm gerne, dass er dies mit einem gewissen Fanatismus tat.[109] In dieser bewegenden Schilderung bringt Paulus nun aber eine höchst interessante Notiz. Nach seiner Bekehrung, so schreibt er,

ging ich nicht nach Jerusalem hinauf zu denen, die schon vor mir Apostel geworden waren, sondern begab mich in die Arabia und kehrte dann nach Damaskus zurück. Dann erst, drei Jahre später, ging ich nach Jerusalem hinauf, um Kephas kennen zu lernen, und blieb fünfzehn Tage bei ihm. (Gal 1,17–18)

Paulus war kein Augenzeuge des Wirkens Jesu gewesen. Er hat Jesus nie persönlich getroffen. Doch Petrus war ein Jünger Jesu, vielleicht sogar von erster Stunde an. Petrus war somit ein Augenzeuge ersten Grades, er hat die Wirksamkeit Jesu hautnah miterlebt. Was würden Theologen heute darum geben, sich mit Petrus auch nur eine halbe Stunde unterhalten zu dürfen? Paulus dürfte ähnlich gedacht haben, und er hat die Gelegenheit genutzt und Petrus gesprochen. Wann ist das gewesen? Setzt man die Bekehrung des Paulus ein bis zwei Jahre nach dem Tod Jesu an, also vielleicht in die Jahre 31–33, dann hat Paulus den Petrus bereits um das Jahr 35, also vielleicht nur vier Jahre nach Jesu Tod in Jerusalem getroffen. Und er hat nicht nur eine halbe Stunde mit ihm gesprochen, sondern er bleibt ganze 15 Tage bei ihm (Gal 1,18). Vermutlich hat er bei Petrus sogar gewohnt.

Was für eine Begegnung! Dagegen ist das oft zitierte Treffen zwischen Pilatus und Jesus (mit der berühmten Frage „Was ist Wahrheit?") geradezu zweitklassig. Mit hoher Wahrscheinlichkeit ist es ohnehin nur eine Erfindung. Aber hier, im Galaterbrief unverdächtig nebenbei erzählt und sicher historisch, trifft also der Hauptjünger Jesu auf denjenigen, der zum Hauptakteur der Heidenmission werden wird. Die beiden wichtigsten Männer der Urkirche treffen in Jerusalem für ganze zwei Wochen zusammen. Man braucht nicht viel Phantasie, um sich vorzustellen, was die beiden besprochen haben werden. Paulus dürfte der Drängende gewesen sein. Vorher hatte er offenbar noch keinen Begleiter Jesu direkt gesprochen. Jetzt ist er ganz sicherlich mit dem Wunsch nach Jerusalem gereist, endlich aus erster Hand etwas über Jesus zu erfahren, der ja seit drei Jahren auch der Herr des Paulus war. Für Jesus hatte Paulus seine geachtete Stellung aufgegeben und sich der christlichen Sekte angeschlossen, die mit Recht unter der Beobachtung der frommen Juden stand. Und nun ein Augen- und Ohrenzeuge des Meisters! Tag und Nacht wird er Petrus über Jesus ausgefragt haben, und gewiss hat er sich jedes Detail von ihm berichten lassen, alles, was Jesus gesagt und getan hat.

Mit Petrus und Paulus trafen damals auch zwei gänzlich unterschiedliche Charaktere aufeinander. Gegensätzlicher konnten sie kaum sein. Auf der einen Seite der schriftgelehrte Pharisäer Paulus, aufgewachsen in der bedeutenden Stadt Tarsus in Kilikien, perfekt griechisch sprechend, gebildet, engagiert, ein Anpacker, Missionar, Organisator und eifriger Briefeschreiber, kundig sicherlich auch in philosophischen Strömungen. Mehr aber noch ein Theologe, der es vermocht hat, als Erster so etwas wie eine Theologie dieses Christus auszuformulieren, aus dem Chaos der Überlieferungen so etwas wie einen heilsgeschichtlichen Fahrplan herauszulesen.

Und auf der anderen Seite Petrus, der Fischer, aus der galiläischen Provinz, vermutlich bildungsfern, des Lesens und Schreibens wohl unkundig, deshalb auch er wie Jesus ohne schriftliche Hinterlassenschaften, kein Grieche, kein Römer, ein Mann aus dem Volk. Sicherlich auch ohne eine detailliertere Kenntnis der jüdischen Theologie und offenbar ohne eigenes theologisches Format. Ein Fischer, der theologische Auseinandersetzungen, wie die um das Götzenopferfleisch, nicht wirklich verstanden hat und sich eher opportunistisch verhält. In der Urgemeinde hat er als Jünger des Herrn anfangs noch eine führende Stellung inne, wird dann aber bald von dem Jesusbruder Jakobus verdrängt. Petrus war alles andere als der, auf den (nach einem unhistorischen Jesuswort) die Kirche gegründet wurde. Vier oder fünf Jahre nach Jesu Tod ist er nicht etwa auf Missionsreise, sondern hält sich in Jerusalem auf. Dass er später tatsächlich in Rom als Märtyrer gestorben ist, mehr als 30 Jahre nach Jesu Tod, dafür fehlt bis heute ein letzter Beweis. Des Petrus einzige Auszeichnung war, dass er Jesus zu Lebzeiten nachgefolgt ist. Das hat ihm Ansehen und Bewunderung verschafft. Sicherlich wird sich Paulus gefragt haben, warum sich Jesus gerade solche Jünger ausgesucht hat und nicht ihn, Paulus, der ihm schon zu Lebzeiten viel besser hätte dienen und von Nutzen sein können als dieser Petrus oder der zusammengewürfelte Haufen der anderen Jünger.

Aber egal, Petrus hatte den Herrn gekannt und war ihm gefolgt, hatte seine Predigten gehört und war bis zu seiner Verhaftung bei ihm gewesen. Ihm war Jesus nach dem alten Bekenntnis (1 Kor 15) nach der Auferweckung sogar als Erstem erschienen, worum ihn

Paulus sicherlich sehr beneidet hat. Und nun sitzen sie gemeinsam in der engen Hütte des Fischers und verbringen die Abende zusammen. Und die sind lang in Palästina. Bedenkt man die Möglichkeiten, die in dieser Begegnung zwischen ihm und Petrus hätten liegen können, dann kommt man nicht umhin festzustellen, dass alles sehr, sehr enttäuschend und ernüchternd für Paulus gewesen sein muss. Er wird außer an der genannten Stelle im Galaterbrief (Gal 1,18) nie wieder auf die Begegnung mit Petrus zu sprechen kommen. Überhaupt erfahren wir davon nur nebenbei und durch Zufall.

Denn das Ergebnis dieses „Konzils", des ersten Konzils noch vor allen anderen Konzilien,[110] war negativ. Der ehrlich wissbegierige Paulus hat offenbar über Jesus von Petrus so gut wie nichts erfahren, was er für seine spätere Verkündigung hätte verwenden können. Das ist das eigentlich Überraschende. Theologen haben schon lange gesehen, dass Paulus seine Theologie weitgehend unabhängig und vielfach auch in Widerspruch zur Verkündigung Jesu ausarbeitet hat. Nur wenige Spolien von der Verkündigung Jesu werden in sein Werk eingebaut, ein paar recht unbedeutende „Worte des Herrn", so sporadisch und oft so nebensächlich, dass, hätten wir nur die Briefe des Paulus, es niemals möglich wäre, daraus so etwas wie eine „Lehre Jesu" zu rekonstruieren. Paulus interessiert sich bereits sichtlich nicht mehr für das „Reich Gottes", auf das Jesus doch seine ganze Predigt ausgerichtet hat. Stattdessen hat er ganz den erhöhten Christus im Blick seiner Theologie. Auch das widerspricht der Lehre Jesu wohl eklatant, der sich nicht selbst als Gegenstand der Verkündigung gesehen hat. Jesus wusste nichts von der Blut- und Wundentheologie des Paulus. Er wusste nichts von seinem, Jesu eigenen notwendigen Tod als Vorbedingung für eine göttliche Vergebung. Paulus braucht ein blutiges heilsgeschichtliches Drama, um mit der gänzlich absurden Idee, dass ein Gott seinen eigenen Sohn am Kreuz töten lässt, um die Menschen zu erlösen, irgendwie durchzukommen; Paulus braucht ausgerechnet ein blutiges Opfer, um zu erweisen, dass Gott die Menschen liebt. Der Gott, zu dem Jesus noch gebetet hatte „Vergib uns unsere Schuld", der hatte ein solches Opfer noch nicht nötig. Die Vergebung erfolgte dadurch, dass Menschen ehrlich bereuten und umkehrten. Kein Blut musste dafür fließen. Doch Paulus sah sich offenbar gezwungen, den gewaltsamen Tod Jesu irgendwie im Plan Gottes unterzubringen, das anstößige Kreuz irgendwie theologisch zu verarbeiten. Und so kommt er auf eine Konzeption, die heutigen Gläubigen nur deshalb nicht so absurd erscheint, weil man sich durch religiöse Sozialisation daran gewöhnt hat. Mit der Lehre Jesu aber hat das alles offenbar nichts zu tun.

Paulus baut an seiner eigenen paulinischen Theologie und schafft damit gegenüber Jesus ein gänzlich „anderes Evangelium". Er verkündet den Christus, nimmt aber auf den irdischen Jesus keinerlei Rücksicht. Die Urgemeinde versteht ihn mit Recht als einen Neuerer, gar als Ketzer, und sie wird versuchen, ihn in den kommenden Jahren zu disziplinieren. Petrus jedenfalls ist es offenbar nicht gelungen, etwas von der Verkündigung Jesu im Denken des Paulus dauerhaft zu platzieren. War dies nur seine, des Petrus Unfähigkeit? Oder war die Lehre Jesu tatsächlich dergestalt, dass Paulus nichts damit anfangen konnte.

Und wie sah es mit den Taten aus? Wir müssen wohl davon ausgehen, dass Petrus im Jahr 34/35 noch keine Wunder über Jesus zu berichten wusste. Bei allem Wunderbaren wird er dabei gewesen sein, aber das scheint nicht viel gewesen zu sein. Vielleicht einige Dämonenaustreibungen, die Heilung seiner Schwiegermutter, ein paar exorzistische Gesten. Es fehlten noch die wirklich großen Wunder. Offenbar wusste er noch nichts von Totenauferweckungen und von Massenspeisungen. Es gab damals offenbar noch keine Himmelstimme bei der Taufe, keine Verklärung, keine Massenheilungen, keinen seewandelnden Jesus. All das hat erst die gläubige Gemeinde Jesus überlieferungsgeschichtlich hinterhergetragen. Wie gerne hätte Paulus in den vielfältigen Konflikten auf Krafttaten und Wunder Jesu verwiesen, wie dienlich hätten sie ihm bei der Mission sein können. Doch offenbar kannte Paulus noch keine Wunder Jesu, als er 20 bis

25 Jahre nach Jesu Tod seine Briefe schrieb. Sollte er zwischenzeitlich doch von Wundern Jesu gehört haben, war er klug genug, um zu wissen, dass es sich dabei nur um Erfindungen handeln konnte. Denn er hatte Petrus, hatte den besten Zeugen, der denkbar war, ja selbst persönlich gesprochen.

Die Ernüchterung für Paulus nach diesen zwei Wochen bei Petrus muss groß gewesen sein. Aus dem „Leben Jesu" war offenbar wenig Brauchbares zu holen. Vielleicht war es ja genau diese Erkenntnis, die Paulus erst dazu gebracht hat, seine eigene Theologie zu entwickeln. Denn Paulus macht weiter. Alsbald ist er wieder als Missionar unterwegs. Vielleicht hat er es einfach nicht fertiggebracht, nach dem Treffen mit Petrus erneut eine Wende in seinem Leben zu vollziehen und sich wieder vom Jesusglauben zu verabschieden. Deshalb klammert er sich lieber an das Mirakel, von dem ihm sicher auch Petrus erzählt hat, von der Erscheinung des Auferstandenen. Die ganze Hoheit Jesu beginnt für die Urgemeinde wie auch für Paulus erst mit der Auferweckung Jesu. Er betont geradezu, dass uns der irdische Jesus nicht zu interessieren braucht. Der Jesus bis zu seinem Tod war für ihn nur der Jesus „nach dem Fleische", der Jesus *kata sarka*. Paulus und die Urgemeinde aber glauben nicht an den irdischen Jesus (der war tot), sondern an den durch die Auferweckung bestätigten und erhöhten Christus. Ihn erwarten sie bald aus dem Himmel zurück.

Die kleine Stelle im Galaterbrief (Gal 1,18) wirft also einen mächtigen Schatten auf die Lichtgestalt dieses wundertätigen Jesu, wie sie die Evangelien zeigen. Paulus kannte noch keinen Wundertäter Jesu. Er war davon überzeugt, dass Jesus als ein

> Mensch in Niedrigkeit, in Schwachheit sozusagen inkognito erschienen war und erst nach seiner Auferstehung seine wahre Macht ausübte. Das hatte in den Erinnerungen der ersten Gemeinde an Jesu Erdenleben und der entsprechenden Christologie einen berechtigten Platz.

Den späteren Generationen aber wurde sie unverständlich und unbequem.[111]

Der Glaube an Jesus als Wundertäter war noch ein schlaffer Ballon. Doch die Gläubigen begannen, ihn eifrig aufzublasen.

Die Wunder Jesu – ein Fazit

Was bleibt also von den Wundern Jesu am Ende dieses langen Kapitels übrig? Das, was die Gläubigen aller Zeiten immer am meisten fasziniert hat, die schillernde Wundertätigkeit Jesu, ist eindeutig ein Produkt späterer Zeiten und hat nichts mit dem Leben Jesu zu tun. Es bleibt nur der diffuse Eindruck eines Wanderpredigers, der ein nie gekommenes Reich Gottes verkündigt hat und dem man offenbar zutraute, Dämonen auszutreiben und Wunder zu wirken. Der Rest ist Überlieferungskitsch. Die prinzipielle Frage zu stellen, ob Wunder überhaupt möglich sind, war gar nicht nötig. Mit rein literarkritischen Argumenten hat die neutestamentliche Forschung den Wundertäter Jesus als Produkt einer Legendenbildung erkannt, wie sie zwar noch nicht in den allerersten Jahren nach seiner Kreuzigung, als direkte Augenzeugen noch lebten, dann aber umso stärker in späteren Jahren gewuchert hat. Die Quelle Q kannte nur ein einziges Wunder, Markus überliefert bereits etliche von ihnen. Matthäus und Lukas steigern mit simplen Mitteln wie Summarien die Wunderkraft Jesu dann enorm. Gleichzeitig werden Wundermotive aus dem Alten Testament und der hellenistischen Umwelt zunehmend auf Jesus übertragen.

Ein Glücksfall für die Beurteilung der Wunder war dabei die literarische Abhängigkeit des Lukas und Matthäus von Markus. Denn dadurch ist klar geworden, wie frei, ja geradezu dreist die Evangelisten ihr Material einsetzen, wie sie kürzen, erweitern, theologisieren, generalisieren und Wunder einfach hinzuerfinden und dabei auch noch die erklärende Jesusrede gleich mitliefern. Und alles nur auf einer einzigen Überlieferungsstufe, noch dazu auf einer schriftlichen Überlieferungsstufe. Die Sorgfalt moderner Historiker war unseren Evangelisten noch gänzlich unbekannt (das gilt auch für Lukas). Sie waren in erster Linie Theologen, die für ihre Gemeinden ein Glaubenszeugnis verfassen wollten, aber keine „Biographie Jesu". Heutige Historiker haben nun alle Mühe, unter dem Gestrüpp der Legenden und unter dem Schutt der Überlieferung ein paar Scherben zu finden, die sich Jesus und seiner Zeit mit einigermaßen nachvollziehbaren Gründen zuordnen lassen.

Die Forderungen Jesu

Wunder und Wundergeschichten sind Nahrung für das einfache Volk. Sie sind Effekthascherei, auf Sensation und vordergründige Verblüffung hin ausgerichtet. Wenn Wunder gar als eine Art Beleg für die Göttlichkeit Jesu genommen werden, wie es gemeine Volksfrömmigkeit gerne tut, dann gibt es sogar von Theologenseite Einspruch dagegen. Denn man soll ja nicht an irgendwelche Mirakel glauben, sondern an Christus. Was hätte die Welt auch davon, dass irgendwann vor 2000 Jahren irgendwo ein Gelähmter geheilt worden sei? Oder ein Sturm auf dem See Genezareth „gestillt" wurde? Glaube soll sich nicht orientieren an zufälligen Fakten der Vergangenheit (die zudem gar keine sind), sondern an den unvergänglichen Worten des Erlösers, seiner Ethik, seinem Gesetz, dem „Gesetz Christi".

Auf dem Gebiet seiner Lebensregeln wird Jesus heute noch am meisten zugetraut. Die traditionelle Dogmatik (mit Jungfrauengeburt, Zweinaturen- und Erlösungslehre) überzeugt heute nicht einmal mehr Christen, und Theologen suchen eifrig nach neuen Wegen, um die fremd gewordene Glaubenslehre noch irgendwie zu vermitteln. Das Bekenntnis von Universitätstheologen zu alten dogmatischen „Wahrheiten", ist, wo es verbal überhaupt noch erfolgt, nicht so ganz ernst zu nehmen. Theologen fühlen sich mit Rücksicht auf Gläubige und Kirchen einfach gedrängt, die tote Tradition noch irgendwie zu bedienen. Doch die Worte Jesu, so meinen sie, seien wirklich wertvoll und bewahrenswert. Sie sind für alle Zeit gültig und enthalten ewige Einsichten. Doch ist dem wirklich so? Oder ist auch hier, wie bei den Wundern, wieder viel Kitsch im Spiel?

Gott als zweifelhafter Adressat der Ethik

Was würden Sie von einer Ethik halten, dessen zentraler Satz lautet: „Du sollst an Allah, den Allmächtigen glauben, und Du sollst deine Mitmenschen lieben". Sie wären irritiert, zumindest dann, wenn Sie kein Moslem sind. Man kann doch nicht den Glauben an irgendeinen Gott zur Grundlage einer Ethik machen, meinen Sie? Doch genau dies hat Jesus wie selbstverständlich getan.

Die Geschichte von der Frage nach dem größten Gebot fasst Jesu Ethik griffig zusammen. Ein Schriftgelehrter[112] fragt Jesus, welches Gebot denn das erste von allen sei.

> Jesus antwortete: Das erste ist: Höre, Israel, der Herr, unser Gott, ist allein Herr, und du sollst den Herrn, deinen Gott, lieben mit deinem ganzen Herzen und mit deiner ganzen Seele und mit deinem ganzen Verstand und mit all deiner Kraft. Das zweite ist dieses: Du sollst deinen Nächsten lieben wie dich selbst. Höher als diese beiden steht kein anderes Gebot. (Mk 12,29–31)

Jesus antwortet, wie man es von einem frommen Juden erwartet. Er zitiert das jüdische Hauptgebet, das sich zum Eingottglauben des Judentums bekennt. Vor aller Ethik steht bei Jesus das religiöse Bekenntnis. Die Liebe zu Gott ist quasi das erste und größte Gebot. Gott ist der erste Adressat der Ethik. Die Liebe und das Bekenntnis zu ihm hat Vorrang, erst dann kommt die Liebe zu den Menschen.

Die Ethik Jesu ist damit stark eingeschränkt, wie es für religiös begründete Ethiken typisch ist. Jesus vertritt eine rein partikularistische Ethik. Sie ist mit dem Gott Israels untrennbar verbunden. Sie gilt eigentlich nur für die, die sich zum Gott der Thora bekennen. Mit einem anderen Gott funktioniert sie nicht. Zur Zeit Jesu waren die Römer und Griechen, waren alle Heiden davon ausgeschlossen. Sie konnten nicht wirklich ethisch handeln, denn sie glaubten ja an

Gott als zweifelhafter Adressat der Ethik

falsche Götter. Sie waren Sünder allein schon dadurch, dass sie das jüdische Gesetz nicht kannten. Ähnlich sehen es heute noch orthodoxe Juden oder gläubige Muslime.

Doch Muslime würden sich ja nie auf den alttestamentlichen Gott festlegen lassen, genauso wie Christen sich nicht auf Allah festlegen wollen. Religiöse Ethik ist deshalb immer provinzielle Ethik. Sie ist gänzlich ungeeignet für eine plurale und globalisierte Welt. Die Ethik Jesu, und dieser Nagel muss sitzen, ist also in ihrem Kern eine rückständige Ethik. Die Ethik Jesu kann schon vom Ansatz her keine „Ethik für unsere Zeit" sein.

Revolutionär wäre es gewesen, hätte Jesus die Ethik von den Ketten der Religion befreit. Aber das hieße wohl zu viel erwarten von einem, der seinen Gott und dessen kommende Herrschaft ganz in den Mittelpunkt seines Denkens, oder besser Glaubens, gestellt hat. Jesus blieb ganz innerhalb der engen Mauern seiner religiösen Sozialisation. Die Welt kam ihm nicht wirklich in den Blick. Immerhin beruft er sich weniger auf Einzelgebote, sondern versucht so etwas wie den Kern der Thora zu erfassen. Dies hat man auch in Qumran getan, und auch Philo von Alexandrien führt das Gesetz des Mose auf diese zwei Grundlehren zurück. Auch viele Rabbinen scheinen zur Zeit Jesu, vor allem aber später diese Zweierformel vertreten zu haben.

Aus Sicht der Forschung war Jesus, anders als dies Gläubige meinen, in seiner Ethik keineswegs originell. Er war nicht der große Kritiker des Judentums, als den ihn die Evangelisten schildern. Seine kritische Haltung gegenüber Pharisäern und dem Judentum überhaupt, da sind sich die Exegeten inzwischen weitgehend einig, ist eine Verzerrung durch die frühe Christengemeinde, die ihre Konflikte mit dem Judentum in die Zeit Jesu rückprojiziert. Jesus war gläubiger Jude, und er ist es bis zu seinem Tod geblieben. Die christliche Überlieferungsgeschichte jedoch hat Jesus immer mehr von seinen Glaubensbrüdern entfernt.

Ganz konventionell antwortet Jesus auf die Frage eines jungen Mannes, wie man das ewige Leben erlangen könne.

> Jesus sagte zu ihm: … Du kennst die Gebote: Du sollst nicht töten, du sollst nicht ehebrechen, du sollst nicht stehlen, du sollst nicht falsches Zeugnis ablegen, du sollst niemanden berauben, ehre deinen Vater und deine Mutter. (MK 10,18–19)

Die Nächstenliebe fehlt hier. Jesus zitiert aus den Zehn Geboten, die ebenfalls als so etwas wie der Kern des Gesetzes angesehen wurden. Aber der Evangelist lässt ihn nur die Tafel mit den Geboten gegenüber Mitmenschen zitieren, nicht aber die erste Tafel mit den Geboten gegenüber Gott. Denn sicherlich hat Jesus auch von der Sabbatheiligung gesprochen. Doch sie lässt der Evangelist weg, weil seine Gemeinde sich vermutlich längst nicht mehr an den Sabbat hält.

Liebe deinen Nächsten

Endlich kommen wir zum Kern der Gebote Jesu. Dafür wird die „Nächstenliebe" zumindest gerne gehalten. Jesus sei ein Prediger der Nächstenliebe gewesen, seine Liebe habe allen Menschen gegolten, und deshalb sei sein Gebot der Nächstenliebe auch Richtschnur für die Christen, ja sie anzustreben sei sogar für alle Menschen sinnvoll. Die Liebe zu Gott und die Nächstenliebe ist heute Hauptinhalt der kirchlichen Verkündigung. Dabei hat die Predigt von der Liebe längst alle Dogmatik in den Schatten gestellt. Wenn irgendwo, dann finde sich hier die überzeitliche ewige Wahrheit in der Verkündigung Jesu. Aber stimmt das wirklich? Oder berauscht sich das fromme Bewusstsein auch hier wieder nur an Wunschträumen und religiösem Kitsch?

Einwände gegen das gefühlte und von der Kirche vermittelte Bild legen sich nahe. In der Mitte von Jesu Verkündigung, wenn er seine Jünger in Gleichnissen belehrt, wenn er sie in die Dörfer der Umgebung schickt, damit sie auch selbst verkündigen, dann steht nicht die Predigt von der Liebe im Mittelpunkt, sondern das „Reich Gottes". Nicht die Liebe war das Zentrum der Verkündigung Jesu, sondern das Kommen des Gottesreichs. Neben dem Reich Gottes war „die Liebe" vermutlich nie mehr als ein Nebengedanke. Denn wie die Wunder Jesu, so scheint auch der Liebesgedanke in der Überlieferungsgeschichte stark gewachsen zu. Im ältesten Markusevangelium spielt er noch eine eher untergeordnete Rolle und kommt nur am Rande vor. Doch beim Evangelisten Johannes ist der Liebesgedanke geradezu inflationär vorhanden.

Der reiche Jüngling wird bei Markus nur an das Halten der Gebote verwiesen. Erst Matthäus fügt die Nächstenliebe hinzu:

> Ehre Vater und Mutter und: Liebe deinen Nächsten wie dich selbst. (Mt 19,19)

Der Evangelist und seine Gemeinde dürften inzwischen einfach zu sehr Gefallen am Liebesgedanken gefunden haben, als dass sie sich vorstellen konnten, Jesus habe die Gebote (wie bei Markus) noch für ausreichend gehalten. Interpretiert doch die frühe Gemeinde den Tod Jesu (eine barbarische Hinrichtung) inzwischen als einen Liebesakt Gottes. Und wenn sie Gott selbst quasi mit der Liebe identifiziert, dann muss doch auch die Verkündigung Jesu völlig von diesem Liebesgedanken durchdrungen gewesen sein. Doch wir sprachen gerade erst davon, dass es zunächst einmal um die Liebe zu Gott geht, wenn von „Liebe" die Rede ist. Die Liebe zu Gott und zu seinem Reich („Trachtet *zuerst* nach dem Reiche Gottes und nach seiner Gerechtigkeit ..."; Mt 6,33). Die Nächstenliebe stand bei Markus noch klar an zweiter Stelle. Doch bereits Matthäus will beide Gebote auf die gleiche Stufe stellen und legt deshalb Jesus in Vers 22,39 („das zweite aber ist ihm gleich") ein entsprechendes Wort in den Mund.

Vom Unsinn der Nächstenliebe

Es ist sicher, dass der Liebesgedanke vor allem für die spätere Gemeinde wichtig war und deshalb stark redaktionell vermehrt und propagiert worden ist, wenngleich (auch das scheint für die Exegeten gesichert zu sein) er ein Stück ursprünglicher Jesusüberlieferung durchscheinen lässt. Seine Popularität aber erhält der Liebesgedanke, ausgehend von vielleicht nur schwachen Anfängen, wohl vor allem aus psychologischen Gesetzmäßigkeiten. Nicht umsonst finden wir hier die wirksamsten Fallstricke des Missverständnisses.

Jeder Mensch verbindet (zumindest wollen wir es ihm wünschen) mit dem Wort „Liebe" etwas sehr Positives. Die „Liebe" begegnet uns in unserem Leben in höchst angenehmen Zusammenhängen, sei es als Liebe und Verliebtsein zwischen zwei Liebenden, sei es als Liebe zu unseren Kindern und Eltern oder auch als Liebe zu unseren engsten Freunden. Sie ist etwas Besonderes, sie gilt nur wenigen Menschen und hat in dieser eingeschränkten Besonderheit ihren bleibenden Wert. Wenn die Kirchen nun verkünden, dass wir „unseren Nächsten lieben sollen wie uns selbst", weil auch Jesus das schon getan habe, dann schnappt bei vielen Menschen ganz unbewusst die Assoziationsfalle zu. Weil die Liebe etwas ist, das sie positiv erleben, fällt ihnen nicht auf, dass das Liebesgebot nicht nur nicht einfach auf den gesellschaftlichen Bereich übertragen werden kann. Es hat dort auch gar nichts zu suchen.

Können Sie Ihren Chef lieben? Und alle Ihre Kollegen? Oder Ihren Steuerberater? Oder den Inhaber des Bistros, wo sie jeden Morgen einen Kaffee trinken? Lieben Sie alle Ihre Nachbarn? Auch den, der schon wieder seinen dicken Schlitten auf Ihrem Parkplatz abgestellt hat? Oder lieben Sie nicht einmal einen von ihnen? Lieben Sie die Menschen, mit denen Sie morgens im Pendlerzug sitzen? Die mit Ihnen auf Ihrer Urlaubsinsel am Strand liegen? Lieben Sie alle Ihre Verwandten?

Das sind alles rhetorische Fragen, denn natürlich tun Sie das nicht. Das tut niemand. Und zwar aus mehreren Gründen. Die Forderung

„Liebe deinen Nächsten wie dich selbst" ist eine zutiefst unnatürliche Forderung. Dafür sind Menschen einfach nicht gebaut. Es wird etwas verlangt, was der Mensch per definitionem nicht leisten *kann*. Wenn es sich aber so verhält, dann ist die Forderung, den Nächsten zu lieben, einfach keine akzeptable ethische Forderung, es sei denn, es geht nur darum, durch das Unvermögen des Menschen den Angesprochenen als „Sünder" zu erweisen. Das aber ist überaus billig. Und tatsächlich wurde genau dies von den Kirchen meist kritiklos so betrieben.

Wir *können* also „die Menschen" gar nicht lieben. Aber wir *wollen* das auch bewusst gar nicht tun. Denken Sie wieder an Ihren Chef, Ihre Nachbarn oder Ihre Verwandten. Selbst wenn Sie es könnten, würden Sie die alle lieben *wollen*? Oder anders herum: Möchten Sie von Ihrem Postboten, der Politesse oder Ihrem Zahnarzt geliebt werden? Oder würden Sie solche Avancen ob der erdrückenden Nähe nicht lieber deutlich von sich weisen?

Wir merken nun, dass der Ausdruck „Liebe" eine völlig falsche Kategorie ist, wenn es um unsere alltäglichen Kontakte geht. Zwischen Lebenspartnern oder in Kind-Eltern-Beziehungen hat das Wort seinen guten Sinn, aber eben nicht im normalen gesellschaftlichen Umgang. In unseren alltäglichen Lebenszusammenhängen mit anderen Menschen geht es nicht darum, sie zu *lieben*. Es geht vielmehr darum, sie zu *achten*. Nicht Nächstenliebe, sondern Achtung ist das, was wir von anderen Menschen erwarten und was wir auch selbst ihnen entgegenzubringen haben. So wird ein Schuh draus. Für das tägliche Zusammenleben ist „Nächstenliebe" nichts weiter als ein unpassender Begriff – oder eben unüberlegter, wenn auch gut klingender religiöser Kitsch.

Die Liebe gewähren wir nur wenigen Menschen, und das ist auch gut so und hat seine Richtigkeit. Denn wer alle liebt, liebt keinen. Wer seinen Klempner genau so liebt wie seine Frau, der redet sich etwas ein oder hat ein Problem. Schuldgefühle, wie sie die Kirche gerne verwaltet, weil die Menschen nicht lieben können oder wollen, sind völlig fehl am Platz. Nächstenliebe ist privat. Sie kann niemals und darf sogar niemals eine gesellschaftliche Kategorie sein, sonst wird aus ihrer Forderung religiöser Kitsch.

Hätte Jesus also gesagt: „Du sollst deinen Nächsten *achten*", dann hätte aus ihm ein Philosoph werden können. Dass er aber sagte: „Du sollst deinen Nächsten *lieben*", erweist ihn als pubertierenden Schwärmer und blauäugigen Phantasten, nicht aber als Kenner menschlichen Zusammenlebens. Jesus zeigt sich hier als Mensch, der sich vom Eigenrauschen positiver Begriffe betören lässt, sie aber nicht wirklich erfasst hat. Doch nicht nur er, auch die fälschlicherweise sich auf ihn berufende Kirche, dazu „christliche" Politiker und sogar säkulare Menschen führen das Wort „Nächstenliebe" im Munde oder im Sinn, ohne wirklich darüber nachgedacht zu haben. Noch einmal: Es geht nicht darum, dass wir die Menschen lieben sollen, sondern dass wir sie achten lernen. Die Ethik und unser Zusammenleben muss endlich von einem völlig unpassenden Begriff entlastet und befreit werden, von einem Gedanken, dem, weil Jesus ihn geäußert hat, viel zu viel Dignität zugestanden wird.

Ein großer Denker war Jesus zweifellos nicht. Seine mangelnde Ausbildung, sein unzulänglicher Lehrer, seine illusionäre Erwartung eines Gottesreiches, sein Verhaftetsein in offenbar rein religiösen Kategorien spricht deutlich dagegen. Und auch als großen Ethiker will man ihn nicht recht würdigen. Denn wenn man die Ethik Jesu auf die zwei Säulen Gottes- und Nächstenliebe gebaut sehen möchte (was häufig getan wird), dann ist nicht nur der Gottesbezug in Theorie und Praxis eine ungeschickte Stütze, sondern erst recht der ungeeignete Begriff der Nächstenliebe. Die Fundamente der „Ethik Jesu", wenn dieser Begriff nicht ohnehin schon zu hoch gegriffen ist und wenn unsere Analyse stimmt, sind einfach zu löcherig, zu religiös, zu provinziell gedacht. Für einen Philosophen reicht es nicht, für einen Wanderprediger mag es genügen.

Dem Bösen keinen Widerstand leisten?

Die Blauäugigkeit Jesu und seine weltfremde Ethik erklären sich sicher zumindest teilweise aus seiner Sonderexistenz. Als er seine Eltern und seine Geschwister verlassen hatte, um einem religiösen Guru nachzufolgen, und als er dann später selbst als Reich-Gottes-Prediger auftrat, hatte er sich außerhalb seines gesicherten sozialen Umfelds gestellt. Er lebte vogelfrei und zog umher von Dorf zu Dorf. Besitz hatte er wohl keinen, und wer besitzlos ist, der kann leicht die Armut als Ideal predigen. Er arbeitete nicht und war deshalb darauf angewiesen, von anderen ausgehalten zu werden. Seine Jünger unterstützten ihn, er war ihr Meister. Gewonnen hatte er diese eher zufällige Schar sicher durch sein rhetorisches Talent, seine Fähigkeit, kraftvoll zu reden und zu überzeugen. Sie erwarteten natürlich Spitzensätze von ihm, und sicherlich ließen sie sich beeindrucken von seiner Vision einer Welt, in der sich alle lieben.

Jesus hat den Liebesgedanken noch weiter getrieben zu einer Forderung, bei der selbst Gläubige heute schwere Bedenken haben. Er hat offenbar auch von Feindesliebe gesprochen.

> Ihr habt gehört, dass gesagt wurde: Du sollst deinen Nächsten lieben und deinen Feind hassen. Ich aber sage euch: Liebt eure Feinde und betet für die, die euch verfolgen. (Mt 5,43–44)

Wenn Nächstenliebe bereits eine fragwürdige ethische Kategorie und pubertäre Übertreibung ist, wie muss man dann über Feindesliebe urteilen? Kann sie etwas anderes sein als religiöser Kitsch? Als weltfremder Unsinn eines abgehobenen Enthusiasten, eigentlich nicht wert einer eingehenderen Diskussion?

Die Forderung nach Feindesliebe bringt denn auch die Kirchen und Exegeten in nicht geringe Erklärungsnöte. Die nüchterne Feststellung, dass Jesus hier einfach Unsinn geredet hat, ist ihnen natürlich verwehrt. Also fahnden sie verzweifelt nach einem tieferen Sinn oder einer höheren Weisheit gerade dieser Aussage Jesu. Die Ergebnisse jedoch sind spärlich. Hat Jesus nur deshalb so geredet, weil er das Kommen der Gottesherrschaft als unmittelbar bevorstehend annahm? War es also nur eine Art Interimsethik? Hätte er all das auch gesagt, wenn er gewusst hätte, dass kein Gottesreich kommt? Oder hat sich sein Gebot vielleicht nur an seine Jünger gerichtet, war also nur eine Art Binnenethik? Aber gab es im Jüngerkreis Feinde? Oder hat er nur bewusst übertreiben wollen?

Die Exegeten sehen die Feindesliebe oft in Verbindung mit einem weiteren befremdlichen Jesuswort, nämlich dem Verbot der Wiedervergeltung:

> Ich aber sage euch: Leistet dem, der Böses tut, keinen Widerstand! Nein! Wenn dich einer auf die rechte Backe schlägt, dann halte ihm auch die andere hin. Und wenn dich einer vor Gericht ziehen will, um dein Gewand zu nehmen, dann lass ihm auch den Mantel. Und wenn dich einer nötigt, eine Meile mitzugehen, dann geh mit ihm zwei. (Mt 5,39–41)

Das klingt erneut wie Sätze aus einer gut gemeinten Hippie-Ethik. Wie beim Liebesgebot wird auch hier etwas gefordert, das schlicht unnatürlich ist. Und das bei etwas Nachdenken auch niemand wirklich will. Denn Empathie und ein gewisses Gerechtigkeitsempfinden gehören mit zum Besten, was die Evolution uns mitgegeben hat. Gerechtigkeit wird dabei nicht zu viel, sondern zu wenig eingefordert. Nein, auch hier wird man Jesus widersprechen müssen. Selbstverständlich soll man dem Bösen Widerstand leisten. Selbstverständlich ist es gut und richtig, dass es ein Rechtswesen gibt, das Gesetzesverstöße und begangenes Unrecht ahndet. Was Jesus hier fordert, läuft nicht auf mehr Gerechtigkeit hinaus, sondern auf eine „freiwillige Verdoppelung des erlittenen Unrechts."[113] Theologen meinen, es gehe um einen Racheverzicht (der ja sinnvoll wäre), aber der Begriff Rache trifft den Sachverhalt doch eigentlich nicht. Schröter spricht von „paradoxe[n] Interventionen, die die Absurdität von Gewalt und Unterdrückung durch Übersteigerung verdeutlichen [sollen]. Dadurch soll dem Feind die Ordnung Gottes vorgelebt und er zur Akzeptanz dieser Ordnung bewegt werden."[114] Das ist eine schöne Konstruktion, die auf den psychologischen Effekt der Verblüffung des Gegners setzt. Aber ist dieser Effekt nicht allzu schnell verpufft? Rudolf Augstein meinte scherzhaft:

Moderne Werbepsychologie ist hier am Werke. Die Christen versuchen durch Umarmung, durch Unterlaufen der gegnerischen Aggressivität zu gewinnen. Nietzsche meint, die Christen hätten ihre Feinde erst entnervt und dann besiegt.[115]

Wir wollen gar nicht erst fragen, was die Worte Jesu im Kampf gegen Diktatoren (nicht nur gegen den Braunauer) bedeutet hätten. Anders als Kirchen und Theologen müssen wir uns nicht bemühen, auf den Holzwegen Jesu noch die schönen Blumen am Rande lobend zu erwähnen, sondern können Klartext reden. Mit der Nächsten- und der Feindesliebe geistert seit Jesus doch reichlich unausgegorenes und bestenfalls mittelprächtiges Gedankengut in der ethischen Diskussion herum. Schwerlich wüsste man heute noch davon, wäre ihr Propagandist nicht auch in anderen Bezügen völlig überschätzt worden.

Kitschige Erwartungen von Gläubigen

Konservative Christen sind davon überzeugt, dass Jesus ein Heiland und Erlöser für die ganze Welt gewesen ist. Wie hätte Gott seinen Sohn auch nur für das kleine jüdische Volk senden können? Seine Heilsbotschaft gilt allen Menschen, auch wenn es darauf ankommt, dass man Jesus als Herrn und Gott auch anerkennt, dass man „an ihn glaubt". Nur durch Glauben kommt man in den Genuss seiner Erlösungstat. Immerhin hat ja Jesus selbst zu einer Weltmission aufgerufen.

Ein sich modern verstehendes EKD-Christentum geht andere Wege. Es betont die Wichtigkeit der „Botschaft Jesu" auch für andere Religionen, lehnt jedoch Mission ab und begnügt sich mit einem „Dialog der Religionen". Ihr modernes Jesusbild ist ein Spiegel ihres eigenen meist linksliberalen[116] Standpunktes. Jesus wird darin zu einem Vertreter von Frieden, Toleranz und Menschenrechten, der sich für Minderheiten stark macht, für die Gleichberechtigung von Frauen eintritt und sich um die Erhaltung der Schöpfung sorgt. Jesus ist der große Menschenfreund und Humanist, der Vorkämpfer nicht nur gegen religiöse Sturheit und Starrheit, sondern auch für bürgerliche Freiheit in Staat und Gesellschaft.

Beide Positionen werden durch Kitsch und Wunschdenken zusammengehalten. Die konservative durch abgestandenen dogmatischen Kitsch, der stur bekennt, was er für unaufhebbare Glaubenswahrheiten hält. Konservative wollen Jesus quasi auf die lutherischen Bekenntnisschriften oder auf Konzilsbeschlüsse vereidigen. Und die moderne durch eine äußerst flexible Anpassung ihres Jesus an erkannte gesellschaftliche Notwendigkeiten. Als habe Jesus für alle unsere Probleme, sei es Klimawandel oder Tierschutz, in seinem Wort, wenn auch versteckt, immer eine Lösung parat, die es nur zu finden gilt.

Christen glauben sich nur allzu gerne in ihr favorisiertes Jesusbild hinein, und je nach persönlichem Gusto wird Jesus dann ebenso zu einem Garanten spießbürgerlicher Ehe- und Sexualmoral oder zu einem Befürworter gleichgeschlechtlicher Partnerschaften und der Homo-Ehe. Welchen Jesus man vertritt, das hängt davon ab, was für ein Mensch man ist. Deshalb gilt es besonders auf Tendenzen zu achten, die *eben nicht* die diversen Wunschbilder bedienen. Und hier ist es vor allem *eine* Erkenntnis der Jesusforschung, die Konservative wie Progressive einfach lernen müssen, auch wenn es ihnen schwer fällt: Jesus war gläubiger Jude, und als solcher war er ein jüdischer Partikularist. Er hatte schlichtweg kein Wort „für uns", die „Heiden", und auch keines an die Welt. Erst recht war er kein Humanist und kein allgemeiner Menschenfreund. Nichtjuden stand er offenbar äußerst reserviert gegenüber. Jesus war, so würde man heute sagen: ausländerfeindlich.

Der ausländerfeindliche Jesus

Jesus war kein Weltbürger, kein Kosmopolit. Wie sein Wirkungskreis in einem kleinen Teil eines kleinen Landes als provinziell bezeichnet werden kann, so war auch sein Denken in einer provinziellen Enge befangen. Die Evangelisten bereits haben diesen Eindruck durch eine „Sendung in die Welt" zu sprengen versucht, manches für heutige Ohren Befremdliche hat sich jedoch erhalten. So finden wir bei Jesus das harte Wort, dass er nur an seinem eigenen Volk interessiert ist und sich für „Heiden" nicht zuständig fühlt.

> Ich bin nur gesandt zu den verlorenen Schafen des Hauses Israel. (Mt 15,24)

Was war geschehen? Eine kanaanäische Frau, also eine Heidin, bittet Jesus darum, ihre Tochter von einem Dämon zu befreien. Die Reaktion Jesu passt nun ganz und gar nicht in das Bild, das man sich gewöhnlich von ihm macht. Denn er antwortet der Frau zunächst überhaupt nicht.

> Er aber antwortete ihr mit keinem Wort. (Mt 15,23)

Er lässt sie also kalt abblitzen. Die Exegeten rätseln, ob es nur damit zu tun hat, dass sie eine Heidin ist, oder damit, dass sie eine Frau ist. Denn mit Frauen sollen Rabbinen nach Möglichkeit nicht sprechen.[117] Möglicherweise spielt beides eine Rolle, hier aber überwiegt sicherlich das erste Motiv. Doch die Frau lässt nicht locker und schreit hinter Jesus her. Weniger um ihr zu helfen, sondern vielmehr um sie loszuwerden, bitten ihn nun seine Jünger, sich ihrer anzunehmen. Und erst jetzt lässt sich Jesus zu einem Gespräch mit ihr herab und sagt ihr brüsk, dass er nur für Juden zuständig ist. Er will ihr nicht helfen. Doch die Frau bleibt hartnäckig und gibt sich damit nicht zufrieden. Jesus weist sie erneut mit einer geradezu unverschämten Erklärung zurück:

> Es ist nicht recht, den Kindern das Brot wegzunehmen und es den Hunden hinzuwerfen. (Mt 25,26)

Jesus vergleicht also Heiden mit Hunden. Das ist eine üble Beleidigung, die sich auch sonst in rabbinischer Literatur nachweisen lässt. Heutige Bibelleser verstehen die Schärfe nicht mehr, weil wir heute zu Hunden ein eher positives Verhältnis haben, damals war dies ganz anders. Heiden sind das Minderwertige, das Verworfene, das Sündige. Sie sind es schon allein dadurch, dass sie das Gesetz Mose nicht kennen. Jesus argumentiert ganz im Sinne eines exklusiven Judentums. Nichts ist zu spüren vom angeblichen Menschenfreund, für den alle Menschen gleich sind. Nein, auch für Jesus sind Heiden minderwertig. Mit ihnen will er nichts zu tun haben. Dass uns die Geschichte überhaupt überliefert wurde, hängt damit zusammen, dass Jesus am Schluss den Willen der Frau doch noch erfüllt. Aber Jesus tut das nur, nachdem die Heidin seine Unterscheidung in eine Welt der Kinder und eine Welt der Hunde akzeptiert, sie sich also kräftig gedemütigt hat.

> Sie sagte: Stimmt, denn die Hunde fressen ja ohnehin von den Brotbrocken, die vom Tisch ihrer Herren fallen. Darauf antwortete ihr Jesus: Frau, dein Glaube ist groß! Dir geschehe, wie du willst. Und von Stund an war ihre Tochter geheilt. (Mt 15,27–28)

Es ist eine der übelsten Geschichten des Neuen Testaments. Dabei ist Matthäus 15,24 sicher ein echtes Jesuswort. Denn zur Zeit des Matthäus war die Heidenmission ja längst akzeptiert. Matthäus selbst lässt Jesus am Ende seines Evangeliums explizit zur Heidenmission aufrufen. Doch hier hat Jesus es anfangs sogar abgelehnt, mit einer Heidin auch nur zu sprechen.

Es finden sich weitere Hinweise. Als Jesus seine zwölf Jünger aussendet, gibt er ihnen eindringlich mit auf den Weg:

> Nehmt nicht den Weg zu den Heiden und betretet keine samaritanische Stadt. Geht vielmehr zu den verlorenen Schafen aus dem Hause Israel. (Mt 10,5–6)

Auch hier handelt es sich mit hoher Wahrscheinlichkeit wieder um ein echtes Jesus-Wort, es ist ein „auf aramäischer Tradition beruhender Tristichos."[118] Jesus verbietet ausdrücklich eine Heidenmission. Matthäus überliefert die Anordnung zu einer Zeit, als das Christentum längst in Samaria Fuß gefasst hat, das Wort Jesu also eigentlich schon überholt ist. Bei Markus und Lukas hat dieses Wort aus diesem Grund wohl keine Entsprechung. Umso mehr spricht das für seine Echtheit.

Tendenziell wollen die Evangelisten einen Jesus „auch für die Heiden" präsentieren. Aber sichtlich haben sie es mit einem Überlieferungsbestand zu tun, der einen Jesus zeigt, der davon nichts wissen wollte. Jesus meidet die heidnischen Städte, nur in Ausnahmefällen findet er sich in heidnischem Gebiet. Albrecht Alt meinte sogar, „dass wir keinen Anhalt dafür haben, dass Jesus jemals die Grenzen des jüdischen Volkstums überschritten habe."[119] Erst das späte Johannesevangelium „weiß" von einer vorübergehenden Tätigkeit Jesu in Samaria (Joh 4,40). Sie dauerte nur zwei Tage.

Auch sonst äußert sich Jesus sehr abwertend über Nichtjuden und Heiden. Denn der Bund, den Gott geschlossen hat, hat er mit Israel geschlossen. Israel ist der Weinberg (Mk 12,1ff), und Israel gilt die Gottesherrschaft (Mt 8,12). Weil die Israeliten Abrahamskinder sind, sind sie der Gegenstand von Gottes helfender Liebe (Lk 13,16; 19,9).

Die Heiden dagegen leben in der Gottesferne: ihr Trachten ist auf materielle Güter ausgerichtet (Mt 6,32 par. Lk 12,30); ihre Freundlichkeit beschränkt sich auf die Volksgenossen (Mt 5,47); ihre Herrscher sind Tyrannen (Mk 10,42); ihr Beten ist ein Plappern (Mt 6,7); auch da, wo sie Gottes Werkzeuge sind (Lk 21,24; Mk 10,33), üben sie eine zerstörende Wirkung aus.[120]

Heiden tauchen im Reden Jesu besonders im Gerichtskontext auf.[121] Das heidnische Land ist unrein und voller unreiner Tiere. Dem geheilten Besessenen von Gerasa verbietet Jesus ausdrücklich, ihm nachzufolgen (Mk 5,18–19). Jesus – der historische Jesus, nicht der Jesus der Kirche – will keine Heiden als Nachfolger.

Dass wir uns bei der Ablehnung der Heiden tatsächlich ganz nah beim historischen Jesus befinden, bestätigt indirekt auch Paulus. Er scheint nur jenen Jesus zu kennen, der nur zu den Juden gepredigt hat.

> Darum nehmt einander an, wie auch Christus euch angenommen hat, zur Ehre Gottes. Ich sage nämlich: Um der Wahrhaftigkeit Gottes willen ist Christus *zum Diener der Beschnittenen geworden*, um die Verheißungen, die an die Väter ergangen sind, zu bekräftigen. Die Heiden aber sollen um der Barmherzigkeit willen Gott preisen, wie geschrieben steht: Darum werde ich dich bekennen unter den Heiden und deinem Namen lobsingen. Und an anderer Stelle heißt es: Freut euch, ihr Völker, zusammen mit seinem Volk. (Röm 15,7–10)

Christus wird als *Diener der Beschnittenen*, also der Juden bezeichnet. Doch für die Heiden kann sich Paulus nicht auf eine Tätigkeit Jesu berufen, und deshalb braucht er „Schriftbeweise", um zu belegen, dass auch die Heiden eigentlich mitgemeint sind. Es steht stark zu vermuten, dass Paulus bei seinem langen Besuch bei Petrus (Gal 1,18) auch von der bewussten Distanzierung Jesu von den Heiden erfahren hat. So hat es auch noch die frühe Urgemeinde gesehen und verstanden. Doch Paulus ist Heidenmissionar, er kann mit der Fremdenfeindlichkeit Jesu nichts anfangen und verdreht den Willen seines Herrn geradezu in sein Gegenteil.

Stimmen die Ergebnisse der Neutestamentler und Kirchengeschichtler (und sie sind sich in dieser Frage ziemlich einig), dann müsste dies dem ganzen Christentum eigentlich den Boden entziehen. Wenn Jesus nie eine Verkündigung unter Heiden beabsichtigt, ja sogar ausdrücklich verboten hat, wenn Heiden „Hunde" sind, die seiner Zuwendung nicht wert sind, dann bewegt sich praktisch die gesamt Kirche, die ja wesentlich „Heidenkirche" ist, in der Geschichte ohne gültigen Fahrschein. Alle Kirchen, jeder fromme Bibelkreis und alle „Nachfolger" Jesu unterliegen hier einer Täuschung. Jesus hat sie gar nicht gemeint. Er wollte nie etwas mit ihnen zu tun haben. Er hatte kein Wort für sie. Ihre Nachfolge Jesu ist ein peinliches Stalking, bestenfalls vergebliche Liebesmüh. Unerwidert, weil ungefragt.

Wie in so vielem folgen heutige Christen auch hier keineswegs Jesus, sondern Paulus. Ihm gebührt die zweifelhafte Ehre, die Bahnen gezogen zu haben, in denen die werdende Weltreligion des Christentums sich entwickeln konnte. Wie in so vielem war Paulus auch hier der Wille Jesu offenbar noch zu unterentwickelt und rückständig, um daraus eine tragfähige Theologie zu basteln. Also hat er nach Kräften nachgeholfen und umgebaut. Und er verkündet dabei das, was er seinen Gegnern gerne vorwirft: ein anderes Evangelium.

Die Wiederentdeckung von Jesus als gläubiger Jude

Wenn die Christen weltweit ihren Herrn Jesus Christus anrufen, dann sind sie also eigentlich falsch verbunden. Der irdische Jesus hat sich für ihresgleichen nicht interessiert. Jesus hat mit dem Christentum praktisch nichts zu tun. Aber man kann auch positiv formulieren, dass Jesus zeit seines Lebens bewusst ein gläubiger Jude gewesen ist. Seine vermeintliche Distanz zum Judentum ist nichts als christliche Schmährede und Apologetik. Die frühe Kirche war, weil es ihr nicht gelungen war, die Juden vom gekreuzigten Messias Jesus zu überzeugen, gezwungen, sich selbst und damit auch ihren Jesus immer mehr vom Judentum zu entfernen. Die Evangelien zeigen ihn heute geradezu in Opposition vor allem zu den Pharisäern, zuweilen aber auch pauschal „zu den Juden" – als wäre er nicht selbst ein Jude gewesen.

Damit hob ein dunkles Kapitel der Kirchengeschichte an. Denn indem die Christen Jesu Herkunft aus dem Judentum de facto immer mehr verleugneten, konnten sie das Judentum zum großen Gegner stilisieren und dessen Vertreter zu verstockten Gesetzesanbetern und schließlich sogar zu Gottesmördern machen. Der Antisemitismus hat im christlichen Antijudaismus seinen natürlichen Vater. Über fast die gesamte Kirchengeschichte hinweg war der Antijudaismus ein nicht weiter hinterfragter Teil der christlichen Lehre. Noch im Nationalsozialismus waren große Teile der Kirchen antijudaistisch, zuweilen sogar antisemitisch eingestellt. Die Saat, die schon im Neuen Testament angelegt war, ist fürchterlich aufgegangen.

Selbst aufgeklärte Geister konnten sich dem üblichen christlichen Zerrbild des Judentums nicht entziehen. Immanuel Kant sah in seiner Religionsschrift von 1793 in der von Jesus gestifteten Kirche (sic!) die „erste wahre Kirche" überhaupt. Indem man alles Jüdische aus dem Christentum aussondert, erhält man laut Kant eine „reinmoralische, von Statuten unbemengte Religion."[122] Der junge Hegel schwärmt wie viele andere für den revolutionären Jesus, sieht ihn aber an seinem schon „erstorbenen" jüdischen Volk scheitern. Das Judentum wurde lange, eben weil das Christentum dies so vorgegeben hat, auch von relativ unabhängigen Denkern als primitive Vorstufe des Christentums gesehen, als toter Buchstaben- und Gesetzesglaube und als auf reine Äußerlichkeit bedacht. Solche Fehlurteile sind aus Paulus und den Evangelien entlehnt und von christlichen Dogmatiken abgeschrieben worden.

Es gehört zu den bedeutenden Ergebnissen der Jesusforschung, dass Jesus heute wieder ein Jude sein darf und man seine vermeintliche Opposition gegen die Religion seiner Väter als christliche Polemik und Apologetik erkannt hat. Der Theologe Gerd Theißen schreibt:

> Ein Ergebnis von zweihundert Jahren historisch-kritischer Jesusforschung ist die Erkenntnis: Jesus gehört ins Judentum.[123]

Bereits Julius Wellhausen hatte, kaum gehört, nüchtern festgestellt: „Jesus war kein Christ, sondern Jude." Und schon Reimarus hat formuliert, was heute Konsens ist: „Übrigens war er ein geborener Jude und wollte es auch bleiben."

Die christlichen Theologen propagierten das Zerrbild vom Judentum als primitiver Gesetzesreligion noch bis weit ins 20. Jahrhundert. Ihnen aus heutiger Sicht weit voraus war im 19. Jahrhundert der heute weithin unbekannte deutsch-jüdische Historiker Abraham Geiger (1801–1874). Er hat als einer der ersten Jesus weitgehend von christlicher Übermalung befreit und als gläubigen Juden erkannt. Geiger entlarvte weit vor den später angesehenen Neutestamentlern die christliche Rede einer angeblichen jüdischen Dekadenz mit ihrem vermeintlichen toten Gesetzesglauben. Er beschreibt Jesus als einen pharisäischen Juden, der „nicht im entferntesten irgendetwas vom Judentum auf[heben wollte], er war ein Pharisäer, der ... in den Wegen Hillels ging"[124], also eines der bedeutendsten Rabbinen, der kurz vor Jesus gewirkt hat. Geiger forderte sogar die Christen auf, zur Religion ihres Stifters zurückzukehren. Das hat viel für sich: Wer meint, er müsse Christus nachfolgen, der sollte vor allem eines tun: Er sollte Jude werden, wie Jesus einer war.

Doch der historische Jesus, der gläubige Jude und treue Sohn seiner Religion, wurde eines der ersten Opfer der sich bildenden christlichen Dogmatik. Die Römer haben Jesus das Leben genommen und ihn ans Kreuz geschlagen. Die sich fälschlich auf ihn berufende christliche Kirche hat Schlimmeres getan: Sie zerstörte seine Persönlichkeit, nahm ihm seine Väterreligion und machte ihn je länger je mehr regelrecht selbst zu einem Hassprediger, der seine eigene Religion verunglimpft hat. Es waren jüdische Forscher wie Geiger oder David Flusser, die Jesus (im Nachhinein muss man das nüchtern zugestehen) viel besser verstanden und klarer gesehen haben als Professoren der Theologie. Der Theologe Stegemann verweist auf eine Zusammenfassung der älteren jüdischen Jesusforschung durch Gösta Lindeskog:

> Jesus ist in seiner religiösen Grundanschauung typisch jüdisch, ja sogar pharisäisch. Die Theologie Jesu ist m. a. W. echt jüdisch; er hat auch nicht das Geringste zu tun mit dem christlichen Gottesbegriff oder der paulinischen Anthropologie und Erlösungslehre. Als Jude bekennt er sich zum strengsten Monotheismus ... Im Zentrum der Botschaft Jesu steht seine Verkündigung vom Reiche Gottes. Auch dieser Begriff ist sowohl formal als real ein echt jüdischer.[125]

Diese Rückgewinnung der wahren Religion Jesu aber macht das christliche Dilemma umso größer. Denn wieder wird deutlich: Es führt kein Weg von diesem Jesus von Nazareth zum Christus der Kirche. Die Christen und ihre Kirchen glauben an ein Zerrbild, dass sie selbst einst geschaffen haben. Sie tanzen seit 2 000 Jahren um ein neues Goldenes Kalb. Und die besonders Frommen halten es sogar heute noch für einen Gott.

Jesus als Vertreter von Gesetz und Partikularismus

Jesus wurde von christlichen Theologen lange als Überwinder einer unmenschlichen jüdischen Gesetzlichkeit vorgestellt. Sie stützten sich dabei vor allem auf die Gesetzeskritik des Paulus. Paulus hat tatsächlich das jüdische Gesetz de facto negiert, und weil Paulus immer als genialer und korrekter Interpret Jesu galt, hat man die Gegnerschaft gegen das jüdische Gesetz auch auf Jesus übertragen. Lange sind die Unterschiede zwischen Jesus und Paulus nicht aufgefallen oder man hat sie wegharmonisiert. Heute jedoch wird eine generelle Gegnerschaft Jesu gegen die Thora kaum noch vertreten. Der Neutestamentler Schröter meint, es sei

> von vornherein auszuschließen, dass er [Jesus] seine Gültigkeit [des Gesetzes] prinzipiell angezweifelt hätte.[126]

Auch sein Kollege Schenke meint:

> Die göttliche Autorität der Tora stand ihm ohne Zweifel fest. Er teilte auch die frühjüdische Anschauung, dass die Tora der Auslegung bedarf. Er hat die Tora nicht abgeschafft. Sondern authentisch ausgelegt. Dass seine Halacha dabei den Wortlaut der Tora überstieg, aus ihr oft gar nicht entnommen werden, ja im Widerspruch zu ihr stehen konnte, hebt diese Feststellungen nicht auf.[127]

Die Pharisäer standen nicht in Fundamentalopposition zu Jesus, sondern haben ihn eher als „einen der ihren" angesehen:

> Mögen die Debatten und Auseinandersetzungen in der Sache heftig gewesen sein, sie haben doch den Rahmen frühjüdischer Halacha-Auseinandersetzungen gewiß nicht gesprengt. Jesus hat die Tora weder ganz noch partiell für erledigt erklärt, sondern stand auf ihrem Boden. Wenn er Kritik übte, dann nicht an der Tora selbst, sondern an ihrer Interpretation und Praxis durch die verschiedenen Kreise des Frühjudentums.[128]

Wenn wir uns klarmachen, dass die Opposition Jesu gegen das Judentum im Wesentlichen eine Erfindung seiner späteren Gemeinde ist, dann bekommen Worte Jesu, die auf Christen heute befremdlich wirken, plötzlich einen Sinn. So heißt es in der Bergpredigt:

> Meint nicht, ich sei gekommen, das Gesetz oder die Propheten aufzulösen. Nicht um aufzulösen, bin ich gekommen, sondern um zu erfüllen. Denn, amen, ich sage euch: Bis Himmel und Erde vergehen, soll vom Gesetz nicht ein einziges Jota oder ein einziges Häkchen vergehen, bis alles geschieht. Wer also auch nur eines dieser Gebote auflöst, und sei es das kleinste, und die Menschen so lehrt, der wird der Geringste sein im Himmelreich. Wer aber tut, was das Gebot verlangt, und so lehrt, der wird groß sein im Himmelreich. (Mt 5,17–19)

Solche Verse sind das genaue Gegenteil zu dem, was Paulus gepredigt hat. Sie stehen deshalb auch im Verdacht, nicht historisch, sondern eine Polemik gegen eine allzu freie Heidenmission zu sein. Dennoch dürften sie die Wertschätzung Jesu für die Thora korrekt wiedergeben. Die ersten Jünger und die Urgemeinde, diejenigen, die Jesus noch am nächsten gestanden hatten, kannten offenbar keine Opposition gegen die Thora, und sie scheinen daher von den Juden auch nicht angegriffen worden zu sein. Der langjährige Leiter der Urgemeinde, Jakobus, ein leiblicher Bruder Jesu, galt wegen seiner Gesetzeserfüllung sogar als „ein Gerechter". Zuweilen wird behauptet, dass Jesus viel liberaler war, seine Gemeinde aber dann schnell in „jüdische Gesetzlichkeit zurückgefallen" sei. Doch einfacher und erklärungskräftiger ist es anzunehmen, dass Jesus keine prinzipielle Kritik an der Thora vertreten hat. So hat er offenbar auch andere jüdische Einrichtungen wie die Beschneidung und den Opferkult im Tempel nirgends infrage gestellt.

Aber hat Jesus nicht doch an manchen Stellen das jüdische Gesetz ausgehebelt? Wie ist es zu verstehen, wenn Jesus sagt:

> Ihr habt gehört, dass zu den Alten gesagt wurde: Du sollst nicht töten! Wer aber tötet, der sei dem Gericht übergeben. Ich aber sage euch: Jeder, der seinem Bruder zürnt, sei dem Gericht übergeben. Und wer zu seinem Bruder sagt: Du Trottel, der sei dem Hohen Rat übergeben. Und wer sagt: Du Narr, der sei der Feuerhölle übergeben. (Mt 5,21–22)

Was aussieht wie eine Gegenposition, ist bei näherer Betrachtung jedoch eher eine Verschärfung. Jesus will das Gesetz nicht aufheben, sondern meint, dass es eben in dieser Verschärfung erst richtig verstanden wird. Das „Ich aber sage euch" ist auch nicht als Einleitungsformel einer radikalen Gegenposition zu verstehen, sondern als Beitrag zu einer rabbinischen Diskussion. „Das Judentum zur Zeit Jesu war äußerst vielgestaltig und über das Gesetzesverständnis bestand keineswegs Einigkeit."[129] So konnte etwa die Frage der Ehescheidung ganz unterschiedlich beurteilt werden. Während Hillel und seine Schule sie praktisch aus jedem Grund zugestanden haben, haben Schammai, ein weiterer wichtiger Rabbiner jener Zeit, und dessen Schule sie fast völlig abgelehnt und nur im Falle von Ehebruch erlaubt. Doch alle beide waren angesehene jüdische Gelehrte. So ist auch die

Haltung Jesu in dieser Frage keine „Gegenposition zum Judentum", sondern ein Diskussionsbeitrag.

> Diese Gegensätze zulassende Offenheit des Judentums [ist] der Ermöglichungsgrund dafür, Jesus und andere „originelle" Juden weiterhin innerhalb des Judentums zu verorten.[130]

Die Haltung Jesu zum jüdischen Gesetz ist nicht einheitlich, was es auch schwer macht, seine Haltung zu systematisieren. Das mag damit zusammenhängen, dass Jesus als „ungelernter Wanderprediger" selbst wohl kein „System" vor Augen hatte und ad hoc und von Fall zu Fall anders und unterschiedlich geurteilt hat.[131] So finden wir bei Jesus sowohl gesetzesverschärfende wie entschärfende Aussagen. So engt Jesus die Ehescheidung ein, er verbietet das Richten (Mt 7,1) wie das Schwören (Mt 5,34). Nicht erst ein Mord, sondern allein schon Zorn oder gar nur böse Gedanken bringen in die Hölle. Andererseits ist für Jesus eine laxere Beachtung des Sabbats wohl kein Problem. Und auch die vielfältigen Reinheitsvorschriften scheint er lockerer zu sehen als manche in seiner Umwelt. Es sind vielleicht vor allem rituelle Gebote wie die Frage nach Reinheit und Unreinheit (Mk 7), die Jesus liberaler als seine Umwelt sieht. In all dem aber bewegt sich Jesus völlig in den Grenzen des Judentums seiner Zeit.

Eigentlich ist es eine bemerkenswerte Entwicklung, dass der historische Jesus, der fast zwei Jahrtausende in einer Art babylonischer Gefangenschaft der christlichen Kirchen gehalten wurde, nun endlich wieder in das Land seiner Väter heimkehren darf. Seine Religion, seine Solidarität und sicherlich auch die Liebe zu seinem Volk werden ihm heute mit Recht wieder zugesprochen und anerkannt. Er darf wieder gläubiger Jude sein und muss nicht länger herhalten als Begründer des Christentums oder als Gewährsmann eines christlichen Antijudaismus. Würde er noch leben, er wäre sicherlich erfreut über diese wenn auch späte Aufhebung der Fehlurteile über ihn.

Doch für die Kirchen und ihrer Gläubigen ist diese Entwicklung weit weniger erfreulich. Denn was sollen sie nun anfangen mit einem Menschen, der nur ein Prediger war und eben kein vollkommener Mensch, kein Messias, kein Gottessohn? Der sich ganz zum jüdischen Gesetz bekannt hat und es eben *nicht* aufgehoben hat? Der mit Beschneidung und Tempelopferkult (Mt 5,23) kein Problem hatte? Der mit Sicherheit den Sabbat gefeiert, aber ihn keineswegs abschaffen wollte, schon gar nicht zugunsten eines Sonntags? Der den Christen, die schließlich ihn, den Menschen Jesus, zu einem Gott erhoben haben, nur mit Verachtung und dem Vorwurf der Blasphemie hätte begegnen können? Oder die „Nachfolger" einfach ausgelacht hätte?

Die zwölf Jünger und der Virus vom Gottesreich

Hat sich erst einmal ein Fehler in eine Rechnung eingeschlichen, muss man sich darauf gefasst machen, dass er immer wieder auftaucht. In der Ethik Jesu sind gleich mehrere handwerkliche Mängel zu finden. Der Gottesbezug mag für damalige Verhältnisse noch verständlich sein, aber zukunftsfähig war er nicht. Er bedeutete religiösen Partikularismus statt ethischen Universalismus. Wo es ein „auserwähltes Volk" oder eine „wahre Religion" gibt, da gibt es immer auch Menschen erster und zweiter Klasse.

Die Ethik Jesu ist lückenhaft. Nur beim Eidverbot und beim Verbot der Ehescheidung gewinnt sie ein eigenes Profil. Ob das Eidverbot aber tatsächlich historisch ist, ist durchaus unsicher. Denn Paulus scheint es nicht zu kennen und schwört ganz unbefangen (z. B. Röm 9,1; Gal 1,20).[132] Früher sah man Jesu Ethik immer als etwas ganz Besonderes an, als singuläre Größe. Doch dann hat man im Zuge der religionsgeschichtlichen Forschung erstaunlich viele Parallelen seiner Worte im rabbinischen Schrifttum oder der hellenistischen Umwelt gefunden, später auch in Qumran. Zudem finden sich unter den ethischen Worten Jesu sehr viele, die sich besser aus der

Die Forderungen Jesu

Gemeinde heraus erklären lassen als aus der Zeit Jesu. Die ethische Einmaligkeit Jesu lässt sich also längst nicht mehr halten. Ginge es nur um seine Ethik, hätte sein Andenken schwerlich bis heute überlebt.

Ein Fehler in Jesu Ethik macht sich immer wieder bemerkbar: sein (Aber-)Glaube, dass das Reich Gottes bald kommen wird. Er bringt immer wieder schräge Töne in sein Denken hinein. So sind viele Gleichnisse Jesu durchaus von einer gewissen poetischen Kraft. Sie gehören im Kernbestand sicher zur *ipsissima vox* Jesu. Viele davon handeln vom Kommen der Gottesherrschaft. Wenn man aber bedenkt, dass diese sich bislang partout nicht hat einstellen wollen, hängen sie merkwürdig in der Luft. Sie haben nicht eingelöst, was sie versprochen haben.

Ein Hinweis auf die Gottesherrschaft sind auch die zwölf Jünger Jesu. Sie sollen so etwas wie die zwölf Stammväter oder die zwölf Stämme Israels repräsentieren. Wir sehen schon an dieser Zahl, dass die Absichten Jesu sich deutlich auf Israel beschränkt haben. Jesus knüpft mit dem Zwölferkreis an den Gedanken an, dass in der Endzeit die zwölf Stämme Israels von Gott wieder zusammengeführt werden. Diese zwölf Stämme haben vermutlich nie wirklich existiert, sondern waren eine Konstruktion späterer Zeiten. Davon konnte Jesus nichts wissen, für ihn waren sie reale Geschichte seines Volkes. Seit der assyrischen Eroberung des Nordreichs 722 v. Chr. galten neuneinhalb Stämme als verschollen. „Erst in der Heilszeit würde Gott sie über den sagenhaften Fluss Sambation zurückführen und so das Zwölf-Stämme-Volk wiederherstellen."[133] Diese Heilszeit erwartet Jesus, und seine zwölf Jünger hat er offenbar wie einen Hinweis darauf verstanden.

Hätte es Jesus bei diesem Zeichen belassen, wäre dies noch nicht so schlimm. Jedoch scheint er den zwölf sogar einflussreiche Posten im kommenden Reich zugesprochen zu haben.

> Da wandte sich Petrus an ihn und sagte: Wir hier haben alles verlassen und sind dir gefolgt. Was wird mit uns

> werden? Jesus sagte zu ihnen: Amen, ich sage euch: Ihr,
> die ihr mir gefolgt seid, werdet bei der Neuschöpfung,
> wenn der Menschensohn sich auf den Thron seiner
> Herrlichkeit setzt, auch auf zwölf Thronen sitzen und
> die zwölf Stämme Israels richten. (Mt 19,27–28)

Die Historizität dieser Verse ist umstritten. Was für sie spricht, ist, dass den zwölf eine Würde zuerkannt wird, die in deutlichem Kontrast zu ihrer wirklichen späteren Bedeutung steht. Denn die zwölf werden zwar im alten Bekenntnis (1 Kor 15,3–5) als Auferstehungszeugen genannt. Aber dann haben sie offenbar keine große Rolle mehr in der frühen Urgemeinde gespielt. Als Paulus den Petrus besucht, werden sie schon nicht mehr erwähnt. Dass sie in alle Welt gezogen seien, um das Evangelium zu verkünden, dass sie als Märtyrer endeten, gilt in der Forschung als reine Legende. Es ist Heiligen- und Martyriumskitsch.

Ist es aber ein echtes Jesuswort, dann haben wir die groteske Situation, dass Jesus zwölf sicherlich weitgehend ungebildete Galiläer, die er irgendwo am See Genezareth gefunden hat, zu Richtern (und das meint fast schon zu Königen!) im Reich Gottes macht. Kann das Jesus tatsächlich ernst gemeint haben? Hat er es nur so gesagt, um sich ihrer Gefolgschaft zu versichern? War es nur eine Vertröstung? Oder war er wirklich von seiner fixen Idee derart überzeugt, dass er Posten vergab in einem Reich, das nie gekommen ist?

> Doch hat auch der Apostel Paulus ähnliches erhofft. Er
> verlangte von den Gemeindegliedern in Korinth, nicht
> gegeneinander zu prozessieren, da sie selbst, jeder einzelne, über Engel richten würden (1 Kor 6). Hier sehen
> wir in das Herz der frühen Christen und der von Jesus
> gesammelten Gemeinde förmlich hinein. Nicht Vernunft
> oder Überzeugung, sondern die Aussicht auf Anteil-

habe an Gottes Herrschaft waren die Wurzeln ihres Glaubens.[134]

Zweifellos ist der Virus vom Gottesreich auch auf seine Jünger übergesprungen. Die Evangelien kennen noch eine ähnliche Stelle. Zwei seiner Hauptjünger, Jakobus und Johannes, bitten Jesus nicht unbescheiden:

> Gewähre uns, dass wir einer zu deiner Rechten und einer zu deiner Linken sitzen werden in deiner Herrlichkeit. Jesus aber sagte zu ihnen: Ihr wisst nicht, worum ihr bittet. Könnt ihr den Kelch trinken, den ich trinke, oder euch taufen lassen mit der Taufe, mit der ich getauft werde? Sie sagten zu ihm: Wir können es. Da sagte Jesus zu ihnen: Den Kelch, den ich trinke, werdet ihr trinken, und mit der Taufe, mit der ich getauft werde, werdet ihr getauft werden, doch über den Platz zu meiner Rechten oder Linken zu verfügen steht mir nicht zu, sondern er wird denen zuteil, für die er bereitet ist. (Mk 10,37–40)

Diese Szene ist sicherlich unhistorisch, denn sie spielt auf den Tod Jesu an. Außerdem scheint sie den Märtyrertod der beiden Jünger zu kennen (nur der von Jakobus ist verbürgt). Und zu guter Letzt geht es hier um ein „Reich Christi". Jesus aber hat das „Reich Gottes" verkündigt. Es ist also eine eindeutig nach Jesu Tod (und nach dem Tod des Jakobus 42 n. Chr.) erfundene Geschichte. Die Bitte der beiden Jünger jedoch könnte historischen Anhalt haben, vielleicht sogar auf die gleiche Situation zurückgehen wie oben Matthäus 19,27–28. Jesus weist die Bitte nicht zurück. Ein nettes Detail ist, dass Matthäus nicht die Jünger, sondern deren Mutter die dreiste Bitte stellen lässt. „Einer Mutter verzeiht man es eher, wenn sie für ihre Söhne allzu hohe Wünsche hegt."[135]

Jesus hat also vielleicht nicht nur das Reich Gottes, sondern auch seine Jünger weit überschätzt. Es ist oft zu beobachten, dass Menschen mit Einfluss ihre Adlaten und gar Nachfolger aus ihrer unmittelbaren Nähe nehmen. Das können eigentlich nie die besten sein, sind aber eben die, die sie kennen. Ein zufällig aufgegriffener armer Fischer wird dann so etwas wie ein erster Papst. Oder die Verwandten eines Propheten kommen plötzlich unerwartet zu Ehren. Der Bruder Jesu wird bis 62 n. Chr. Führer der Urgemeinde, und noch in der Zeit Domitians (81–96 n. Chr.) haben Mitglieder der Familie Jesu die judenchristliche Kirche geleitet[136] und so von der Zufälligkeit ihrer Verwandtschaft profitiert.

Die zwölf Jünger werden von den Gläubigen bis heute als treue Nachfolger und Künder von Jesu Botschaft angesehen.[137] Eine sehr späte Überlieferung hat sie reichlich mit Martyriumskitsch zugedeckt. Aber schon ihre Zahl war peinlich. Schneller als gedacht verschwanden sie wieder aus der Geschichte Jesu. Die meisten werden wohl ihre vorherige Arbeit erneut aufgenommen haben. Wären sie wirklich zu Märtyrern geworden, hätte sich das sicherlich irgendwo im Neuen Testament niedergeschlagen. Und nicht erst in Heiligenlegenden 300 Jahre später.

Schätze erwerben: Egoismus als Triebfeder der Ethik

Je mehr man sich in die Ethik Jesu vertieft, desto mehr Schwachstellen und Unzulänglichkeiten kann man entdecken. Man staunt, dass sein eher schwaches ethisches Konzept immer so hoch gehandelt worden ist. Deutlich wird dies auch bei der Frage, warum der Mensch gut handeln soll. Sie wird von Jesus gar nicht in dieser Allgemeinheit gestellt. Er hat offenbar nur immer seine Jünger im Blick und will gar nicht über den Tellerrand seines sozialen Umfelds hinaussehen.

Die Forderungen Jesu

Im Zentrum von Jesu Ethik steht nicht der Hilfesuchende, der Mitmensch und Nächste (den man doch lieben soll), nicht der Empfänger einer Gabe, sondern der Geber. Die Menschen sollen Gutes tun, um sich auf diese Weise Vorteile im Himmel zu verschaffen. Denn dort wird der Geber für seine Tat belohnt werden. Bekannte und beliebte Jesusworte sprechen diesen Lohngedanken häufig aus:

> Sammelt euch nicht Schätze auf Erden, wo Motte und Rost sie zerfressen. Sammelt euch vielmehr Schätze im Himmel. (Mt 6,19)

Gute Taten sind also nicht um ihrer selbst wichtig, sondern um das himmlische Konto für den Geber aufzufüllen. Das ist nicht eben ein hoher ethischer Ansatz. Auch vergeben sollen die Jünger nicht, weil dies einfach ein guter menschlicher Akt ist, sondern damit sie selbst etwas davon haben:

> Denn wenn ihr den Menschen ihre Verfehlungen vergebt, dann wird euer himmlischer Vater auch euch vergeben. (Mt 6,14)

Wäre es nicht ethisch anspruchsvoller, bei guten Taten nicht auf das eigene Wohl zu schielen? Aber auch die Nächstenliebe soll weniger um ihrer selbst als um des Lohnes wegen erfolgen:

> Denn wenn ihr die liebt, die euch lieben, welchen Lohn könnt ihr da erwarten? Tun das nicht auch die Zöllner? (Mt 5,46)

Überall scheint bei Jesus der Lohngedanke präsent zu sein. Man soll zwar Gutes tun „im Verborgenen", sonst kann man „keinen Lohn erwarten" (Mt 6,1). Aber natürlich wird Gott dies alles sehen und vergelten. Die Heuchler, die an den Straßenecken beten, die haben „ihren Lohn" schon erhalten. So sollen es die Jünger nicht machen.

Wenn du aber betest, geh in deine Kammer, schließe die Tür und bete zu deinem Vater, der im Verborgenen ist. Und dein Vater, der ins Verborgene sieht, wird es dir vergelten. (Mt 6,6)

Für Jesus war es offenbar schwer vorstellbar, dass man eine gute Tat nur um ihrer selbst willen vollbringt. Dass man anderen Menschen hilft, nur weil andere Menschen Hilfe brauchen. Ohne zu fragen, was man selbst denn davon hat. Wir müssen hier vorsichtig sein mit Urteilen, denn gerade in die ethischen Stellen der Evangelien haben sich oft nachösterliche Gemeinde- und Verhaltensregeln eingeschlichen, und auch hier hat Jesu so manches wohlklingende Wort gar nicht gesagt. Jedoch ist der Lohngedanke so präsent, dass man schwerlich davon ausgehen kann, dass er nicht auf Jesus zurückgeht, und es ist auch nicht anzunehmen, dass Jesus zwar eine hohe Ethik gehabt hätte, seine Nachfolger dann aber wieder in primitives Lohndenken abgeglitten wären.

Die Ethik Jesu kann man also keineswegs als altruistisch bezeichnen. Sie ist im Gegenteil durch einen Heilsegoismus gekennzeichnet. Das arme Gegenüber, der Kranke und Leidende, ist nur Mittel zum Zweck. Die Hilfe für ihn erfolgt nur vordergründig selbstlos, im Hintergrund aber aus Berechnung und Kalkül. Eigentlich aus niederen Beweggründen, und wenn man einmal annimmt, dass es ohnehin kein Jenseits gibt, wo die gut Handelnden belohnt werden könnten: aus Grundlosigkeit.

Die Geschichte vom Scherflein ist immer gerne Gegenstand kirchlicher Predigten. Jesus beobachtet eine arme Witwe, die nur wenig Geld in den Opferkasten werfen kann.

> Und er rief seine Jünger herbei und sagte zu ihnen: Amen, ich sage euch: Diese arme Witwe hat mehr eingeworfen als alle, die etwas in den Opferstock eingeworfen haben. Denn alle haben aus ihrem Überfluss etwas eingeworfen, sie aber hat aus ihrem Mangel alles hergegeben, was sie hatte, ihren ganzen Lebensunterhalt. (Mk 12,43–44)

Sicherlich haben wie es hier mit einer Erfindung der frühen Gemeinde zu tun. Sie ist offenbar eine „ideale Szene" und kaum so geschehen, weil es schwer einsehbar war, wer was in den Opferkasten wirft. Sie soll dazu ermuntern, viel zu geben, auch wenn man wenig hat. Die arme Witwe, so suggeriert es die Geschichte, hat ihren ganzen Lebensunterhalt gespendet. Was aus der armen Frau nun werden soll, interessiert den Erzähler nicht. Die Szene gemahnt an Jesu Ethik, weil auch sie nur vom Gebenden ausgeht, aber den Hilfsbedürftigen gar nicht im Blick hat. Denn natürlich ist zum Beispiel den Opfern einer Hungerkatastrophe mit einer unpersönlichen Spende der Kreissparkasse über 1 000 Euro mehr geholfen als mit höchst persönlichen zwei Euro einer armen Witwe. Und wo das nicht bedacht wird, stimmt etwas bei der Hilfsbereitschaft nicht. Ethik soll altruistisch, aber auch effektiv sein. Jesu Ethik hingegen scheint weder das eine noch das andere gewesen zu sein.

Im Lukasevangelium (Lk 14) findet sich folgende Regel Jesu (die vermutlich aber nicht echt ist, sondern aus der frühen Gemeinde stammt):

> Wenn du ein Mittagessen oder ein Abendessen gibst, so lade weder deine Freunde noch deine Brüder noch deine Verwandten noch reiche Nachbarn ein, damit sie nicht Gegenrecht halten und dich ihrerseits wieder einladen. Nein, wenn du ein Gastmahl gibst, dann lade Arme, Verkrüppelte, Lahme und Blinde ein. Und du wirst selig sein, weil sie nichts haben, es dir zu ver-

> gelten. Denn es wird dir vergolten werden in der Auferstehung der Gerechten. (Lk 14,12–14)

Auch hier geht es nicht um die „Armen und Blinden", sondern nur um den Lohn, den man bei der Auferstehung dafür erhofft. Es steht der Gedanke im Hintergrund, dass alles immer irgendwie vergolten werden muss. Erneut stellen wir fest: Jesus hätte ein Philosoph werden können, wenn er sich von diesem primitivem Lohngedanken verabschiedet und eine selbstlose „Hilfe um der Hilfe willen" vertreten hätte. Lessing beispielsweise hat das besser gesehen als Jesus. In seiner „Erziehung des Menschengeschlechts" sollen die Menschen in einer aufgeklärten Gesellschaft weder etwas tun, weil die Angst vor Strafe sie antreibt (Altes Testament), noch, um irgendwelche Gebote zu erfüllen und Lohn zu erhalten (Neues Testament). Sie sollen Gutes tun, einfach weil es das Gute ist. Selbst viele religiöse Menschen sehen dies heute so. Doch Jesus ist noch nicht so weit, er watet noch knietief im sumpfigen Gelände ethischer Vorkultiviertheit.

Die Drohungen Jesu mit dem Gericht

Wo Lohn verheißen wird, ist auch Strafe nicht weit. Jesus entwickelt oft bedenkliche Gewaltphantasien, wenn man sein Wort (oder das, was die frühe Gemeinde ihm untergeschoben hat) nicht befolgt. Vor allem aber ist seine Erwartung der Gottesherrschaft keineswegs ein reines Evangelium (= gute Botschaft). Denn Jesus verkündet auch das Gericht.

> Ja, man kann sogar sagen, dass fast immer, wenn Jesus von der Basileia, der Gottesherrschaft, spricht, der Gedanke des vorangehenden Endgerichts mitgedacht ist.[138]

So der Theologe Joachim Jeremias. Sein Kollege Zager meint gar, dass das

> Endgericht die notwendige Voraussetzung des Reiches Gottes [ist]. Für den historischen Jesus gehörten Herrschaft Gottes und Endgericht untrennbar zusammen.[139]

> Es [das Gericht] war für ihn fester Bestandteil des Reiches Gottes, das als Durchsetzung des alleinigen Herrschaftsanspruches Gottes in der Welt ja ebenso die Vernichtung alles Widergöttlichen wie Heilsgewährung für Gott Wohlgefällige in sich schloss.[140]

Dem drohenden Gericht verfällt schon, wer sich weigert, das von Jesus verkündete Heil überhaupt zu hören. Hierzu finden sich einige der übelsten Worte Jesu:

> Wehe dir, Chorazin! Wehe dir, Betsaida! Denn wären in Tyrus und Sidon die Wunder geschehen, die bei euch geschehen sind, sie hätten längst in Sack und Asche gesessen und Busse getan. Ja, Tyrus und Sidon wird es im Gericht besser ergehen als euch. Und du, Kafarnaum, willst du etwa in den Himmel erhoben werden? Bis ins Totenreich wirst du hinabfahren. Wer euch hört, hört mich; und wer euch verachtet, verachtet mich. Wer aber mich verachtet, verachtet den, der mich gesandt hat. (Lk 10,13–16)

Jesus rühmt bekanntlich an anderer Stelle die Nächstenliebe, hier aber scheint er nichts davon zu wissen. Was ist sie angesichts solcher Worte noch wert? Weil die Bewohner dieser kleinen Orte und Städte seiner Botschaft von der Gottesherrschaft nicht glauben wollen (womit sie richtig liegen, denn sie ist ja nicht gekommen!), werden sie von Jesus verflucht. Die Verfluchung geschieht ganz alttestamentlich kollektiv, das heißt, man hat sich auch Frauen und Kinder unter den Verfluchten vorzustellen. Und mit dem Furor des vom Prophetenwahn Befallenen setzt er Missachtung ihm gegenüber mit der Missachtung Gottes gleich. Überhaupt scheint Jesus das Gericht geradezu herbeizusehnen.

> Ich bin gekommen, Feuer auf die Erde zu werfen, und wie sehr wünschte ich, es wäre schon entfacht! (Lk 12,49)

Das Feuer ist eine beliebte Gerichtsmetapher. Schon Johannes der Täufer hat gerne damit gedroht. Die Spreu (man bedenke: Es geht um Menschen!) wird ins ewige Feuer geworfen. Wenngleich Jesus nicht so fanatisch war wie sein Lehrer, auf Hölle und Gericht will auch er nicht verzichten. Erneut eine von Jesus verpasste Gelegenheit, sich als Weisheitslehrer von Format auszuweisen. Doch die Drohung war ihm offenbar wichtiger. In diesem Sinne macht er auch seine Jünger zu Gerichtspredigern und gibt ihnen die Anweisung:

> Wo ein Ort euch nicht aufnimmt und man euch nicht zuhört, von dort geht wieder weg und schüttelt den Staub von euren Füssen – das soll ihnen ein Zeichen sein! (Mk 6,11)

Der Exeget Ernst Haenchen bemerkt dazu: „Das heißt in diesem Zusammenhang: dieser Ort ist dem Gericht verfallen."[141] Was auch immer die Bewohner der Dörfer sonst getan haben mögen; glauben sie Jesu Wort nicht, sind sie verloren. Evangelikale Hardliner und ihre katholischen Kollegen werden nicht müde, auch heute noch im gleichen (Un-)Geist zu predigen.

Ja, das Tor mag eng sein, das ins Leben führt (Mt 7,13). Aber soll der Weg ausgerechnet die Predigt Jesu sein? Das hat schon damals nicht alle überzeugt. Und auch die Jünger setzt Jesus damit unter

Druck. Beliebt sind in der Kirche die Worte von den Christen als dem Salz der Erde. Wohl kein Kirchenjahr vergeht, wo in den Kirchen nicht darüber gepredigt wird. Übersehen wird dabei meist der folgende Satz:

> Wenn aber das Salz fade wird, womit soll man dann salzen? Es taugt zu nichts mehr, man wirft es weg und die Leute zertreten es. (Mt 5,13)

Wer ein schlechter Jünger ist, wer seine Pflichten nicht erfüllt, der wird weggeworfen und zertreten. Exegeten sprechen angesichts solcher Sätze gerne euphemistisch vom „Ernst der Nachfolge". Es trifft die Sache aber wohl besser, wenn man sie als Duftmarken eines unerbittlichen religiösen Extremismus versteht. Es reicht nicht aus, dass man ein Nachfolger ist. Denn selbst wenn man in Jesu Namen Dämonen ausgetrieben hat, kann das Urteil am Schluss lauten:

> Ich habe euch nie gekannt! Geht weg von mir, die ihr das Gesetz missachtet! (Mt 7,23)

Wir stellen fest, dass auch hier wieder von der Gesetzesbeachtung die Rede ist, und gemeint ist das mosaische Gesetz, die Thora. Die Hürden, die Jesus aufstellt, sind auch für seine Jünger sehr hoch. Christen unterlaufen sie ohnehin permanent, weil für sie die Thora ohnehin keine Rolle mehr spielt.

Das Gleichnis vom Unkraut unter dem Weizen (Mt 13,24–30) wird erstaunlicherweise immer wieder als Beispiel für Toleranz verstanden,[142] weil das Unkraut (gemeint sind Nichtchristen!) gemeinsam mit dem Weizen (gemeint sind die Gläubigen) wachsen darf. Auch bei diesem Gleichnis wird nicht auf das Ende gesehen, wo sich zeigt, welche Toleranz hier gemeint ist:

> Reißt das Unkraut aus und schnürt es zu Bündeln, um es zu verbrennen, den Weizen aber bringt ein in meine Scheune! (Mt 13,30)

Die Ungläubigen werden von Jesus ohnehin gerne mit Unkraut verglichen:

> Wie nun das Unkraut ausgerissen und im Feuer verbrannt wird, so wird es sein, wenn diese Welt zu Ende geht. Der Menschensohn wird seine Engel aussenden, und sie werden aus seinem Reich alle Verführung und alle, die das Gesetz missachteten, herausreißen, und sie werden sie in den Feuerofen werfen; dort wird Heulen und Zähneklappern sein. (Mt 13,40–42)

Auch hier werden diejenigen „in den Feuerofen" geworfen, die das mosaische Gesetz missachten. Dass wären pikanterweise eben auch die Christen, der gute Paulus allen voran. Aber selbst die eifrigsten Bibelleser können oder wollen das nicht verstehen. Und zumindest hier haben sie vielleicht Glück, denn die Verse scheinen eine Erfindung des Matthäus zu sein. Auch er hat immer eine diebische Freude daran, das „Heulen und Zähneklappern" erwähnen zu können.

Wenn wir solche Sätze Jesu lesen und uns vorstellen, was er damit meinte, dann wird erneut klar, wie verkitscht dieser Prediger heute gesehen wird. Würden Sie jemanden, der auftritt wie dieser Jesus, wirklich als Schwiegersohn haben wollen? Die übliche Mainstream-Jesusliteratur kennt in der Regel nur „das liebe Jesulein" und idealisiert und verkitscht ihn auf Teufel komm raus. Sie ignoriert solche dunklen Stellen vollkommen, übersieht den fanatischen Jesus, den Jesus der niederen Affekte, sieht nur den Herrn, aber nicht seine Selbstherrlichkeit.

Fragwürdiges Menschenbild und simple Schwarz-Weiß-Ethik

Hat Jesus tatsächlich Menschen mit Unkraut verglichen, das ausgerissen und verbrannt werden soll? Das klingt wie ein Vergleich aus dem Wörterbuch des Unmenschen. Und doch steht es in der Bibel. Wenn Jesus zu solcher Wortwahl greift, würde dies dann nicht seine Forderung, den Nächsten zu lieben, stark relativieren? Wir sahen aber bereits, dass der Liebesgedanke im Zuge der Überlieferung deutlich ausgebaut worden ist und nicht unbedingt im Zentrum von Jesu Verkündigung stand. Oder ist es erneut seine frühe Gemeinde, die ihm solche Unmenschlichkeiten in den Mund gelegt hat? Dies müssen die Historiker Vers für Vers zu beantworten versuchen. Auf jeden Fall spiegelt sich aber darin ein zurückgebliebenes Menschenbild. Es ist rückständig, weil es religiös ist. Denn die Abwertung von Menschen erfolgt allein aus religiösen Kategorien heraus: Wer nicht richtig glaubt, ist Unkraut. Es ist schon lange aufgefallen, dass das Menschenbild der Bibel nicht gerade eine Speerspitze der gesellschaftlichen Entwicklung darstellt. Doch was will man auch erwarten von einer Schriftensammlung, die aus der Antike kommt und durch und durch von Religion bestimmt wird?

Ein beliebtes Redemotiv der Bibel ist der Vergleich von Menschen und Gläubigen mit Schafen. Zu den verlorenen Schafen des Hauses Israel fühlt Jesus sich gesandt (Mt 15,24). Als er die vielen Menschen sieht (Mt 9,36), erscheinen sie ihm wie Schafe, die keinen Hirten haben. Im Gleichnis des Matthäusevangeliums (Mt 18,10–14) geht der Hirte einem einzelnen verlorenen Schaf hinterher. Schafe sind Herdentiere, ängstlich und schutzsuchend, sie lassen sich führen und treiben. Eigentlich ist es ein negatives Bild, ein Bild von Unreife und Unselbstständigkeit. Doch Christen verstehen es positiv, weil sie dies von ihrer religiösen Sozialisation her so gewöhnt sind. Was würden Christen aber zu einem indischen Guru sagen, der sich selbst für einen Hirten hält und seine Anhänger als seine Schafe bezeichnet?

Und auch das Gleichnis vom verlorenen Schaf versteht man besser, wenn man sich klarmacht, dass das verirrte Schaf ein Bild für einen Gläubigen ist, der vom Glauben abgekommen ist und dann wieder zu ihm zurückfindet. Das Gleichnis jedenfalls ist alles andere als eine Hirtenidylle.

Die Bibel sieht Menschen aber auch als „Getreide" an, dass geerntet, sprich missioniert werden soll.

> Die Ernte ist groß, Arbeiter aber sind wenige. Darum bittet den Herrn der Ernte, dass er Arbeiter in seine Ernte sende. (Mt 9,37–38)

Menschen sind erneut nicht Menschen um ihrer selbst willen, sondern bloßes Objekt, menschlicher Rohstoff zur Vergrößerung der Gemeinde. Vermutlich ist es jedoch kein echtes Jesuswort, weil die frühchristliche Missionssituation vorausgesetzt wird. Anders sieht es mit folgendem Wort aus. Als Jesus bei Markus seine ersten Jünger beruft, sagt er zu ihnen:

> Folgt mir nach! Ich werde euch zu Menschenfischern machen. (Mk 1,17)

Dieses Wort geht angesichts seiner Anstößigkeit vermutlich auf Jesus zurück. Denn „Menschen fischen" hatte in der Antike bereits einen negativen Klang, es ist also unwahrscheinlich, dass es erst später in der jungen Christengemeinde aufgekommen ist. Im Lukasevangelium (Lk 5,10) ist noch drastischer davon die Rede, dass „lebende Menschen eingefangen" werden sollen. Heutige Gläubige empfinden das Anstößige einer solchen Sicht erst, wenn sie sich den Satz nicht bei Jesus, sondern bei Bhagwan oder bei Mohammed vorstellen.

Das Bild vom Menschenfischen verwendet Jesus auch im Gleichnis vom Fischnetz:

Die Forderungen Jesu

> Mit dem Himmelreich ist es wie mit einem Netz, das ins Meer geworfen wurde und Fische aller Art fing. Als es voll war, zogen sie es an Land, setzten sich, sammelten die guten in Körbe und warfen die schlechten weg. So wird es sein, wenn diese Welt zu Ende geht: Die Engel werden ausziehen und die Bösen mitten aus den Gerechten herausnehmen, und sie werden sie in den Feuerofen werfen; dort wird Heulen und Zähneklappern sein. (Mt 13,47–49)

Auch hier sind die Menschen eine anonyme Masse, bei der es lediglich darauf ankommt, ob der Einzelne gläubig ist oder nicht. Die Ungläubigen werden weg-, genauer (in Verschärfung vermutlich des Evangelisten selbst) in den Feuerofen geworfen. Primitives religiöse Denken; Menschlichkeit sieht anders aus.

Die Ethik Jesu ist auch sonst nicht gerade durch psychologisches Feingefühl ausgezeichnet. Oft herrscht ein simples Entweder-oder vor, Jesus scheint der Sinn für Zwischentöne zu fehlen. Menschen sind entweder gut oder böse, Gerettete oder Verworfene, Gesegnete oder Verfluchte.

> An ihren Früchten werdet ihr sie erkennen. Lassen sich etwa Trauben ernten von Dornen oder Feigen von Disteln? So trägt jeder gute Baum gute Früchte, jeder faule Baum aber trägt schlechte Früchte. Ein guter Baum kann nicht schlechte Früchte tragen, und ein fauler Baum kann nicht gute Früchte tragen. (Mt 7,16–18)

Das ist alles sehr simpel. Menschen sind natürlich keine Bäume. Doch selbst wenn man im Bild bleibt, dann gibt es nicht *nur* gute oder *nur* schlechte Bäume/Menschen. Zudem kann derselbe Baum beides hervorbringen. Nicht so aber laut Jesus:

> Entweder der Baum ist gut, dann ist auch seine Frucht
> gut! Oder der Baum ist faul, dann ist auch seine Frucht
> faul! Denn an der Frucht erkennt man den Baum ... Der
> gute Mensch holt aus dem Schatz des Guten Gutes her-
> vor, der böse Mensch holt aus dem Schatz des Bösen
> Böses hervor. (Mt 12,33.35)

Dass die Menschen entweder gut oder böse sind, ist primitive Küchenpsychologie und viel zu platt, als dass sie wahr sein könnte. Moderne Psychologie und Soziologie haben hier eine weit differenziertere Sicht auf den Menschen entworfen. Dass Jesus davon nichts ahnt, kann man ihm nicht vorwerfen. Aber man sieht erneut, wie gefangen er in insuffizienten religiösen Weltbildern ist. Denn seine Schwarz-Weiß-Sicht hat er aus der Religion, vermutlich vor allem aus den Psalmen gewonnen. Dort werden der (Selbst-)Gerechte und der „Frevler" immer wieder einander gegenübergestellt. Wenn man solches in seiner Jugend immer wieder hört, kann sich leicht die Meinung festsetzen, die Welt wäre wirklich so einfach.

Der radikale Jesus und seine absurden Forderungen

Einfache und radikale Forderungen bleiben Menschen immer besser im Gedächtnis als differenzierte Analysen. Als Mensch mit sehr guten rhetorischen Fähigkeiten ist dies Jesus sicher bewusst gewesen. Vielleicht erklärt sich daraus manche seiner Übertreibungen.

> Wenn dein rechtes Auge dich zu Fall bringt, reiße es
> aus und wirf es von dir. Es ist besser für dich, eines dei-
> ner Glieder geht verloren, als dass dein ganzer Leib in
> die Hölle geworfen wird. Und wenn deine rechte Hand
> dich zu Fall bringt, hau sie ab und wirf sie von dir. Es

> ist besser für dich, eines deiner Glieder geht verloren, als dass dein ganzer Leib zur Hölle fährt. (Mt 5,29–30)

Aber seine Radikalität war nicht nur Rhetorik. Jesus war der Meinung, dass in seiner eigenen Gesetzesauslegung der wahre Wille Gottes und der Thora zur Geltung kommt.

> Ihr habt gehört, dass zu den Alten gesagt wurde: Du sollst nicht töten! Wer aber tötet, der sei dem Gericht übergeben. Ich aber sage euch: Jeder, der seinem Bruder zürnt, sei dem Gericht übergeben. Und wer zu seinem Bruder sagt: Du Trottel, der sei dem Hohen Rat übergeben. Und wer sagt: Du Narr, der sei der Feuerhölle übergeben. (Mt 5,21–22)

Jesus radikalisiert hier das Tötungsverbot bis zur Unkenntlichkeit. Und er macht damit jeden Menschen zu einem Kandidaten der Hölle, denn wer hätte nicht schon mal einem Menschen gezürnt. Dass Menschen zuweilen zornig sind, ist aber eine evolutionäre Gegebenheit. Man sollte den Zorn immer unter Kontrolle halten, aber wenn er zuweilen ausbricht, ist das nichts, was unnatürlich wäre. Unnatürlich ist es dagegen, den Zorn verbieten und mit den größtmöglichen Strafen belegen zu wollen. Wenn Jesus das tut, dann zeugt dies nicht gerade von guter Menschenkenntnis. Zorn und ein böses Wort als Todsünde anzusehen, ist mehr als eine Übertreibung; es ist absurd und nicht mehr diskussionswürdig. Zudem geraten hier die Maßstäbe völlig durcheinander, wird „Mord" doch relativiert, scheint seine Strafwürdigkeit doch geradezu hinter die von „Zorn" zurückzutreten. Hat Jesus das gemeint? Oder auch nur bedacht? Nun hat er selbst ja keine Probleme damit, andere Menschen als „Schlangengezücht" zu bezeichnen – verdient er in seinem Zürnen dann nicht auch die „Feuerhölle"?

Wenig Realitätssinn und Einsicht in die menschliche Natur bringt auch folgende Antithese:

> Ihr habt gehört, dass gesagt wurde: Du sollst nicht ehebrechen! Ich aber sage euch: Jeder, der eine Frau ansieht und sie begehrt, hat in seinem Herzen schon Ehebruch mit ihr begangen. (Mt 5,27–28)

Ganz richtig bemerkt Ernst Haenchen zu solchen Sätzen: „Wenn man wie Jesus das Gesetz, die göttliche Forderung, mit unerbittlicher Konsequenz auslegt, dann sind wir alle Ehebrecher und Brudermörder."[143] Jesu Worte sind effektvoll hingeworfen (weshalb sie vielleicht auch erhalten geblieben sind). Aber das ändert nichts daran, dass sie als ethische Richtlinien etwas unterbelichtet sind. Vielleicht hätte Jesus hier noch etwas nachdenken müssen, denn auch wieder er selbst, das unterstellen wir mal einfach so, dürfte nach seiner Definition zu den „Ehebrechern" gehört haben. Ganz abgesehen davon, das „unkeusche Gedanken" (um es mal katholisch auszudrücken) bis zu einem gewissen Grad durchaus natürlich sind, zeigt sich, dass Jesus von dem (modernen) Grundsatz „Die Gedanken sind frei" nichts hält, sondern munter Gedanken mit Taten in eins setzt und damit die ethische Diskussion eher verwirrt als bereichert.

Die Weltfremdheit Jesu: Ehe und Scheidung

Jesus ist der Meinung, den wahren Sinn der Gebote erkannt zu haben, und wie er in manchen Fragen durchaus eine liberalere Haltung zeigt, erweist er sich auf anderen Gebieten als Radikalist und Scharfmacher. Selbst Gläubige, wenn sie etwas nachdenken, werden Jesus hier nicht wirklich folgen wollen. Man muss jedenfalls „kein Pharisäer und Schriftgelehrter" sein, um die Lehre Jesu nicht zumindest etwas spitz zu finden.

Dies gilt etwa für sein Verbot der Ehescheidung. Jesus hat die Ehescheidung radikal untersagt. Die allermeisten Neutestamentler halten dies für historisch. Auch Paulus verbietet sie (1 Kor 7,10f.)

und beruft sich dafür auf ein Jesuswort. Vielleicht hat er über Petrus davon erfahren, und da es auch gut in sein eigenes Denken passt, hat er es ausnahmsweise mal übernommen. Für das radikale Verbot der Ehescheidung als echtes Wort Jesu spricht auch, dass die frühe Gemeinde bald nach Wegen gesucht hat, es zu entschärfen.

> Es wurde auch gesagt: Wer seine Frau entlässt, soll ihr einen Scheidebrief geben. Ich aber sage euch: Jeder, der seine Frau entlässt – *außer sie sei der Unzucht schuldig* –, treibt sie in den Ehebruch. Und wer eine entlassene Frau heiratet, bricht ihre Ehe. (Mt 5,31–32)

Die Erwähnung der Unzucht ist hier eine Beigabe des Matthäus. Bei Markus fand sich davon noch nichts. Paulus erlaubt die Scheidung von einem Heiden, wenn der heidnische Partner das will (1 Kor 7,15). Auch die Rabbinen ließen eine Scheidung zu, stand doch in der Thora ausdrücklich, dass eine Scheidung mit einem Scheidebrief möglich ist (Dtn 24,1–4). Gestritten hat man nur über die Scheidungsgründe. Ging dies nur aus einem schwerwiegenden Grund (so die Schule Schammais), oder reichte schon ein angebranntes Essen (so die Schule Hillels)?

Das explizite Verbot Jesu aber war etwas Singuläres. Ist es deshalb auch etwas Positives? Gerne wird argumentiert, Jesus habe mit dem Scheidungsverbot die Frauen schützen wollen, die zweifellos immer die Verlierer bei Scheidungen waren. Scheidung war Männersache, Frauen hatten gar kein Recht dazu, jedenfalls nicht im jüdischen Umfeld. Doch Jesus denkt auch hier keineswegs aus „Opfersicht", sondern weil er meint, dass es einfach eine göttliche Schöpfungsordnung sei, dass Mann und Frau einander zugeordnet sind (Gen 2,24; 1,27). Deshalb kann es für ihn keine Scheidung geben. Das eine Thorawort (Dtn 24) kontert er einfach mit einem anderen Thorawort.

Es bleibt letztlich eine legalistische Diskussion. Außen vor bleibt bei solchen Diskussionen unter Theologen gerne der gesunde Menschenverstand. Dieser und eine gewisse Lebenserfahrung lehren, dass es offenbar schwer ist, in einer Ehe auf Dauer zusammenzuleben. Trotz bester Absichten und gutem Willen von beiden Seiten können Ehen zerrüttet werden und scheitern. Oft ist eine Scheidung dann einfach geboten, und es ist wenig hilfreich, wenn Kirchenvertreter in solchen Situationen auf irgendwelche Bibelsprüche verweisen. Auch ist es kein wirklich sinnvoller Beitrag, dass Geschiedene, wenn sie einen neuen Partner gefunden haben, mit dem Wort *Porneia* (gr. Unzucht oder Ehebruch) verunglimpft werden. Bei der Wiederverheiratung Geschiedener tut sich ja besonders die katholische Kirche unrühmlich hervor.

Auch die Jesusworte zur Ehescheidung erscheinen also wirklichkeitsfern. Es mag daran liegen, dass Jesus, der offenbar Junggeselle ist und mit einer Männergruppe durchs Land zieht, hier einfach zu wenig Lebenserfahrung mit einbringen kann. Auch heute äußern sich gerne Bischöfe und Kardinäle zu einem Thema, bei dem sie eigentlich gar nicht mitreden können. Die Ehe als Ideal rühmt sich offenbar am besten, wenn man selbst unverheiratet ist.

In der Kirche wurden bald asketische Tendenzen sichtbar, die Ehe und Sexualität generell kritisch sahen. Der grimmige Paulus bereits empfiehlt die Ehelosigkeit im 1. Korintherbrief (1 Kor 7,7–8). Und in Vers 38 heißt es:

> So gilt: Wer seine Verlobte heiratet, handelt gut, und
> wer sie nicht heiratet, handelt besser.

Ob Jesus in ähnlicher Richtung gedacht hat, entzieht sich unserer Kenntnis. Allerdings gibt es hierzu eine interessante Stelle beim Evangelisten Matthäus. Als Jesus seinen Jüngern erklärt, dass man sich nicht scheiden lassen dürfe, fragen sie ihn, ob es dann überhaupt sinnvoll sei zu heiraten:

> Er aber sagte zu ihnen: Nicht alle fassen dieses Wort, sondern nur die, denen es gegeben ist: Ja, es gibt Eunuchen, die von Geburt an so waren, und es gibt Eunuchen, die von Menschen zu solchen gemacht wurden, und es gibt Eunuchen, die sich um des Himmelreiches willen selbst zu solchen gemacht haben. Wer das fassen kann, fasse es! (Mt 19,11–12)

Die Stelle ist verdächtig. Sie findet sich nur im Sondergut des Matthäus. Sie polemisiert nicht nur gegen die Ehe, sondern offenbar gegen Sexualität überhaupt. Paulus scheint dieses Wort nicht gekannt zu haben, denn hätte er davon gewusst, hätte er es sicherlich in seinem Brief an die Korinther zitiert. Wer dazu in der Lage ist, das sagt der Text, soll sich „um des Himmelreiches Willen" selbst zu einem „Eunuchen" machen.[144] Kirchenvater Origenes übrigens ist dem gefolgt und hat sich wegen dieses Wortes selbst entmannt (!). Was tut man nicht alles für das Himmelreich! Zum Glück hat Origenes nicht mehr erfahren, dass das Jesuswort wohl eine Fälschung ist.

Ein Letztes zur Ehe: Besonders von Evangelikalen und konservativen Katholiken wird das Verbot der Ehescheidung immer gerne gerühmt. Sie meinen, damit ihre oft sehr konservativen Haltungen zu Ehe und Familie begründen zu können. Eines wird dabei gerne aus Unwissenheit übersehen. Zur Zeit Jesu gab es noch die Vielehe. Ein Mann konnte mehrere Frauen als Ehefrauen haben. Im Alten Testament finden sich prominente Beispiele, so zum Beispiel die Stammväter Israels. Und von Jesus ist kein Wort überliefert, dass die Polygamie ablehnt. Wir müssen davon ausgehen, dass Jesus sie als normal akzeptiert hat.

Jesus und die Frauen

Wie hat es Jesus mit den Frauen gehalten? Hier hat vor allem die sogenannte Feministische Theologie viel Kitsch ins Jesusbild hineingetragen. Sie hat Jesus als „neuen Mann" gesehen, der die patriarchalischen Rollenmuster sprengt, als Frauenbefreier, ja geradezu als Feminist. Der feministische Jesus ist ein schönes Beispiel dafür, wie ein gut gemeintes Wunschbild an die Evangelien herangetragen wird, wo man es, wenn man lange genug sucht, auch irgendwann findet. Auf ähnliche Weise musste Jesus in neuerer Zeit schon für die Friedensbewegung, die Befreiungstheologie oder die Ökologiebewegung herhalten. In älterer Zeit war er noch Garant der kirchlichen Orthodoxie oder des Antijudaismus, aber auch des Kulturprotestantismus und Humanismus.

Es ist keine Frage, dass in der Umwelt Jesu Frauen nur als Menschen zweiter Wahl galten. Hatte Gott nicht zuerst Adam geschaffen und dann erst Eva? Hatte Eva nicht die Hauptschuld am Sündenfall? Hatte deshalb Gott nicht den Mann über die Frau gestellt? Frauen

> galten ... als besonders schuldbeladen und waren religiös generell disqualifiziert. Nach verbreiteter Auffassung hatten sie weder eine Seele noch Anteil am ewigen Leben. Deshalb pflegten später fromme Juden Gott dafür zu danken, dass er sie nicht als Frauen hatte auf die Welt kommen lassen.[145]

Frauen galten als unbelehrbar und unfähig zum Studium der Thora. Das Zeugnis einer Frau war vor Gericht nur halb so viel wert wie das eines Mannes. Wegen ihrer Menstruation galten Frauen als ein Herd von Unreinheit. Brachte eine Frau ein Mädchen zur Welt, so galt sie als doppelt so lange unrein als bei einem Jungen. Je religiöser eine Gesellschaft ist, desto schlechter ist die Stellung der Frau. Frauenbefreiung bedeutet deshalb in erster Linie Zurückdrängung von Religion. Erst in einer säkularen Gesellschaft gibt es eine (zumindest theoretische) Gleichstellung der Frau.

Jesus hat sich offenbar deutlich auf die Seite der Armen und Entrechteten gestellt. Sie preist er selig. Er kam ja auch selbst aus armen Verhältnissen. Aber das bedeutet eben nicht automatisch, dass auch die Situation der Frauen in seinen Blick geriet. Eine Seligpreisung der Frau ist nicht überliefert. Dass auch Frauen ihn als Propheten oder Wundertäter verehrt haben, ist verbürgt, sagt aber erst einmal wenig aus. Seine Jünger waren jedenfalls alle Männer. Wie hätte es auch anders sein können, denn auch die zwölf Gründerväter Israels waren natürlich Männer gewesen. Frauen kamen nicht vor. Die Namen einiger Brüder Jesu sind bekannt, von seinen Schwestern aber weiß man nur, dass es welche gegeben hat.

Feministische Theologinnen sind schon begeistert darüber, dass Jesus überhaupt mit Frauen gesprochen hat. In der Geschichte von der Begegnung mit der kanaanäischen Frau, wir erinnern uns, weigert sich Jesus zunächst jedoch, mit ihr zu sprechen (Mt 15,23). Gerne wird auch ignoriert, dass Frauen Jesus gegenüber immer als dienend und unterwürfig dargestellt werden. Nur Männer sind für Jesus echte Gegner, diesen Eindruck vermitteln zumindest die Evangelisten. Dass Frauen Jesus finanziell unterstützt haben und dass sie ihm nach Jerusalem hinterherziehen, sagt nur etwas über diese Frauen aus, macht aber Jesus nicht zu einem Frauenfreund. Immerhin unterstützen viele Frauen ja auch aktiv die katholische Kirche, obwohl die ihre Rechte noch im 21. Jahrhundert mit Füßen tritt.

Hätte Jesus tatsächlich eine deutlich andere Stellung zu Frauen gehabt als seine Umgebung, dann hätte sich das sicherlich in der Überlieferung widergespiegelt. Die Evangelisten interessiert die Frage aber offensichtlich gar nicht. Frauenfreundliche Stellen, wenn man sie denn überhaupt in diese Richtung deuten kann, finden sich vor allem im Sondergut des Lukas. Dass auch Frauen Jesus zugehört haben (Lk 11,27f.), versteht sich eigentlich von selbst, dass er mit den Schwestern Maria und Martha offenbar befreundet war (Lk 10,38–

42), nehmen wir zu Kenntnis. Aber muss das wirklich „großes Aufsehen erregt haben", wie der Theologe Joachim Jeremias meint? Es fehlt eben ein klares Statement Jesu für die Frauen. Es war einfach nicht sein Thema.

So hat denn die feministische Exegese zwar neue Aspekte gebracht und beispielsweise den Blick auf bisher kaum beachtete Frauengestalten der Bibel gerichtet. Aber es ist ihr nicht gelungen, Jesus zu einem Feministen zu machen. Es ist einfach

> problematisch, die Denk- und Lebensweise des „historischen Jesus" mit Begriffen wie „integriert", „androgyn" oder „partnerschaftlich" zu beschreiben, die unserer Wirklichkeitserfahrung und -wahrnehmung heute, nicht aber der antiker Menschen entspringen.[146]

Feministische Exegese suggeriert, dass in Jesus für einen kurzen Moment in der Weltgeschichte so etwas wie ein goldenes Zeitalter aufgeleuchtet hätte. Doch ein Impuls zur Befreiung der Frau lässt sich bei Jesus nicht wirklich entdecken. Die Theologin Melzer-Keller meint, am Ende

> steht die nüchterne Feststellung, dass es dem „historischen Jesus" nicht explizit darum ging, Position und Ansehen der Frauen in der patriarchalen Gesellschaft seiner Zeit zu heben oder die Frauen aus den herrschenden Strukturen zu befreien und ein neues Modell einer partnerschaftlichen Nachfolgegemeinschaft zu etablieren ... dass er die patriarchale Ehe nicht wirksam relativierte, sondern in erster Linie bestätigte und festigte, und die herkömmlichen Rollenmuster nicht kritisierte, sondern rezipierte.[147]

Defizite der Lehre Jesu

Löst sich also, wenn man schärfer hinschaut, nicht nur der Wundertäter, sondern auch die Rede vom großen Humanisten und Menschenfreund Jesus in bloßes Wunschdenken auf? Erweist es sich als religiöser Kitsch? Zweifellos stehen die dürren ethischen Aussagen Jesu in einem eigentlich unüberbrückbaren Gegensatz zu dem, was ihm an Richtlinienkompetenz von allen Seiten zugetraut wird. Eine Botschaft für die ganze Welt und für alle Zeiten wird ihm unterstellt. Doch sichtbar wird lediglich ein antiker Mensch, der es eigentlich nicht geschafft hat, sich aus der religiösen Enge seiner Umgebung zu lösen und einen Standpunkt „über den Dingen" einzunehmen. Das schaffen nur wenige, und es ist keine Schande, wenn man daran scheitert. Doch man muss die geistigen Grenzen Jesu eben auch sehen und nicht so tun, als habe sich in ihm der Weltgeist offenbart.

Das Denken Jesu war keineswegs fortschrittlich, sondern im Gegenteil höchst provinziell und konservativ. Einerseits ist er als gläubiger Jude ganz in den Grenzen seiner Religion geblieben. Er hatte keine Botschaft für „die Welt", sondern sah sich nur „gesandt zu den verlorenen Schafen des Hauses Israel". Er hat sich nicht lösen können von der Unterscheidung der Welt in Gläubige und Ungläubige. Mit den Heiden, den Nichtjuden, wollte er nichts zu tun haben. Ihre Gebiete hat er gemieden, ihnen galt weder seine Predigt noch sein Interesse. Heute würde man eine solche Haltung wohl als ausländerfeindlich bezeichnen müssen. Er war kein Verfechter von religiöser Toleranz wie von Toleranz überhaupt. Wenn er das Wort gekannt hätte, hätte er seinen Inhalt sicherlich abgelehnt. Für ihn konnte es nur *einen* Gott geben.

Die Grenzen seiner Religion hat Jesus nur in Richtung auf das Illusionäre und Extreme überschritten, im (Aber-)Glauben, dass das Reich Gottes unmittelbar bevorstünde. Auch seine Ethik ist hiervon bestimmt. Seine ethischen Anweisungen sind stets religiös rückgebunden und schwanken zwischen Verschärfung und Liberalisierung.

Defizite der Lehre Jesu

Sie sind unsystematisch, widersprüchlich und lückenhaft. Jesus hatte eine gewisse Neigung zu Übertreibung und Vereinfachung. Nicht selten schwingt in den Gedanken des erwachsenen Mannes etwas pubertär Unreifes mit.

Die grundsätzlichen Inhalte seiner Religion (Sabbat, Beschneidung, Tempelopfer, Geltung des Gesetzes) hat er nicht infrage gestellt. Lediglich bei Fragen zum Sabbat und zur Frage nach Reinheit und Unreinheit gewinnt seine Ethik ein eigenes Profil, ohne dass man dies als grundsätzlich neu oder revolutionär bezeichnen müsste. Sein Menschen- und Weltbild war unterkomplex, war von Schwarz-Weiß-Denken und der Unterteilung der Welt in Gerettete und Verworfene bestimmt. Seine Gerichtsvorstellung sah für die Verworfenen grausame Höllenstrafen vor.

Die Zielperspektive seiner Ethik war in erster Linie Gott und erst in zweiter Linie der Mensch. Nicht zweckfreier Altruismus prägt seine Anweisungen, es geht bei guten Taten nicht um die Beschenkten, sondern um den Lohn, den die Täter bei Gott damit gewinnen können. Paulus hat die Bedeutung der Werke gänzlich anders gesehen als sein Herr.

Moderne Werte fehlen bei Jesus, es wäre aber auch naiv, sie von ihm zu erwarten. Jesus weiß noch nichts von einer grundsätzlichen Freiheit des Einzelnen, von der prinzipiellen Gleichheit aller Menschen, von Gedanken- und Gewissensfreiheit, von Meinungsfreiheit und einer Gleichberechtigung der Frau. Es gibt von ihm kein Wort gegen Sklaverei, obwohl die Essener zu gleicher Zeit hier schon deutlicher waren. Versuche, ihn zu einem Vorläufer oder Visionär freiheitlicher Bestrebungen in Religion und Gesellschaft zu machen, lassen sich vom Textbestand her kaum rechtfertigen und sind offensichtlich Ausdruck modernen Wunschdenkens. Es ist erstaunlich, dass trotz all dieser Fehlanzeigen sich immer noch hartnäckig die Meinung hält, die Ethik Jesu wäre in irgendeiner Weise revolutionär, innovativ und richtungsweisend gewesen.

Widersprüchlichkeiten: Jesus als schlechtes Vorbild

Hätte Jesus sich doch nur einmal die Zeit genommen, seine Lehre sauber auf einem Papyrus oder auf Pergament aufzuschreiben. Wäre dazu im Laufe seines Wirkens nicht irgendwann Zeit gewesen? Seine Jünger hätten sicherlich jedes schriftliche Wort von des Meisters eigener Hand treulich aufbewahrt. Wenn er selbst nicht schreiben konnte, hätte er diktieren können. Das wäre in der Antike keine Schande gewesen. Aber dieser Jesus hat kein einziges Wort schriftlich hinterlassen. Wäre Allah tatsächlich der einzige Gott und Mohammed sein Prophet, wie die Muslime behaupten, dann hätte es ihr Gott besser gemacht. Denn Mohammed kokettiert zwar damit, dass er selbst nicht schreiben konnte, aber das war ja nur ein Stilmittel, um zu betonen, welch göttlichen Ursprungs alles war, was er aufgeschrieben hat.

Jesu Unvermögen aber hat einer erfindungsreichen Überlieferungsgeschichte Tür und Tor geöffnet. Es gab kein schriftliches Wort Jesu, auf dass fromme Erfinder hätten Rücksicht nehmen müssen. Fast alles konnte man Jesus mit der Zeit unterschieben, und es ist für Neutestamentler enorm schwer zu entscheiden, was von ihm selbst stammt und was Erfindung seiner Anhänger ist. Selbst Fachleute bewerten den gleichen Vers oft völlig unterschiedlich. Um dieser Unklarheit abzuhelfen oder sie zumindest abzubilden, trifft sich in den USA seit den 1980er-Jahren das sogenannte „Jesus-Seminar", eine Versammlung von Neutestamentlern, also Fachleuten, die aus ihrer Kenntnis heraus schließlich darüber abstimmen (!), welche Jesusworte echt seien und welche nicht. Ein kurioses Vorgehen. Die Arbeit des

Widersprüchlichkeiten: Jesus als schlechtes Vorbild

Seminars ist nicht unumstritten, aber sie ist es wohl vor allem wegen der Ergebnisse. Denn nur 18 Prozent der Jesusworte werden als echt angesehen. Gerd Lüdemann hält in einer Schätzung gar nur 5 Prozent für authentisch.[148] Man dürfte bei aller Vorsicht also nicht falsch liegen, wenn man davon ausgeht, dass deutlich mehr als die Hälfte aller Jesusworte nicht echt sind. Beim Johannesevangelium dürften es annähernd 100 Prozent sein.

Dies könnte eine Erklärung dafür sein, dass Jesus selbst so widersprüchlich erscheint. Denn glaubt man den Worten der Bibel, dann hat Jesus einerseits hochtrabende Weisungen in den Raum gestellt, um sich selbst aber an anderen Stellen überhaupt nicht daran zu halten oder sich auch nur daran zu erinnern. Seine Ethik ist stark widersprüchlich. Nehmen wir das bekannte Wort aus der Bergpredigt bei Matthäus:

> Richtet nicht, damit ihr nicht gerichtet werdet! Denn wie ihr richtet, so werdet ihr gerichtet werden, und mit dem Maß, mit dem ihr messt, wird euch zugemessen werden. Was siehst du den Splitter im Auge deines Bruders, den Balken in deinem Auge aber nimmst du nicht wahr? (Mt 7,1–3)

Das Wort in seiner absoluten Form (der erste Satz) hält sogar Lüdemann für echt.[149] Doch Jesus scheint sich gar nicht darum zu kümmern und „richtet" selbst quasi ständig. Er verdammt die Reichen, wirft den Pharisäern offen Heuchelei vor, maßregelt Anwesende, unterteilt die Welt in Gerettete und Verworfene und verurteilt Letztere zu ewiger Höllenstrafe. Mehr Richten geht eigentlich nicht. Ganze Städte kann er verdammen, wenn sie seine Predigt nicht annehmen: Chorazin und Bethsaida werden regelrecht verflucht, Kapernaum soll (mit seinem Hauptmann?) bis ins Totenreich hinabfahren (Mt 11,20–24). Auch bei Paulus finden wir diese religiöse Unbeherrschtheit, dieses Verbissene und Erbarmungslose den Gegnern gegenüber.

Ist das Wort Jesu vom Nicht-Richten also nicht mehr als eine gut klingende religiöse Floskel, eine bloße Phrase, an die sich ihr Autor nicht gebunden fühlt? Eine harmlose Predigtweisheit, die man zur Kenntnis nimmt, um dann zur Tagesordnung überzugehen? Aber kann sie das sein, wenn sie darüber entscheidet, wie der Gläubige selbst im Gericht beurteilt wird? Wenn Jesus sie wirklich ernst gemeint hat, dann hätte er, um im Bilde zu bleiben, den Balken in seinem eigenen Auge ebenso übersehen, wie er es anderen leichtfertig vorwirft.

Der zornige Jesus

Ähnlich inkonsequent verhält sich Jesus beim an sich positiven Gebot, dass man anderen Menschen nicht zürnen soll (Mt 5,22). Uns ist oben schon aufgefallen, dass dieser gute Ratschlag dadurch pervertiert wird, dass Jesus für einzelne Schimpfworte (*du Trottel* oder *du Narr*) nicht nur eine Ermahnung, sondern gleich das Gericht und die Feuerhölle bereithält. Ein vergleichsweise kleines Delikt, wenn man es denn überhaupt so nennen will, wird gleich mit mehr als der Todesstrafe belegt. Selbst wenn man zugesteht, dass Jesus bewusst übertreiben wollte, ist es doch etwas dick aufgetragen. Und ist ihm tatsächlich so viel daran gelegen, dann muss er sich auch selbst daran messen lassen. Seine pharisäischen Diskussionsgegner überzieht er jedoch mit noch schlimmeren Worten.

> Schlangenbrut! Wie könnt ihr Gutes reden, die ihr doch böse seid? (Mt 12,34)

Das ist nicht nur eine üble Beleidigung. Jesus sagt hier zudem in einer seiner üblichen Vereinfachungen, dass die Pharisäer gar nicht anders können als zu lästern, denn sie sind von Natur aus böse. Ist das heiliger Zorn? Gesunder Menschenverstand jedenfalls spricht hier nicht.

Widersprüchlichkeiten: Jesus als schlechtes Vorbild

> Nattern, Schlangenbrut! Wie wollt ihr dem Gericht der Hölle entgehen? (Mt 23,33)

Als Nattern- und Schlangenbrut bezeichnet Jesus noch häufiger seine Gegner. Diese Stelle steht in einer wahren Hassrede im Matthäusevangelium (Mt 23,13–36 – ganze 24 Verse!). Meist fällt das Bibellesern nicht auf, weil sie ja ohnehin der Meinung sind, dass Jesus in allem, was er sagt, recht gehabt haben muss. Doch zeigt sich hier, dass Jesus, der das Zürnen doch ausdrücklich verboten hat, sich selbst nicht darum schert. Hier ein paar Ausschnitte aus seiner Rede gegen die Pharisäer:

> Wehe euch, ihr Schriftgelehrten und Pharisäer, ihr Heuchler! ... Wehe euch, ihr Schriftgelehrten und Pharisäer, ihr Heuchler! ... Wehe euch, ihr blinden Führer ... Ihr Toren, ihr Blinden! ... Ihr Blinden150 ... Wehe euch, ihr Schriftgelehrten und Pharisäer, ihr Heuchler! ... Ihr blinden Führer, die ihr die Mücke aussiebt, das Kamel aber verschluckt. Wehe euch, ihr Schriftgelehrten und Pharisäer, ihr Heuchler! Außen haltet ihr Becher und Schüssel rein, inwendig aber sind sie voller Raub und Gier. Du blinder Pharisäer ... Wehe euch, ihr Schriftgelehrten und Pharisäer, ihr Heuchler! Ihr gleicht getünchten Gräbern, die von außen schön anzusehen sind, inwendig aber sind sie voller Totengebein und Unrat. ... innen aber seid ihr voller Heuchelei und Verachtung für das Gesetz. Wehe euch, ihr Schriftgelehrten und Pharisäer, ihr Heuchler! ... dass ihr Söhne derer seid, die die Propheten getötet haben. ... Nattern, Schlangenbrut! Wie wollt ihr dem Gericht der Hölle entgehen? ... So soll über euch kommen all das gerechte Blut, das immer wieder vergossen wird auf Erden ... Amen, ich

sage euch: Dies alles wird über dieses Geschlecht kommen. (Mt 23, 13–36)[151]

Weil Ausdrücke wie „Schlangenbrut" oder „Natterngezücht" ein wenig aus der Mode gekommen sind, stelle man sich diese kleine Rede einmal mit heute gängigen Schimpfwörtern vor (von denen ich hier natürlich keine zitiere). Dann merkt man noch deutlicher, wes Geistes Kinder sich hier tummeln. Das klingt wahrlich nicht nach einem harmlosen Teenachmittag im Pfarrhaus. Hier lässt blanke Wut ordentlich Dampf ab. Wenn man solche Reden liest, kann man erahnen, warum Jesus letztlich aufgegriffen und verurteilt worden ist. Ein Extremist führt hier das große Wort.[152] Hätte Jesus (wie das die Kirchen immer wieder suggerieren) immer nur von Nächstenliebe gesprochen, dann hätte es weder für Juden noch Römer einen Grund gegeben, ihn zu verhaften und hinzurichten. Aber er war offensichtlich anders gestrickt, als fromme Denkungsart das naiv unterstellt. Die Theologin Susanne Krahe findet in den Reden Jesu „durchaus Züge, die man gemeinhin als unchristlich beurteilt."[153] Seinen besten Jünger Petrus kann er mit „Satan" anreden (Mk 8,33). „Hier scheint sich Jesus wohl im Ton vergriffen zu haben."[154] Krahe fragt, ob Jesus denn nicht eigentlich neue ethische Maßstäbe gesetzt habe. „Hält er sie nun selbst nicht ein?"[155]

Sein fragwürdiges Auftreten scheint Jesus von seinem Lehrer Johannes übernommen zu haben. Denn der sprach ja auch bereits von „Schlangenbrut" und meinte damit alle, die kein Schuldbekenntnis ablegten und sich nicht von ihm taufen ließen. Aber auch Paulus vermag üble Hasstiraden in die Welt zu senden:

Denn Leute dieses Schlages sind falsche Apostel, hinterhältige Gesellen, die sich als Apostel Christi tarnen. Doch das ist kein Wunder, tarnt sich ja der Satan selbst als Engel des Lichts. Es ist also nichts Besonderes, wenn auch seine Diener sich tarnen, als wären sie Diener der Gerechtigkeit; ihr Ende wird ihren Taten entsprechen. (2 Kor 11,13–15)

Es sind keineswegs Juden, über die sich Paulus hier aufregt, sondern es sind Christen, die aber eine andere Theologie vertreten als er. Sie können im Denken dieses Eiferers deshalb nur Diener des Satans sein. Auch an anderen Stellen werden Christen von ihm übel beleidigt, weil sie es zum Beispiel wagen, nicht seiner Auffassung vom „Ende des Gesetzes" zu folgen. Dass selbst Jesus das wohl schwerlich getan hätte, das ist dem selbsternannten Völkerapostel nicht klar oder er ignoriert es.

Auch im zweiten Petrusbrief gibt es eine üble Hasstirade. Und wieder geht es auch hier nicht um Ungläubige, sondern um Christen, die aber anders glauben als der Autor des Briefes:

> Sie, die ich meine, sind wie vernunftlose Tiere, die von Natur aus dazu da sind, gefangen und vernichtet zu werden … Schmutzfinken und Schandflecken sind sie, schwelgen in ihren Betrügereien und schlagen sich … den Bauch voll. [Sie] schielen rastlos nach der Sünde; ungefestigte Seelen ködern sie, ihr Herz ist geübt in der Habgier – Kinder des Fluchs sind sie. … Sie, die ich meine, sind Quellen ohne Wasser, Nebelschwaden, die vom Sturmwind getrieben werden; die Schwärze der Finsternis wartet auf sie. Große Töne geben sie von sich, lauter Torheit … wo sie doch selbst Sklaven des Verderbens sind. … Für sie wäre es besser, den Weg der Gerechtigkeit gar nie erkannt, als ihn erkannt und sich dann wieder abgewandt zu haben von dem heiligen Gebot, das ihnen überliefert worden ist. Auf sie trifft zu, was das Sprichwort zu Recht sagt: Ein Hund kehrt zu

seinem Erbrochenem zurück, und: Ein Schwein badet, um sich wieder im Dreck zu wälzen. (2 Petr 2,2–22)

Auch über solche Worte wird man in der Kirche nie eine Predigt hören. Christen können eigentlich froh darüber sein, dass im zweiten Petrusbrief nicht etwa Petrus, sondern ein unbekannter Autor seinen Unrat ausschüttet. Konservative Christen halten ihn dennoch für einen echten Petrusbrief und müssen sehen, wie sie damit klarkommen. Wir sehen an solchen Stellen, wie die religiöse Rechthaberei schon nach kurzer Zeit (bei Paulus sind gerade einmal 20 bis 25 Jahre seit Jesu Tod vergangen) Parteien bildet, die sich auf das Übelste bekämpfen und verleumden. Von wegen „Harmonie der Urgemeinde", von wegen „ein Herz und eine Seele".

Aber zurück zu Jesus. Fast wünscht man sich, dass auch er selbst (und erst recht seine Nachfolger) besser sein Wort beachtet hätte:

Ich sage euch aber: Über jedes unnütze Wort, das die Menschen reden, werden sie Rechenschaft ablegen müssen am Tag des Gerichts. (Mt 12,36)

Aufforderung zum Hass statt zur Liebe

Dass Jesus zur Nächstenliebe auffordert, meint jeder zu wissen. Dass er aber auch zu Hass auffordern kann, würde kaum jemand annehmen. Doch ohne Hass, so die erstaunliche Aussage Jesu, ist Nachfolge nicht möglich.

Wer zu mir kommt und nicht *hasst* Vater und Mutter, Frau und Kinder, Brüder und Schwestern und dazu auch sein eigenes Leben, kann nicht mein Jünger sein. (Lk 14,26)

Bei Matthäus klingt es etwas anders, er bringt folgenden Wortlaut:

> Wer Vater oder Mutter *mehr liebt* als mich, ist meiner nicht wert, und wer Sohn oder Tochter mehr liebt als mich, *ist meiner nicht wert*. (Mt 10,37)

Das Wort kommt aus der Redenquelle Q, die beiden, Matthäus und Lukas, schriftlich vorlag, und es steht in einem gemeinsamen Kontext. Aber welche Stelle ist ursprünglich? Was meinen Sie?

Neutestamentler halten die erste Stelle bei Lukas für authentischer. Denn sie ist anstößig und viel schärfer formuliert. In der gemeinsamen Vorlage in Q stand offenbar tatsächlich, man solle seine nächsten Verwandten hassen, wenn man ein Jünger Jesu sein will. Matthäus war das wohl zu hart, und so hat er umformuliert. Das „ist meiner nicht wert" ist dabei auch eine typisch matthäische Formulierung. Vielleicht ist es auch Missionssprache der hellenistischen Gemeinde.[156]

Offenbar hat auch hier Jesus wieder unversöhnlich und radikal formuliert, und genau deswegen wird man sich später daran erinnert haben: „Lk hat mit dem Verb *hassen* … den ursprünglichen Ausdruck bewahrt."[157] Ist das Wort echt, dann zeigt es einen Jesus, der unbedingten Gehorsam ihm selbst gegenüber fordert und der will, dass alle Bindungen seiner Anhänger auch zu den engsten Verwandten radikal gekappt werden. Eine unmenschliche Forderung – würde ein heutiger Sektenführer so etwas verlangen, würden mit Recht bei Verwandten und Freunden alle Alarmglocken läuten. Alle würden vor einem solchen Menschen warnen. Doch bei Jesus zeigen die Gläubigen sogar Verständnis für solchen Radikalismus. Dass die Jünger sich ganz dem Menschenfischer Jesus hingeben, wird in der Sprache der Kirche positiv als „Nachfolge" gesehen und sogar gefordert.

Vom Liebesgebot sind wir mit diesem Wort wieder einmal denkbar weit entfernt. Der Blick soll ganz auf Jesus verengt werden, die Mitmenschen spielen nur noch als Gegenstand der Abgrenzung eine

Rolle. Aber hatte Jesus nicht bei der Frage nach dem höchsten Gebot auf die Zehn Gebote verwiesen? Und findet sich darin nicht auch das Gebot der Elternehrung? Jesus fordert hier nun das genaue Gegenteil. Vielleicht spielt seine eigene Situation hier eine Rolle. Denn Jesus war alles andere als ein vorbildlicher Sohn. Als Ältester hatte er so etwas wie eine Vaterfunktion in seiner Familie und musste zum Familieneinkommen beitragen. Weil er nur als „Sohn der Maria" bezeichnet wird, war sein Vater Joseph vielleicht schon tot.[158] Und dieser Jesus verlässt einfach seine Familie, um diesem verrückten Johannes hinterherzulaufen. Seine Mutter und seine Geschwister sind entsetzt und wollen ihn zurückholen. Sie halten ihn für verrückt (Mk 3,21). Auf den Hinweis, dass seine Mutter und seine Geschwister gekommen sind, antwortet er wenig empathisch:

> Wer ist meine Mutter, und wer sind meine Geschwister? Und er schaut, die im Kreis um ihn sitzen, einen nach dem andern an und spricht: Das hier ist meine Mutter, und das sind meine Brüder und Schwestern! Denn wer den Willen Gottes tut, der ist mir Bruder und Schwester und Mutter. (Mk 3,33; 3,35)

Ein Affront, wenn diese Szene wirklich so abgelaufen ist. Will er damit sagen, dass seine Mutter und seine Geschwister etwa nicht auch den Willen Gottes tun? Im Johannesevangelium fährt Jesus seiner Mutter barsch über den Mund: „Was habe ich mit dir zu schaffen, Weib?" (Joh 2,4) Natürlich verbieten sich tiefere psychologische Spekulationen auf der Grundlage nur einiger weniger Szenen. Aber wenn wir sehen, wie Jesus schließlich am Kreuz endet, dann hatte Maria wohl recht, wenn sie ihren Ältesten als Problemkind empfunden hat.

Auch seine Jünger hat Jesus von ihren Angehörigen entfremdet, auch deren Eltern werden den Wander-Guru verflucht haben, dem ihre Sprösslinge hinterhergelaufen sind. Im Markusevangelium (Mk 7,10) weist Jesus noch ausdrücklich auf das Elterngebot hin.

Widersprüchlichkeiten: Jesus als schlechtes Vorbild

> Mose hat nämlich gesagt: Ehre deinen Vater und deine Mutter, und: Wer über Vater oder Mutter schlecht redet, der sei des Todes. (Mk 10,11)

Mit der Todesstrafe für die schlechte Rede über die eigenen Eltern (gemeint ist wohl „verfluchen") hat Jesus offenbar kein Problem. So steht es ja im Gesetz. Aber macht Jesus nicht viel Schlimmeres, wenn er Eltern und Kinder entzweit und den Eltern möglicherweise ihren Versorger nimmt? Zum Glück gibt es bessere Söhne als Jesus.

Unverschämt ist folgende Geschichte:

> Ein anderer aber, einer seiner Jünger, sagte zu ihm: Herr, lass mich zuerst weggehen und meinen Vater begraben. Jesus erwiderte: Folge mir nach; lass die Toten ihre Toten begraben! (Mt 8,21–22)

Der Vater des Jüngers ist gerade erst gestorben, und natürlich gehört es zu den Sohnespflichten, sich um das Begräbnis zu kümmern. So war es zu allen Zeiten. Doch Jesus nimmt darauf in seiner Ich-Bezogenheit keinerlei Rücksicht. Mehr noch, er macht sich mit einem geistreichen Spruch offenbar sogar noch über die Toten lustig. Es ist kaum denkbar, dass man später eine solche Geschichte erfunden, eine solche Pietätlosigkeit selbst hineingebracht hätte. Es liegt ihr wohl eine konkrete Erinnerung zugrunde.

Jesus hat mit seinem Fanatismus in Verbindung mit seinem rhetorischen Talent wohl schon zu Lebzeiten Keile in Familien getrieben. Dabei hatte er doch in den Seligpreisungen einst gesagt:

> Selig, die Frieden stiften; denn sie werden Kinder Gottes genannt werden. (Mt 5,9)

Wer so etwas sagt, der sollte doch, denkt man, selbst ein Friedensstifter sein. Doch wieder findet sich in den Evangelien ganz anderes.

> Denkt nicht, ich sei gekommen, um Frieden auf die
> Erde zu bringen! Ich bin nicht gekommen, um Frieden
> zu bringen, sondern das Schwert. Denn ich bin gekommen, um den Sohn mit seinem Vater zu entzweien und
> die Tochter mit ihrer Mutter und die Schwiegertochter
> mit ihrer Schwiegermutter; und die Hausgenossen eines
> Menschen werden seine Feinde sein. (Mt 10,34–36)

Man kann Jesus zugutehalten, dass diese Verse vielleicht gar nicht von ihm stammen, weil sie eher die Situation der frühen Gemeinde widerspiegeln, wo einzelne Familienglieder sich der neuen Jesus-Sekte anschlossen und damit natürlich großen Unfrieden in eine Familie bringen konnten. Die Übertreibung mit dem „Schwert" klingt aber wieder jesuanisch. Stellen Sie sich nur einmal vor, dass Ihre Tochter plötzlich Muslima wird. Dann haben Sie ziemlich genau das, was Jesus hier beschreibt. Religion kann gemeinschaftsstiftend sein, wenn sich alle gläubig in die gleiche Richtung neigen. Aber wehe, einer will ausscheren, um einem anderen Gott zu dienen. Durch das Auftreten Jesu und dann vor allem seiner Nachfolger wurde über viele Jahrhunderte in Tausende von Familien Unfriede und Entzweiung hineingetragen.

War es das wert? Wenn es wenigstens um „die Wahrheit" gegangen wäre; doch nach über 200 Jahren intensiver Forschung am Neuen Testament und der Geschichte der frühen Kirche wird man sagen müssen: Auch die christliche Wahrheit war nur eingebildet. All die vielen Opfer, die Märtyrer und Gemarterte gebracht haben oder haben bringen müssen, waren vergeblich. All der durchaus aufrichtige und ernst gemeinte Glaube von Millionen von Frauen und Männern hat sich im Nachhinein als gegenstandslos erwiesen. Was für eine ungeheuerliche Verschwendung von geistigen Ressourcen in fast 2 000 Jahren Kirchengeschichte! Welch hohe Zahl an Opfern für eine Wahrheit, die keine war. Das Wort Jesu aber hat sich zumindest hier erfüllt: Ich bin nicht gekommen den Frieden zu bringen, sondern das Schwert.

Die Armen: Anteilnahme und Gleichgültigkeit

Dass Jesus anders handelt, als er redet, teilt er als fehlbarer Mensch sicherlich mit vielen anderen Menschen. Problematisch wird es nur, wenn er die ethischen Hürden, die er für andere sehr hoch gelegt hat, selbst so elegant unterläuft. Das Elterngebot entwertet er, wenn es der Verehrung seiner eigenen Person im Wege steht, das Liebesgebot schränkt er ein, weil er es wichtiger findet, dass die Jünger ihm nachfolgen. Das Friedensgebot und die Rede von den Friedfertigen als Kindern Gottes ist offenbar bloße Rhetorik, denn als übersteigerter Endzeitprediger hat er es offenbar geradezu einkalkuliert, dass es wegen seiner „Botschaft" vom Reich Gottes und der „Nachfolge" seiner Jünger zu Streit und Unfrieden kommt. Aber auch sein oft gerühmtes Verhältnis zu den vielen Armen im Land zeigt ein gespaltenes Bild. Jesus kam selbst aus armen Verhältnissen. Seine allererste Seligpreisung gilt den Armen. Es gibt sie in zwei Versionen.

> Selig die Armen *im Geist* – ihnen gehört das Himmelreich. (Mt 5,3)

> Selig ihr Armen – euch gehört das Reich Gottes. (Lk 6,20)

Die Neutestamentler gehen davon aus, dass es Jesus nicht um die Armen „im Geist" gegangen sei, sondern dass dies nur eine Spiritualisierung des Matthäus ist. Jesus aber spricht die wirklichen Armen selig. Ähnlich hat Jesus bei Lukas auch die Hungernden und Dürstenden seliggesprochen und ihnen versichert, dass sie satt werden. Doch Matthäus macht daraus ein Hungern und Dürsten „nach der Gerechtigkeit". Der Jesus des Lukas ist auch anderen Stellen volksnäher und direkter, der Jesus des Matthäus erscheint hingegen „kirchlicher". Es spricht für Jesus, dass er sich den Armen verpflichtet fühlte. Die „Theologie der Befreiung" fand und findet in diesem Jesus einen wichtigen Anknüpfungspunkt. Denn besonders bei Lukas verbindet sich mit der Option für die Armen auch eine Verdammung des Reichtums.

> Eher geht ein Kamel durch ein Nadelöhr als ein Reicher ins Reich Gottes. (Lk 18,25)

Vorher hatte Jesus dem reichen Jüngling gesagt:

> Verkaufe alles, was du hast, und verteile es unter die Armen, und du wirst einen Schatz im Himmel haben! (Lk 18,22)

Das Bildwort von Kamel und Nadelöhr wird wegen seiner Originalität von den Exegeten meist auf Jesus zurückgeführt. Und gleichzeitig ist es auch sehr direkt und absolut, besagt es doch nicht weniger, als dass kein Reicher in das Reich Gottes kommen kann. Der historische Jesus war offenbar auch hier radikaler als seine Umwelt, denn das Judentum kannte zwar Almosen und fromme Gaben, forderte aber nirgendwo einen Besitzverzicht. Ganz im Gegenteil: Ein Reicher durfte sich seines Reichtums freuen und ihn genießen. Er wurde als eine Segnung Gottes verstanden. Außerdem würde ein Reicher, der Jesu Anweisung befolgt, ja auch selbst arm und wäre auf Hilfe angewiesen. Man kann den Vorschlag Jesu natürlich als revolutionär und gesellschaftsverändernd verstehen. Man kann ihn aber auch für naiv, pubertär und wirklichkeitsfremd halten. Auf jeden Fall hat er der frühen Gemeinde Probleme bereitet, weil es dort offenbar neben den vielen Armen auch einige reiche Christen gab, die keine Lust auf das Nadelöhr hatten. Und so hat man Jesus noch einen Spruch mitgegeben, der seinen Radikalismus gleich wieder relativiert:

> Die das hörten [dass kein Reicher ins Reich Gottes kommt], sagten: Wer kann dann gerettet werden? Er

sprach: Was unmöglich ist bei Menschen, ist möglich bei Gott. (Lk 18,26–27)

Der verbalen Wertschätzung der Armen und der Verdammung der Reichen widerspricht nun aber wieder einmal das Verhalten Jesu. Denn Jesus selbst scheint den Luxus, wenn er ihm denn begegnete, genossen zu haben. Anders als die Armen und Hungernden und auch als sein Lehrer Johannes wird er während seiner Wanderpredigerzeit als „Fresser und Weinsäufer" (Mt 11,19) beschrieben. Der Vorwurf ist echt und kann nicht von der Gemeinde erfunden worden sein. Offenbar hat Jesus durch seine Predigttätigkeit und seine rhetorische Überzeugungskraft auch Zuwendungen und finanzielle Unterstützungen erhalten. Das war sicherlich eine neue Erfahrung für den Mann aus ärmlichen Verhältnissen. Er scheint dieses Geld gut angelegt zu haben, aber offenbar nicht in die Unterstützung von Armen, denn sonst hätten das die Evangelisten sicher irgendwo vermerkt.

Die Evangelien zeigen Jesus, der den Reichtum doch verdammt hat, häufig in Gesellschaft von Reichen. Er lässt sich von Reichen zu Gelagen einladen und sich von Betrügern (Zöllnern) bewirten. Auch dieses Faktum ist schwer zu leugnen, es scheint wirklich zum Erscheinungsbild des historischen Jesus gehört zu haben. Nicht nur für die Pharisäer wird sein Verhalten befremdlich gewesen sein. Die Überlieferung hat versucht, solche Besuche mit dem Hinweis auf seelsorgerliche Tätigkeiten zu entschuldigen. Die Kranken bedürften eines Arztes, nicht die Gesunden. Ein schönes Wort.[159]

Wenn man Jesus als einen Freund der Armen sehen will, dann hinterlässt die Geschichte von der Salbung Jesu in Bethanien (Mk 14,3–8) einen seltsamen Eindruck. Als er zum Essen eingeladen ist,

> kam eine Frau mit einem Alabastergefäß voll echten, kostbaren Nardenöls; sie zerbrach das Gefäß und goss es ihm über das Haupt. Da wurden einige unwillig und sagten zueinander: Wozu geschah diese Verschwendung

des Öls? Dieses Öl hätte man für mehr als dreihundert
Denar verkaufen und den Erlös den Armen geben kön-
nen. Und sie fuhren sie an. Jesus aber sprach: Lasst sie!
Was bringt ihr sie in Verlegenheit? Sie hat eine schöne
Tat an mir vollbracht. (Mk 14,3–6)

Nardenöl war teuer und 300 Denar in der Tat eine recht hohe
Summe; sie entspricht etwa 800 Euro.[160] Der Einwand, dass das
eigentlich Verschwendung ist und man damit besser den Armen helfen könnte, ist durchaus berechtigt.[161] Doch Jesus mag solche altru-
istischen Argumente nicht teilen. Er genießt den Moment, als eine
sicherlich schöne Frau das kostbare Öl in sein Haar einmassiert. Das
Leben könnte schlimmer sein. Den verdutzten Anwesenden rechtfertigt er sein Verhalten mit dem fragwürdigen Satz:

Arme habt ihr ja allezeit bei euch und könnt ihnen Gutes
tun, sooft ihr wollt; mich aber habt ihr nicht allezeit.
(Mk 14,7)

Ja, Jesus ist etwas Besonderes, und wenn es um sein Wohlbefinden
geht, dann kann er schon mal fünf gerade sein lassen. Den Armen,
die er an anderer Stelle seligpreist, wird in diesem Fall eine konkrete
Hilfe nicht nur vorenthalten, sie scheinen hier nur eine alltägliche
und fast schon lästige Erscheinung zu sein.

Dass die Erklärung Jesu selbst seiner Gemeinde irgendwie nicht
ausreichend schien, zeigt sich darin, dass sie die Geschichte fort-
geschrieben hat. Sie schiebt eine theologische Erklärung hinterher.

Sie hat meinen Leib im Voraus zum Begräbnis gesalbt.
Amen, ich sage euch: Wo immer in der ganzen Welt das
Evangelium verkündigt wird, da wird auch erzählt wer-
den, was sie getan hat, zu ihrem Gedächtnis. (Mk 14,8–9)

Diese Verse sind klar als spätere Erfindungen erkannt, denn sie deuten die Salbung apologetisch (als Totensalbung, damit quasi sogar als notwendig, wiewohl eigentlich nicht üblich) und setzen zudem eine Missionstätigkeit nach Jesu Tod voraus. So haben bereits seine ersten Nachfolger die Haltung Jesu korrigiert und die Geschichte einigermaßen erträglich gemacht. Der Eindruck aber, dass bei Jesus Anspruch und Verhalten oft in verschiedener Richtung unterwegs sind, hat sich verstärkt. Auch die sich auf ihn berufende Kirche hat ja gerne Wasser gepredigt.

Jesus als unmoralischer Held

Gläubigen gilt Jesus als ein Vorbild von Wahrhaftigkeit und Geradlinigkeit. Und er hat ja auch selbst zur Wahrhaftigkeit aufgerufen. Die Menschen sollen „ohne Falsch" sein, nicht schwören, sondern verlässlich reden. Sie sollen nicht lügen. Das sind brave Worte. Doch einige der Gleichnisse Jesu sind so gestaltet, dass sie geradezu die Lüge und das hinterlistige Verhalten loben. Zuweilen tauchen Protagonisten auf, die man in der Literaturwissenschaft als „unmoralische Helden" bezeichnet.[162]

> Mit dem Himmelreich ist es wie mit einem Schatz, der im Acker vergraben war; den fand einer und vergrub ihn wieder. Und in seiner Freude geht er hin und verkauft alles, was er hat, und kauft jenen Acker. (Mt 13,44)

Was Jesus hier lobt, ist eigentlich eine Fundunterschlagung. Der Finder täuscht den Eigentümer über den wirklichen Wert des Ackers und setzt nun alles daran, in seinen Besitz zu gelangen. Aufrichtigkeit sieht anders aus. Der Zweck (das Reich Gottes) heiligt für Jesus offenbar die Mittel.

Jesus als unmoralischer Held

Jesus, der mit Betrügern und Huren Umgang hatte, war selbst so etwas wie ein unmoralischer Held. Einer Prostituierten, die im Hause eines Pharisäers seine Füße salbt und sie mit ihren Haaren trocknet[163], spricht er zur Verwunderung der Anwesenden gleich die Sündenvergebung zu:

> Darum sage ich dir: Ihre vielen Sünden sind vergeben, denn sie hat viel geliebt. (Lk 7,47)

Eine Prostituierte, die viel geliebt hat? Was meint er damit? Oder geht es erneut nur darum, wie die Frau sich Jesus gegenüber verhält?

> Man gewinnt den Eindruck, dass *anständig* und *unanständig* ihn überhaupt nicht interessieren. Sondern einzig und allein die Begegnung der verrufenen Frau mit ihm.[164]

Gerade evangelikale Christen, die ja oft noch eine etwas angestaubte kleinbürgerliche Moral haben, müsste eine solche Geschichte eigentlich ziemlich aufschrecken. Aber wenn es um den eigenen Erlöser geht, dann scheint sich Unmoral in Moral zu verwandeln. Zweifellos ein weiteres Wunder.

Im Sondergut des Lukas findet sich die Erzählung vom „klugen Verwalter". So ist die Geschichte in Bibelübersetzungen oft überschrieben, weil im Lukasevangelium ja ausdrücklich steht:

> Und der Herr lobte den ungetreuen Verwalter, weil er klug gehandelt hatte. (Lk 16,1–8)

Was aber hat er denn so Kluges getan? Er hat das Vermögen seines Herrn verschleudert, was dieser von Dritten erfährt. Des Verwalters Schuld steht außer Frage. Der Herr kündigt deshalb an, ihn zu entlassen, will aber erst noch eine Schlussrechnung von ihm. Doch

Widersprüchlichkeiten: Jesus als schlechtes Vorbild

das nützt der untreue Verwalter aus, um seinen Herrn noch weiter zu schädigen. Er vermindert durch Betrug die Schulden, die andere bei seinem Herrn haben. Und warum tut er das? Damit die, denen er so die Schulden erlassen hat, ihn in sein Haus aufnehmen, wenn er entlassen ist. Denn arbeiten will er nicht und zu betteln schämt er sich. Und nun noch einmal der Satz:

> Und der Herr lobte den ungetreuen Verwalter, weil er klug gehandelt hatte.

Jesus lobt also ausdrücklich einen eigensüchtigen Betrüger. Kein Wunder, dass die frühe Kirche auch mit diesem Gleichnis Jesu ihre Probleme hat. Man kann das daran sehen, dass sie versucht, gleich mehrere Deutungen nachzuschieben, die die Aussage entschärfen sollen.

> Und ich sage euch: Macht euch Freunde mit dem ungerechten Mammon, damit man euch, wenn er ausgeht, aufnimmt in die ewigen Wohnungen. (Lk 16,8)

Aber im Gleichnis geht es ja gar nicht darum, dass der „Mammon" ungerecht ist. Ungerecht ist nur der Verwalter. Der Vers meint eigentlich, dass man mit seinem Geld Gutes tun soll. Aber auch darum geht es in Jesu Gleichnis nicht. An solchen unpassenden Anschlüssen erkennt der Historiker, dass eine Geschichte gewachsen ist.

Zweiter Versuch, das Gleichnis zu entschärfen:

> Wer im Kleinsten treu ist, ist auch im Großen treu; und wer im Kleinsten nicht treu ist, ist auch im Großen nicht treu. Wenn ihr also mit dem ungerechten Mammon nicht treu gewesen seid, wer wird euch dann das wahre Gut anvertrauen? Und wenn ihr mit fremdem

> Gut nicht treu gewesen seid, wer wird euch dann euer eigenes geben? (Lk 16,10–12)

Auch diese Verse gehen völlig am Sinn des Jesusgleichnisses vorbei. Es ist der Versuch, mit vorgehaltener Pistole dem Gleichnis doch noch so etwas wie eine „Moral" abzuringen. Der Herr muss es ja irgendwie positiv gemeint haben. Und es gibt sogar noch einen dritten Versuch, dies zu erreichen.

> Kein Knecht kann zwei Herren dienen. Denn entweder wird er den einen hassen und den anderen lieben, oder er wird sich an den einen halten und den anderen verachten. Ihr könnt nicht Gott dienen und dem Mammon. (Lk 16,13)

Auch dieser Schuss geht daneben, der Verwalter sollte ja nur seine Pflicht tun und nicht zwei Herren oder dem „Mammon" dienen.[165]

Dem Evangelisten Lukas und seinen unbekannten Quellen ist es sichtlich nicht gelungen, eine akzeptable Deutung des Gleichnisses zu liefern. Aber wie ist die Geschichte denn nun zu verstehen? Exegeten meinen, dass wir es auch hier mit einem Reich-Gottes-Gleichnis zu tun haben. Der untreue Verwalter will unbedingt in das Haus derer kommen, die er begünstigt. Dafür ist ihm jedes Mittel recht. Das also scheint die Lehre Jesu zu sein, dass es keine Rolle spielt, wie man ins Reich Gottes kommt. Der Zweck heiligt die Mittel, Hauptsache, man schafft es. Dem untreuen Verwalter ist es gelungen. Und deshalb ist er im Sinne Jesu „klug". Jesus scheint es bei diesem Gleichnis völlig egal zu sein, ob er die Moral damit auf den Kopf stellt. Das Gottesreich rechtfertigt jede Schurkerei. Es ist wohl besser, dass die Gläubigen den Sinn dieses Jesusgleichnisses gar nicht erst verstehen.

Jesus-Kitsch

Es sind gerade die kitschigen Stellen des Neuen Testaments, die für die Gläubigen die wertvollsten sind. Über sie vor allem wird in den Kirchen gepredigt, sie vor allem haben sich die Gläubigen in ihrer Bibel markiert. Denn aus ihnen holen sich fromme Christen die religiöse Wellness und das gute Gefühl, wie Esoteriker aus Räucherstäbchen und Ölmassagen. Religion scheint desto erfolgreicher zu sein, je kitschiger sie auftritt. Zumindest bei der großen Masse der Gläubigen, die sich schon von gut gemeinten Worten und erfindungsreichen Wundergeschichten beeindrucken lassen. Gebildete Vertreter der Religion, zum Beispiel Professoren der Theologie oder Teile der kirchlichen Hierarchie, mögen es nicht so vulgär, sondern bemühen sich um ein „vor der Welt vertretbares Gottesbild", das selbstverständlich auch „interkulturell vermittelbar" sein sollte. Durch hermeneutische Tricks, Metaphorik, dialektische Formulierungen, alles gerne vorgetragen in Verbindung mit theologischer Sprachakrobatik, meinen sie eine höhere Form der Religiosität erreicht zu haben, nun „verantwortlich von Gott reden zu können." Die großen Theologen des 20. Jahrhunderts, Barth, Bonhoeffer, Tillich, Moltmann, Rahner oder Küng, waren alle glänzende Formulierungskünstler. Sie waren weit besser als die biblischen Vorgaben, auf die sie sich aus Gründen der Tradition haben berufen müssen. Als wirklich phantasievolle Baumeister haben sie die morsche Hütte der biblischen Überlieferung mit prachtvollen Fassaden versehen. Dabei waren sie so geschickt, dass selbst kritische Zeitgenossen sich zuweilen überlegen, ob man nicht doch in diesen Bau einziehen sollte. Wer anders als Theologen kann schöner über Dinge reden, die es gar nicht gibt?

Man hätte Jesus gerne etwas von dieser Virtuosität gewünscht, mit der zeitgenössische Theologen (vor allem Dogmatiker) seine Offenbarung heute verbal hochschätzen und ihr eine Tiefe zu geben vermögen, die man bei ihm meist noch vergeblich sucht. Aber Jesus war kein Theologe, er hätte schwerlich mitreden können, wenn heute an Universitäten über den Gottesbegriff diskutiert wird. Eine Einladung an eine evangelische Akademie hätte der Enthusiast und Exorzist wohl kaum erhalten. Die Welt Jesu war einfach, schwarz-weiß und von Mythologemen durchzogen, sein Erfahrungsschatz gering, sein Horizont stark eingeschränkt. Die Grenzen seiner Religion waren die Grenzen seiner Welt. All das erklärt die Bruchstückhaftigkeit seiner Ethik, ihre Leerstellen und Widersprüche, ihre Weltfremdheit und die bizarren Übertreibungen. Und so muss man sich nicht wundern, dass bei Jesus bereits (aber noch mehr dann bei seinen Verehrern) sich neben Höllendrohungen mit ewiger Folter auch ausgesprochen blumige und kitschige Worte und Vorstellungen finden.

Seligpreisungen und Vertröstung

Wenn Jesusworte salbungsvoll klingen und deshalb bei Gläubigen besonders beliebt sind, dann ist immer mit religiösem Kitsch zu rechnen. Unter den bekanntesten Worten Jesu finden sich die Seligpreisungen.

*Selig die Armen [im Geist] – ihnen gehört das Himmelreich.
*Selig die Trauernden – sie werden getröstet werden.
Selig die Gewaltlosen – sie werden das Land erben.
*Selig, die hungern und dürsten [nach der Gerechtigkeit] – sie werden gesättigt werden.

> Selig die Barmherzigen – sie werden Barmherzigkeit erlangen.
> Selig, die reinen Herzens sind – sie werden Gott schauen.
> Selig, die Frieden stiften – sie werden Söhne und Töchter Gottes genannt werden.
> *Selig, die verfolgt sind [um der Gerechtigkeit willen] – ihnen gehört das Himmelreich.
> Selig seid ihr, wenn sie euch schmähen und verfolgen und euch das Ärgste nachsagen um meinetwillen und dabei lügen.

In ihrer jetzigen Form sind die Seligpreisungen ein Werk des Evangelisten Matthäus. Er gruppiert sie in zwei mal vier Seligpreisungen plus ein abschließendes Wort, das die Gemeinde direkt anspricht. Das für ihn wichtige Wort „Gerechtigkeit" kommt in Nummer vier und acht vor. Nur die Seligpreisungen, die mit einem * gekennzeichnet sind, werden in der Forschung als echte Jesusworte gehalten, die anderen gelten meist als Erfindungen des Evangelisten, der nicht nur Einzelworte Jesu zu einer langen Predigt zusammenstellt (eben der Bergpredigt), sondern mit den von ihm erweiterten Seligpreisungen auch einen markanten Anfangspunkt setzt. Wie wir schon hörten, hat Matthäus eine Tendenz zur Spiritualisierung. Aus den wirklich Armen werden Arme „im Geiste", aus den wirklich Hungernden werden Hungernde „nach der Gerechtigkeit".

Jesus preist also die Armen, die Trauernden und die Hungernden selig. Was bedeutet das? Offenbar verspricht er diesen Menschen, die sich der Evangelist als die Predigthörer Jesu vorzustellen scheint, dass ihr Leid ein Ende haben wird. Wieder einmal hängt dies mit der Gottesherrschaft zusammen. Sie bricht ja in Jesu Phantasie bald an, realisiert sich bereits. Also steht auch die Hilfe für die Armen und Hungernden unmittelbar bevor.

Es ist aufgefallen, dass sich Jesus hier offenbar an einer Stelle beim Propheten Jesaja orientiert.

> Der Geist Gottes des HERRN ist auf mir. Denn der HERR hat mich gesalbt, um den Elenden frohe Botschaft zu bringen, er hat mich gesandt, um die zu heilen, die gebrochenen Herzens sind, um Freilassung auszurufen für die Gefangenen und Befreiung für die Gefesselten, um ein Jahr des Wohlwollens des HERRN auszurufen und einen Tag der Rache unseres Gottes, um alle Trauernden zu trösten. (Jes 61,1–2)

Diese Heilszeit, vom Propheten Jesaja erwartet, sie hält Jesus nun offenbar tatsächlich für gekommen. Bildet er sich doch ein, dass er den Teufel vom Himmel hat herabstürzen sehen. Satans Herrschaft ist vorbei, und deshalb können auch seine Dämonen ausgetrieben werden. In sehr kurzer Zeit wird Gott selbst die Herrschaft für alle sichtbar ergreifen. Und profitieren werden dann die, die bisher leiden mussten. Gott selbst wird sie speisen und trösten.[166]

Jesus hat sich mit solchen Versprechungen weit aus dem Fenster gelehnt. Die Armen und Hungernden werden diese Botschaft Jesu sicher mit Freude gehört haben, denn wer wird nicht gerne im Leid getröstet. Und es ist auch keine Frage, dass Jesus selbst fest davon überzeugt war, dass den Armen und Hungernden nun bald geholfen würde. Allein das Reich Gottes ist nicht gekommen, und die Seligpreisungen haben sich als leere Worte entpuppt, als falscher Trost. Kein Gott hat sich der Armen und Hungernden angenommen, die Welt drehte sich weiter und nahm von den vollmundigen Ankündigungen dieses Jesus einfach keine Notiz. Wenn Jesus meinte, in prophetischer Rede zu sprechen, dann war es wohl Falschprophetie. Die Seligpreisungen sind religiöser Kitsch, kein wirklicher Trost, sondern bestenfalls eine Vertröstung.

Das Erstaunliche ist, dass sie als Vertröstung bis heute weiterleben. Arme und Hungernde halten sich weiter an ihnen fest. Es sind nur leere Worte, aber Arme fühlen sich mit ihnen dennoch besser. Sie wirken als Placebo. Zu schön sind sie formuliert (Matthäus hat sich hier wirklich Mühe gegeben), zu narkotisierend die Vorstellungen, die mit ihnen verbunden sind, und zu bestimmt wirkt derjenige, der sie so gelassen ausspricht. Dann muss doch etwas Wahres dran sein! Doch die Gläubigen kennen die konkrete Situation nicht, in die die Seligpreisungen hineingesprochen wurden. Wie immer meinen sie, die Worte seien direkt an sie gerichtet.

Gebetserhörungen

Gebete sind der Versuch von Gläubigen, der Gottheit etwas auf die Sprünge zu helfen. In Bittgebeten konstatieren die Gläubigen einen Mangel (an Geld, an Gesundheit, an etwas weniger nervigen Kindern), den Gott offenbar selbst noch gar nicht bemerkt hat (denn sonst wäre das Gebet ja unnötig), aber nun bitteschön beseitigen soll. Bittgebete werden deshalb von Theologen eher negativ gesehen. Als wisse Gott nicht selbst, was er zu tun hat. Wenn schon, sind Dankgebete angebracht, die sollen nie verkehrt sein. Theologen bekommen regelrecht ein mulmiges Gefühl, wenn dann auch noch von Gebetserhörungen die Rede ist. Denn hier befindet man sich oft in bedenklicher Nähe zum Volksaberglauben.

Jesus hatte offenbar von den durchaus berechtigten theologischen Argumenten gegen Bittgebete keine Ahnung. Er spricht ganz unbefangen und an sehr vielen Stellen von Gebetserhörungen. Es beginnt mit dem gerne zitierten Vers:

> Bittet, so wird euch gegeben; suchet, so werdet ihr finden; klopfet an, so wird euch aufgetan. (Mt 7,7)

Das könnte man ja noch als Appell verstehen, einfach nicht nachzulassen mit den Bemühungen, unabhängig vom Erfolg. Doch der nächste Vers macht die Vorstellung problematisch:

> Denn wer bittet, empfängt; wer sucht, der findet; wer anklopft, dem wird aufgetan. (Mt 7,8)[167]

Jeder (gr. *pas*), der bittet, wird empfangen? Das widerspricht klar der Lebenserfahrung auch von Gläubigen. Ist es nur wieder eine der bekannten jesuanischen Übertreibungen? In Matthäus Kapitel 18 heißt es:

> Weiter sage ich euch: Wenn zwei von euch auf Erden übereinkommen, um etwas zu bitten, dann wird es ihnen von meinem Vater im Himmel zuteil werden. Denn wo zwei oder drei in meinem Namen versammelt sind, da bin ich mitten unter ihnen. (Mt 18,19–20)

Der zweite Vers wird von Gläubigen und Kirchen immer gerne zitiert. Das ist beim ersten Vers aber anders. Obwohl Jesus doch hier geradezu eine Anleitung zur Gebetserhörung gibt: Es müssen mehrere bitten, dann werden sie es auch erhalten. Wegen dieses und ähnlicher Verse finden sich weltweit Menschen in Gebetsgemeinschaften zusammen. Sie vertrauen auf das Wort ihres Herrn. Aber sie werden natürlich enttäuscht. Es funktioniert einfach nicht. Wie kann das sein? Beten sie nicht intensiv genug? Ist das Anliegen nicht wichtig? Ist es vielleicht zu eigensüchtig? Aber wie könnte etwa das Gebet um Frieden für ein Bürgerkriegsland oder um ein wenig Regen für die Sahelzone nicht wichtig sein? Hat man vielleicht etwas falsch verstanden? Doch an anderen Stellen steht es ja noch deutlicher:

> Amen, ich sage euch: Wer zu diesem Berg sagt: Hebe dich hinweg und wirf dich ins Meer!, und in seinem Herzen nicht zweifelt, sondern glaubt, dass geschieht, was er sagt, dem wird es zuteilwerden. Darum sage ich euch: Alles, worum ihr betet und bittet, glaubt nur, dass ihr es empfangt, so wird es euch zuteilwerden. (Mk 11,23–24)

Das klingt fast schon wie ein Automatismus. Immerhin aber wird verlangt, dass man in seinem Herzen nicht zweifeln soll, und wer kann das schon von sich behaupten? Doch beim Evangelisten Lukas findet sich dieser Vers:

> Der Herr aber sprach: Hättet ihr Glauben wie ein Senfkorn, würdet ihr zu diesem Maulbeerbaum sagen: Reiße dich samt den Wurzeln aus und verpflanze dich ins Meer! Er würde euch gehorchen. (Lk 17,6)

Also führt bereits ein kleiner Glaube zu Gebetserhörungen? Solche Worte haben sicherlich schon Tausende Gläubige in Glaubensnot gebracht. Mönche in Klöstern dürften darüber verzweifelt sein. Denn wie groß musste ihre Sünde sein, wenn sie nicht zu dem in der Lage waren, was dem Glauben doch jederzeit möglich sein soll. Die einzig vernünftige Lösung konnten sie nicht ernsthaft in Betracht ziehen: dass ihr Herr schlichtweg Unsinn geredet hat. Die Rede, dass Gebete erhört werden, ja sogar sicher erhört werden, ist billiger esoterischer Unsinn. Sie ist nichts weiter als religiöser Kitsch. Jeder Gläubige weiß, dass es nicht stimmt. Der Glaube versetzt zwar Berge, aber eben keine wirklichen Berge.

Kann Jesus so etwas Lächerliches tatsächlich vertreten haben? Dafür spricht, dass die Tradition in allen Evangelien anzutreffen ist. Zu Matthäus Vers 17,20 schreibt Lüdemann:

> Das Wort vom Berge versetzenden Glauben ist wohl echt, denn es ist für Jesus breit bezeugt und passt zu seinem Gottesgedanken.[168]

Zudem sind die Bilder destruktiv. Berg und Maulbeerbaum stürzen sich ins Meer, begehen also eine Art Suizid. Hätte man solch negative Bilder später erfunden? Das Schrille und Verblüffende des Bildes in Verbindung mit der Aussage war es wohl gerade, warum das Wort den Hörern in Erinnerung geblieben ist.[169] Aber was soll man von einem Mann halten, der solches ernsthaft vertreten hat?

Dass Jesus es ernst meint mit dem Beten, bekräftigt er in gleich zwei doch recht anstößigen Geschichten. Jesus will mit ihnen aussagen, „dass sie allezeit beten und darin nicht nachlassen sollen" (Lk 18,1). Eine arme Witwe kommt zu einem Richter und will, dass er ihr Recht spricht gegenüber einem Gegner. Offenbar ist er längere Zeit nicht bereit dazu. Dann aber sagt er sich:

> Wenn ich auch Gott nicht fürchte und keinen Menschen scheue – dieser Witwe will ich, weil sie mir lästig ist, Recht verschaffen, damit sie am Ende nicht noch kommt und mich ins Gesicht schlägt. (Lk 18,4–5)

Die Witwe ist hier wieder so etwas wie ein „unmoralischer Held". Sie nervt den Richter und nötigt ihn schließlich dazu, ihr recht zu geben, nur damit er seine Ruhe hat. Auch der Richter handelt also unmoralisch. Das fällt auf, denn Richter hatten in Israel ein hohes Ansehen. Die Aussage, die Jesus damit transportieren will, ist aber offenbar die, dass man Gott nerven soll (beten ohne Unterlass!), wie diese Witwe es beim Richter getan hat. Am Ende wird man bekommen, was man haben wollte, und das ist die Hauptsache. Auch die Pointe der Geschichte ist also eigentlich unmoralisch. Das Unmoralische aber ist dem Kitsch entgegengesetzt, deshalb ist es ein Echtheitskriterium. Wir fühlen uns erinnert an das Gleichnis vom ungerechten Verwalter, der am Schluss sein Ziel erreicht, auch wenn er völlig unmoralisch handelt, und der deshalb von Jesus gelobt wird.

Eine ähnliche Aussage finden wir im Lukasevangelium (Lk 11,5–12). Mitten in der Nacht kommt ein Mann zu seinem Freund und bittet ihn um drei Brote, weil er überraschend Besuch bekommen hat und diesem etwas zu essen anbieten will. Doch der Freund liegt schon im Bett, die Kinder schlafen bereits und er will nicht aufstehen.

> Ich sage euch: Wenn er schon nicht aufsteht und ihm etwas gibt, weil er sein Freund ist, so wird er doch seines unverschämten Bittens wegen aufstehen und ihm geben, so viel er braucht. Und ich sage euch: Bittet, so wird euch gegeben; suchet, so werdet ihr finden; klopfet an, so wird euch aufgetan. (Lk 11,8–9)

Hätte er ihm einfach die Brote gegeben, weil es doch ein Freund ist, der bittet, dann wäre es keine Geschichte gewesen. Aber weil er einfach nur seine Ruhe haben wollte und weil der Freund ihn regelrecht belästigte, rückte er schließlich die Brote heraus. Alle Beteiligten kommen schlecht weg, doch der bittende Freund erreicht am Ende sein Ziel. Und darauf will Jesus hinaus: Das Ziel ist wichtig (das Reich Gottes?), der Weg dorthin heiligt alle Mittel. Das ist nicht eben ein vorbildlicher ethischer Grundsatz, und ein wenig klingt es wie ein Ganovenratschlag.

Wie die Seligpreisungen ihre Wirkung bis heute beibehalten haben, so hat offenbar auch der Gedanke der Gebetserhörung die Menschen fasziniert. Es ist der fast magische Gedanke, eine Technik zu besitzen, einen Gebetszauber, der dem machtlosen Gläubigen Macht verleiht. Dass das alles doch gar nicht stimmt, wird verdrängt. Der Gedanke ist einfach zu schön.

Beim Evangelisten Johannes dürfen wir mit keinen echten Jesusworten mehr rechnen. Sein Evangelium ist eine an nur wenigen Fixpunkten orientierte anonyme Schrift, die freie Erfindung eines Autors am Ende des ersten Jahrhunderts. Doch auch er und seine Gemeinde berauschen sich am Gedanken der Macht des Gebets und des Glaubens.

> Amen, amen, ich sage euch: Wenn ihr den Vater in meinem Namen um etwas bittet, wird er es euch geben. (Joh 16,23)

Amen, amen, ich sage euch: Wer an mich glaubt, der wird die Werke, die ich tue, auch tun, ja noch größere (sic!) wird er tun ... Und worum ihr in meinem Namen bitten werdet, das werde ich tun ... Wenn ihr mich in meinem Namen um etwas bitten werdet: Ich werde es tun! (Joh 14,12–14)

Also los! Worauf warten wir denn noch? So müssten die im Gebet vereinigten Gläubigen eigentlich fragen, um dann im Anschluss ob ihrer Erfolglosigkeit ins Grübeln zu geraten. Doch die Schafe würden niemals den Hirten infrage stellen.

Sorget nicht, seht die Vögel im Himmel

Beten ist ein Akt religiöser Wellness. Wenn Gläubige im stillen Kämmerlein oder im Gottesdienst stehend ihren Gott ernsthaft bekennen oder wenn sie auch nur den Rosenkranz herunterrasseln, der Betende fühlt sich hinterher einfach besser. Beten hilft. Es hat eine kathartische Funktion, der Betende ist etwas losgeworden, hat vermeintlich seinen Gott an seinen Problemen beteiligt, bildet sich ein, sich bei Gott Rat geholt zu haben. Und tatsächlich ist es für ihn hinterher oft klarer, wie er nun handeln soll. Ein realer Gott ist dafür nicht nötig, der Placeboeffekt genügt. Wo Gläubige Gott zu hören meinen, nehmen sie nur sich selbst wahr. Wen sonst? Man könnte von daher meinen, die Aufforderung Jesu zum Gebet gehe schon in Ordnung. Wenn er nur nicht so maßlos übertrieben hätte.

Auch viele Stellen der Bibel bedienen die religiöse Wellness. Das Bedürfnis nach Wohlbefinden, nicht nach Wahrheit ist bei vielen der uneingestandene Hauptgrund, warum sie ihre Heilige Schrift lesen. In der Bergpredigt finden Gläubige besonders viele Stellen mit hohem Wellnessfaktor. Die Grenze zum Kitsch wird dort besonders häufig überschritten. Und er kommt oft in geradezu lyrischen Sätzen daher.

> Darum sage ich euch: Sorgt euch nicht um euer Leben, was ihr essen werdet, noch um euren Leib, was ihr anziehen werdet. Ist nicht das Leben mehr als die Nahrung und der Leib mehr als die Kleidung? Schaut auf die Vögel des Himmels: Sie säen nicht, sie ernten nicht, sie sammeln nicht in Scheunen – euer himmlischer Vater ernährt sie. Seid ihr nicht mehr wert als sie? (Mt 6,25–26)

Solche Verse sind geradezu eine Ölmassage für das fromme Gemüt. Der Rat, „einfach mal loszulassen, Gott kümmert sich", klingt wie ein Wellness-Tipp aus einem Spa-Hotel. Aber er ist natürlich völliger Kitsch. Dass das Leben mehr als Nahrung und Kleidung ist, ist ein Allgemeinplatz, eine Kalenderweisheit, jeder könnte hier zustimmen. Doch für sehr viele Menschen ist die Frage, was man essen soll, keine Frage von Wellness, sondern einfach existenziell. Was haben wohl die von Jesus so bevorzugten Armen bei einem solchen Satz gedacht? Dass man sich nicht sorgen soll, weil die Vögel des Himmels von Gott ja auch versorgt werden, ist wenig tröstlich für eine Mutter in einem armen Land, die ihre Kinder durchbringen muss. Und auch wenn Gott angeblich die Vögel versorgt, das Schicksal von Millionen Menschen scheint ihm doch reichlich egal zu sein. Auch liegt dem Jesus-Idyll ein völlig verkitschtes Naturbild zugrunde. Denn auch die Vögel sind im Kampf ums Dasein gefordert, und manche legen, ganz gegen Jesu Rat, sogar Vorräte an.

> Wer von euch vermag durch Sorgen seiner Lebenszeit
> auch nur eine Elle hinzuzufügen? (Mt 6,27)

Klingt gut, ist aber falsch. Offenbar geht Jesus hier davon aus, dass zumindest die Länge des Lebens irgendwie schicksalhaft vorbestimmt ist. Viele haben das in der Antike so gesehen. Aber wir wissen heute, dass man etwa durch richtige Ernährung oder den Verzicht auf das Rauchen dem Leben tatsächlich „eine Elle" hinzufügen kann. Sogar mehr als eine Elle! Wer sich aber an den Ratschlägen Jesu orientiert, wird sein Leben eher verkürzen.

> Und was sorgt ihr euch um die Kleidung? Lernt von den Lilien auf dem Feld, wie sie wachsen: Sie arbeiten nicht und spinnen nicht, ich sage euch aber: Selbst Salomo in all seiner Pracht war nicht gekleidet wie eine von ihnen. Wenn Gott aber das Gras des Feldes, das heute steht und morgen in den Ofen geworfen wird, so kleidet, wie viel mehr dann euch, ihr Kleingläubigen! (Mt 6,28–30)

Oh wenn die Welt doch nur so einfach wäre! Möglicherweise denkt Jesus hier an Adam und Eva, denen Gott Schurze machte, bevor er sie aus dem Paradies warf. Aber die Lilien, die nicht spinnen, Salomo und das Gras, das ist doch alles sehr, sehr kitschig. Dennoch hat es, wenn Jesus das wirklich gesagt hat, seine Wirkung bei den Hörern sicher nicht verfehlt.

> Sorgt euch also nicht und sagt nicht: Was werden wir essen? Oder: Was werden wir trinken? Oder: Was werden wir anziehen?[170] Denn um all das kümmern sich die Heiden. Euer himmlischer Vater weiß nämlich, dass ihr das alles braucht. (Mt 6,31–32)

Zum Glück kümmern sich wenigstens „die Heiden" um ihren Lebensunterhalt, wenn Jesus das schon egal sein sollte. Aber vielleicht weiß der himmlische Vater doch nicht so gut Bescheid? Denn müsste die Welt dann nicht etwas anders aussehen?

Die ironischen Einwände ließen sich noch vermehren. Doch fragen wir lieber: Wie kommt ein erwachsener Mann zu solchen doch sehr weltfremden Anschauungen? Ein Grund könnte sein, dass er sich ja als Wanderprediger in einer Sondersituation befindet. Eben noch hat er als Handwerker von seiner Hände Arbeit gelebt. Dann gibt er seinen Beruf auf und zieht umher. Und siehe da: Er kann auch jetzt noch auskömmlich leben, vermutlich sogar besser als vorher. Denn seine Predigt zieht Menschen an und lässt ihm finanzielle Unterstützung zukommen. Das hat ihn sicherlich anfangs verblüfft. Gott kümmert sich also nach wie vor um ihn. Sein eigenes subjektives Erleben hat er dann zu einer Lebensregel für alle gemacht. Für ihn mag das logisch geklungen haben.

Ein anderer Grund könnte sein, dass es die gefühlte Nähe der Gottesherrschaft ist, die Jesus auch hier irreleitet. Bald kommt das Reich, und deshalb ruft Jesus zu einer „durch die Nähe der Basileia begründeten Sorglosigkeit auf."[171] Der Exeget Gerd Theissen meint, es handele sich gar nicht um Worte für alle, sondern nur um Anweisungen für Wandermissionare der frühchristlichen Kirche.[172] In diesem Fall würden sie gar nicht von Jesus stammen.

Weisheit und Jesus-Kitsch

Viele der blumigen Jesusworte stammen sicher nicht von ihm, sondern sind Erfindungen seiner Nachfolger. Die Abgrenzung ist jedoch schwierig, es gibt bei zu vielen Stellen sowohl gute Argumente für wie gegen eine Autorschaft Jesu. Einfacher ist es, wo man Übertragungen aus der Umwelt dingfest machen kann. Ein in den Kirchen oft gehörtes Wort findet sich im Matthäusevangelium.

> Kommt her zu mir alle, die ihr mühselig und beladen seid: Ich will euch erquicken. Nehmt mein Joch auf euch und lernt von mir, denn ich bin sanft und demütig; und ihr werdet Ruhe finden für eure Seele. Denn mein Joch drückt nicht, und meine Last ist leicht. (Mt 11,28–30)

Das klingt aus dem Munde Jesu wie ein Trostwort und ist auch immer so verstanden worden. Doch nach allem, was wir bisher gehört haben, stutzen wir, weil Jesus sich selbst hier als „sanft und demütig" beschreibt. Das war er beileibe nicht, vielmehr war er direkt und provokant und alles andere als demütig. Außerdem ist die Nachfolge eine ernste Sache, sie bringt Familien auseinander. Jesus bringt das Schwert, bringt Entzweiung. Und wie kann etwas leicht sein, wenn es mit Verfolgung verbunden ist?

Die Verse passen also nicht in Jesu Mund. Da kommen sie auch nicht her, denn sie stammen offenbar aus dem Buch Sirach. Dort liest man:

> Kommt her zu mir alle, die ihr nach mir verlangt, und sättigt euch an meinen Früchten! Denn an mich zu denken, ist süßer als Honig, und mich zu besitzen, süßer als Honigseim. Wer von mir isst, den hungert immer nach mir; und wer von mir trinkt, den dürstet immer nach mir. Wer mir gehorcht, der wird nicht zuschanden; und wer mir dient, der wird nicht sündigen. (Sir 24,19–22)

> Kommt her zu mir, ihr Ungebildeten, und wohnt im Haus der Weisheit! ... Beugt euren Nacken unter ihr Joch und nehmt ihre Erziehung an. (Sir 51,23.26)

Gelobt wird hier nicht Jesus, sondern die „Weisheit". Nach ihr soll man verlangen, an ihr sich erquicken. Die Weisheit ist sanft und demütig. Ihr Joch ist leicht. Deutlich zeigt sich, dass ein Wort über die göttliche Weisheit einfach auf Jesus übertragen worden ist. Jesus hat es nie gesagt. Und wenn man weiß, dass einst die Weisheit gemeint war, wirken die Verse auch nicht mehr so kitschig. Schließlich ist sie vielleicht das einzige Joch, unter das man sich beugen darf. Vom Sichfügen unter das Joch irgendeines Propheten aber ist dringend abzuraten.

Wahnideen Jesu und der frühen Kirche

Ein Hauptproblem der neutestamentlichen Forschung ist die Frage, für wen oder was sich Jesus selbst gehalten hat. Das ist eine neuzeitliche Fragestellung, denn bis zur Aufklärung war Jesus ganz unbestritten der, als den ihn die Dogmatik der Kirchen definierte: wahrer Gott und wahrer Mensch, zweite Person der Trinität. Von einer Jungfrau geboren war er in die Welt gekommen, um durch seinen Tod die Menschen von Sünde, Tod und Teufel zu erlösen. Jesus war sich seiner Herkunft und seiner Aufgabe stets voll bewusst gewesen und hat sie treulich erfüllt. Die Bibel galt als unumstößliches Zeugnis davon, sie war inspiriertes Gotteswort, bei den Protestanten oft sogar bis zur Verbalinspiration verstanden. Alles Historische aber war aufgehoben in einer göttlichen Heilsgeschichte.

Diese dogmatische Sicht auf Jesus hat längst ihre Überzeugungskraft verloren, und die Hauptaufgabe der Theologie heute scheint es zu sein, das „Christusgeschehen" irgendwie neu zu interpretieren, ohne dass alles noch mehr auseinanderfliegt, als dies ohnehin schon geschehen ist. Traditionalisten und Evangelikale aber halten sich verzweifelt an alten dogmatischen Formeln und Vorstellungen fest, weil sie mit Recht fürchten, dass mit den alten Formen auch die Inhalte verloren gehen. Inhalte, die ihnen doch bisher einen Lebenssinn und vor allem ein Leben nach dem Tod garantiert haben.

Mit der Aufklärung durfte Jesus wieder Mensch werden, durfte das Podest wieder verlassen, auf das ihn die hohen Erwartungen seiner Gläubigen gestellt hatten. Aus der Heilsgeschichte wurde wieder Historie, und aus der Bibel als Gotteswort wurde eine Urkundensammlung von unterschiedlich ausgerichteten und rein menschlichen Autoren. Als der Christus der Dogmatik endlich starb, feierte der Mensch Jesu seine wahre Wiederauferstehung, endete seine babylonische Gefangenschaft als Gewährsmann der ihm fremden Religion des Christentums.

Nun konnte man anfangen zu fragen, was er wirklich geglaubt und gedacht und wie sich sein Denken entwickelt hat. Allein der Gedanke einer Entwicklung bei Jesus war bisher ganz unmöglich gewesen, denn ein Gott konnte sich nicht entwickeln, er musste bereits vollkommen sein. Es waren hochfliegende Pläne, nun endlich zur wahren Persönlichkeit Jesu vordringen zu können und so etwas wie ein psychologisches Profil dieses außergewöhnlichen Menschen zu erstellen. Heute weiß man, dass dies trotz viel gutem Willen nicht mehr möglich ist. Die Quellen, die wir über sein Leben haben, sind einfach zu sehr vom Wildwuchs der Überlieferung und von den Wunschbildern der Gläubigen entstellt. Einzelzüge lassen sich zwar erkennen, aber kein Gesamtbild mehr entwerfen, das nicht von anderer Seite und mit ebenfalls guten Argumenten infrage gestellt werden könnte.

Geburtslegendenkitsch

Jesus kam als Kind armer Leute in einem unbedeutenden Dorf der galiläischen Provinz auf die Welt. Doch er starb in Jerusalem als Messias und „König der Juden". Dazwischen liegt seine Geschichte, seine Entwicklung. Die unscheinbaren Anfänge dieses Gottessohns haben schon die Evangelien zu kaschieren versucht. Der Kitsch besonders der Geburtslegenden ist Abendländern präsent, weil seine wundersame Geburt alljährlich zum Weihnachtsfest quasi wiederholt wird. Auch manche Säkulare feiern hier gerne mit und erfreuen sich an der Stimmung, ohne freilich die Inhalte zu teilen. Und warum auch nicht? Ein wenig Kitsch in Ehren kann niemand verwehren.

In unserem Zusammenhang aber wollen wir gerade den Anfangspunkt der Entwicklung Jesu deutlich machen und den Jesus ohne

Geburtslegendenkitsch

Kitsch freiliegen. Und da gilt es festzuhalten, dass die Umstände seiner Geburt einst offenbar gänzlich frei von spektakulären Zügen waren. Dies zeigt sich schon daran, dass das älteste Evangelium Markus und auch die Redenquelle Q nichts von einer wundersamen Geburt Jesu wissen. Erst mit der Taufe Jesu durch Johannes wird Jesus für den Evangelisten Markus überhaupt interessant. Auch Paulus kennt noch keine Geburtslegenden und betont sogar seine normale Geburt (Gal 4,3). Sein Gewährsmann Petrus dürfte beim Besuch des Paulus ebenfalls noch keinerlei wunderbare Geburtsgeschichten gekannt haben. Und selbst Maria, die Mutter Jesu, hat von all dem noch nichts gewusst. Sie war zu Lebzeiten Jesu, wie wohl auch Jesu Geschwister, noch keine Anhängerin von ihm. Als Jesus sein Predigerdasein anfängt, halten sie und Jesu Geschwister ihn für verrückt und wollen ihn davon abhalten. Schwer vorstellbar bei einer Frau, die sich im Magnificat des Lukasevangeliums sogar mit dem Verkündigungsengel unterhält.

Doch 50 Jahre nach Jesu Tod ist das Gestrüpp der Legenden bereits mächtig angewachsen. Der Geburtsort Jesu wird von Nazareth nach Bethlehem verlegt, weil man belegen will, dass Jesus ein Nachfahre des legendären Königs David ist. Nur ein Nachfahre von David konnte in den Augen der ersten Christen ein legitimer Gesalbter (= König, Messias) sein. Außerhalb der Geburtslegenden spielt Bethlehem dann nie mehr eine Rolle. Jesus ist wie selbstverständlich Nazarener. Die Abstammung Jesu von David wird von Matthäus und Lukas mit zwei sich widersprechenden Stammbäumen zu belegen versucht, wobei Lukas seinen gleich bis auf Adam zurückführt. Beide verfolgen dabei unterschiedliche theologische Ausrichtungen. Doch es ist auch ohne Stammbaum nicht vorstellbar, dass eine normale Familie in der Antike eine Ahnentafel hatte, die bis zu 1 000 Jahre und damit zumindest zum halblegendären König David zurückreichte. Erst theologische Absichten haben aus Jesus einen Nachfahren Davids gemacht.

Die Volkszählung, von der Lukas berichtet, hat es nie gegeben. Bestenfalls verwechselt der Evangelist sie mit einer Zählung im Jahr

6 n. Chr. Aber da war König Herodes schon zehn Jahre tot. Es macht auch keinen Sinn, dass man bei einer Volkszählung in seinen Heimatort gehen soll. Gezählt, zum Zwecke der Steuererhebung, wird natürlich vor Ort. Dass Jesus von einer Jungfrau geboren wurde, ist wohl auf eine Fehlübersetzung der Bibelstelle Jesaja 7,14 zurückzuführen („eine Jungfrau ist schwanger" statt „eine junge Frau ist schwanger"[173]), aber auch darauf, dass die Geburt bedeutender Männer gerne als Jungfrauengeburt beschrieben wurde (so bei Laotse, Buddha, Zarathustra, Platon, dem arabischen Gott Dusares und dem ägyptischen Osiris). Gleiches gilt auch für den Stern von Bethlehem: Die Geburt eines großen Königs musste sich auch in himmlischen Zeichen erkennen lassen, das gehörte zu einer Königsgeburt hinzu wie Lametta zum Weihnachtsbaum.[174] In die falsche Richtung gehen deshalb Versuche, besondere Sternenkonstellationen um die Zeitenwende dingfest zu machen.

König Herodes der Große war ein übler Herrscher, der auch vor Verwandtenmord nicht zurückschreckte. Der Historiker Flavius Josephus berichtet genüsslich alle seine Schandtaten. Aber von einem Kindermord in Bethlehem weiß er nichts. Der Kindermord ist schmutziger (christlicher?) Phantasie entsprungen. Offenbar nur, damit Matthäus einen seiner berüchtigten „Schriftbeweise" anbringen kann („Aus Ägypten rief ich meinen Sohn", Hos 11,1; Israel ist bei Hosea eigentlich damit gemeint), müssen die Eltern Jesu die Flucht nach Ägypten antreten und wieder zurückkehren. Ochs und Esel, die Magier oder Könige, die Hirten, der Stall und vieles andere, alles ist erfunden und fromme Legende. Es gibt in der Geburtsgeschichte Jesu praktisch kein Detail, das irgendwie Anspruch auf Glaubwürdigkeit erheben könnte. Ganz im Gegenteil sieht man deutlich, was fromme Phantasie in nur kurzer Zeit vermocht hat und wie religiöser Glaube sich seine eigene Wirklichkeit schafft.

Für wen hat sich Jesus gehalten?

Wir können davon ausgehen, dass das Leben Jesu unspektakulär verlaufen ist, bis er in den Dunstkreis des Täufers geriet. Dann aber muss es gewaltig an Fahrt aufgenommen haben. Wie lange er ein Jünger des Täufers war, wissen wir nicht, und auch nicht, warum er dann selbst Jünger um sich gesammelt und mit seiner Verkündigung begonnen hat. Aber vielleicht nur ein Jahr später (nach dem Johannesevangelium sind es drei Jahre) endet er bereits als „König der Juden" am Kreuz. Die Wirksamkeit Jesu war vorbei, noch bevor sie richtig begonnen hatte.

Für wen oder was hat er sich kurz vor seinem Tod gehalten? Mehrere Möglichkeiten bieten sich an. Als „Sohn Gottes", als der er später bekannt wurde, hat er sich sicherlich nicht verstanden. Es gibt keine Selbstaussagen Jesu in dieser Richtung. Und gäbe es welche, dann hätte er darunter nicht das verstanden, was man später darunter verstand. „Sohn Gottes" bezeichnete im Judentum nicht wie bei den Griechen eine ontologische Qualität, sondern meint eher den herrschenden König (Ps 2,7; 2 Sam 7,14) oder das Volk Israel insgesamt (Ex 4,22; Dtn 14,1; Jer 3,22) oder auch nur einzelne Gerechte (Sir 4,10; PsSal 13,9). Für Juden war ein Sohn Gottes immer ein Mensch, für Griechen immer ein Gott oder zumindest mehr als ein Mensch. Griechisches Denken hat sich schließlich durchgesetzt.

Hat er sich als Messias verstanden? Auch diesen Titel haben ihm ja seine späteren Gläubigen beigelegt. Es mag überraschen, dass die allermeisten Theologen auch dies ablehnen. Jesus hat offenbar keinen messianischen Anspruch erhoben. Nur zweimal begegnet der Messiastitel in Jesu eigenen Worten, nämlich Markus 9,41 und Matthäus 23,10. Bei beiden Stellen wird er als redaktionell angesehen. Der Messias als Endzeitgestalt spielte im Denken Jesu, anders als in der frühen Gemeinde, offenbar keine Rolle. Denkbar ist jedoch, dass man Messiaserwartungen an Jesus herangetragen hat. Vielleicht haben sie ihm geschmeichelt. Wenn Christen ihn heute noch als Messias bezeichnen, dann ist das eigentlich viel zu wenig, denn der Messias ist ja lediglich ein gesalbter König Israels. Es ist nur ein innerjüdischer Titel und nur für Juden verständlich. In der Urgemeinde spielte er noch eine große Rolle, aber schon in den Gemeinden des Paulus wurde er vielfach nicht mehr verstanden, dort wurde Christus (= Messias) ein Eigenname Jesu.

Auch der Menschensohn-Titel atmet noch den Geist der Provinzialität. Er taucht allerdings relativ häufig bei Jesus auf, und die Exegeten streiten darüber, was dieser Begriff eigentlich meint. Hat Jesus sich selbst als Menschensohn bezeichnet oder meint er damit eine endzeitliche Figur, die aber nicht Jesus ist? In manchen Worten scheint sich Jesus mit dem Menschensohn zu identifizieren, nur stehen diese Worte meist im Verdacht, nachösterlich, also Gemeindebildungen zu sein. Jesus erwartete ja das Reich Gottes unmittelbar, da ist eigentlich keine Zeit mehr für irgendwelche Mittlerfiguren. In der schillernden jüdischen Apokalyptik aber war offenbar vieles möglich. Je nach apokalyptischer Schrift gab es ein Gottesreich ohne oder mit Messias, zuweilen sogar mit zwei Messiassen, mit einem Menschensohn als endzeitlichem Mittler oder ohne ihn, einem Heil nur für die Juden oder (nachgeordnet) auch für alle Menschen, auf Erden oder im Himmel. Jede neue apokalyptische Schrift konnte neue Akzente hervorbringen, wie das Ende aussehen sollte. Das macht es äußerst schwer zu bestimmen, was Jesus damit verband, sofern er den Titel Menschensohn tatsächlich verwendet hat.

Hat Jesus sich als Prophet verstanden? Darunter meint man sich schon eher etwas vorstellen zu können. Sicherlich ist auch diese Vorstellung an ihn herangetragen worden, allein um ihm besondere Achtung zu zollen und auch auszudrücken, dass hier mehr als nur ein Rabbi wirkt. Im Lukasevangelium (Lk 7,16; 7,39; 9,8.19) wird Jesus vom Volk Prophet genannt. In der Urkirche aber wurde dieser Titel vermieden, denn dort war Jesus ja längst mehr als ein Prophet, eben der Messias, den sie auf den Wolken des Himmels zurückerwartete. Für Rudolf Bultmann war Jesus ein „messianischer Prophet". Als ein falscher Prophet, dies meint Joachim Jeremias, ist Jesus schließlich auch verhaftet und angeklagt worden.[175] Die sogenannten Ebioniten, Nachfolger der palästinischen Urgemeinde, haben Jesus noch im 2. Jahrhundert „nur" für einen Propheten gehalten und lehnten es ab zu glauben, dass er so etwas wie ein präexistenter Gottessohn gewesen sein soll. Noch in Auferstehungsgeschichten wird Jesus Prophet genannt, so als die Emmaus-Jünger den von ihnen nicht erkannten Jesus aufklären wollen.

> Du bist wohl der Einzige, der sich in Jerusalem aufhält und nicht erfahren hat, was sich in diesen Tagen dort zugetragen hat. Und er sagte zu ihnen: Was denn? Sie sagten zu ihm: Das mit Jesus von Nazareth, der ein Prophet war, mächtig in Tat und Wort vor Gott und dem ganzen Volk. (Lk 24,18–19)

War Jesus verrückt?

Wenn man Jesus aber als Propheten verstanden und verehrt hat: Hat ihm das gereicht? Oder wollte er doch mehr sein? Wir finden in den Evangelien einige Worte, die eine überdrehte Selbstsicht Jesu zeigen. Als Jesus die Zeichenforderung der Pharisäer ablehnt, weil er offenbar zu keinem Wunder in der Lage ist, scheint er dennoch über die Maßen von sich überzeugt und meint kühn:

> Hier ist mehr als Jona! … Hier ist mehr als Salomo!
> (Mt 12,41–42)

Bei Lukas findet sich nicht minder dick aufgetragen der Satz:

> Himmel und Erde werden vergehen, meine Worte aber werden nicht vergehen. (Lk 21,33)

Das sind Stellen,[176] bei denen Theologen gerne von einer „impliziten Christologie" sprechen. Jesus bekennt sich nicht direkt dazu, eine eschatologische Führerfigur zu sein, deutet dies jedoch an und scheint es indirekt auszusprechen. Auch reden Theologen hier gerne vom „Selbstbewusstsein Jesu", von seiner Vollmacht oder seinem Gottesbewusstsein. Das sind alles positive Begriffe. Aber sie sind auch euphemistisch. Denn was würde man heute zu einem Menschen sagen, der von sich selbst behauptet, dass er ein größerer Prophet als Jona, als Jesus oder Mohammed sei, dass er bedeutender sei als König David oder Salomo und seine Worte bis in alle Ewigkeit Gültigkeit hätten? Man würde ihm weniger ein „Vollmachtsbewusstsein" oder eine „stetige Kräftigkeit des Gottesbewusstseins" attestieren als vielmehr eine ausgewachsene religiöse Neurose oder Psychose.

Ist das also des Pudels Kern? War Jesus schlicht ein psychisch kranker Mann? Ohne dass er selbst und seine bewegte Umwelt dies bemerkt hätten? Tatsächlich hat diese These einiges Erklärungspotenzial im Gepäck. Sie ist nicht neu und wurde zuerst prominent durch David Friedrich Strauß in seinem berühmt gewordenen Buch „Das Leben Jesu" von 1835 vertreten. Dort sprach Strauß allerdings noch nicht von Krankheit, sondern davon, dass Jesus ein „religiöser Fanatiker" gewesen sei. In der zweiten Auflage von 1864 meinte er dann, dass Jesu Fanatismus „an Wahnsinn grenze". Um die Wende zum 20. Jahrhundert erschien eine ganze Reihe von Büchern, die sich mit der psychischen Situation Jesu beschäftigten. Aus heutiger Sicht wirken sie oft noch sehr unbeholfen. Es war eine Zeit, wo das Interesse an Psychologie und Psychiatrie bereits stark erwacht war. Zum „Fall Jesus" wurden einige Diagnosen gestellt.[177] Oskar Holtzmann etwa charakterisierte Jesus als „Ekstatiker". Dies sei für Holtzmann[178] „eine nette Art zu sagen gewesen, dass Jesus nicht im engen Kontakt mit der Wirklichkeit war."[179] Zweifellos war Jesus ein Ekstatiker. Ist Ekstase, eine gesteigerte Form der Begeisterung ins Religiöse hinein, aber schon pathologisch? In manchen Fällen sicherlich. Auf jeden Fall ist sie etwas Verdächtiges. Emil Rasmussen sah in Jesus einen Epileptiker.[180] In Gethsemane und bei der Tempelreinigung habe Jesus einen epileptischen Anfall erlitten. Aus exegetischer Sicht ist das Unsinn und stieß auch damals schon auf viel Kritik. George de Lootsen sah in Jesus einen „Degenerierten mit bestimmten Wahnvorstellungen", was sein oft bizarres Verhalten erkläre.[181] Charles Binet-Sanglé schrieb 1910 ein Buch mit dem Titel „La Folie de Jesus" (Das Irresein Jesu) und diagnostiziert eine „religiöse Paranoia". Der Psychiater William Hirsh[182] beschreibt deviantes Verhalten bei Jesus und erkennt bei ihm einen „Größenwahn, der unaufhörlich und unermesslich anstieg".[183] Jesus sei „paranoid" gewesen, sein Krankheitsbild stimme perfekt mit dem klinischen Krankheitsbild der Paranoia überein.

Das Thema war Anfang des 20. Jahrhunderts so präsent, dass sich der große Albert Schweitzer in seiner medizinischen Dissertation[184] mit diesen und anderen Publikationen beschäftigte. Als Forscher mit ausgesprochen guten historischen Kenntnissen zur Jesusüberlieferung erkannte er natürlich sofort die Unzulänglichkeit vieler Argumente der fachfremden Psychiater, die Aussagen und Geschichten der Bibel noch naiv wörtlich nahmen, während Theologen (zumindest die besseren) schon längst von Gemeindebildungen ausgingen. In Verbindung mit einer Psychologie, die noch in den Kinderschuhen steckte, kamen Krankheitsgeschichten Jesu zustande, die heute nicht mehr diskussionswürdig sind. Ab etwa 1925 nahm das Interesse an der Psychopathologie Jesu dann stark ab.

Dennoch haben alle Genannten bestimmte deviante Motive im Handeln und Reden Jesu als solche erkannt. Im Jahr 1980 beschrieb der damals (gerade noch) angesehene Psychiater Leonhard Hochenegg[185] in einem Aufsatz den „Prophetenwahn".[186] Das ist eine Wahnform, die öfter am Beginn einer schizophrenen Psychose auftritt.

> Störungen des Denkens und der Wahrnehmung bringen den Kranken soweit, dass er Katastrophen, Kriege und den Weltuntergang vorauszusehen glaubt ... Alles wird verändert erlebt und symbolhaft gedeutet. Einige

> dieser Patienten hatten den Eindruck, es befinde sich die Menschheit in großer Gefahr, es könne nicht mehr lange dauern, dann gehe die Welt unter.

Wir denken dabei sofort an das Reich Gottes, die große Wende der Geschichte, die Jesus erwartet. Viele haben das Reich erwartet, doch bei Jesus ist dieser Gedanke geradezu pathologisch ausgeprägt. Alles ordnet er ihm unter.

> In diesem Stadium können viele Patienten nicht verstehen, weshalb die übrige Menschheit so gleichgültig bleibe, obwohl sich alles geändert habe, obwohl die Menschheit dem Abgrund zugehe.

Die Zeit drängt: Jesus sendet seine Jünger aus, um das Reich Gottes zu predigen, und wird regelrecht wütend, als viele Orte sein Wort nicht annehmen wollen. Er verflucht ganze Städte wegen ihrer Uneinsichtigkeit.

> [Im Prophetenwahn] denken sich die Kranken … Gott habe ihnen befohlen, die Welt zu beeinflussen, zu warnen und vor dem Untergang zu bekehren. Allmachts- und Begnadungsgefühle können beobachtet werden …

Die Himmelsstimmen, die Jesus hört (und die ebenfalls Anzeichen eines Prophetenwahns sein können), sind zwar Erfindungen der Evangelisten, doch ist Jesus fest davon überzeugt, dass er den Teufel hat vom Himmel stürzen sehen. Bald also muss die Herrschaft Gottes auch für alle sichtbar auf Erden beginnen. Deshalb, so meint Jesus, sei es ihm möglich, „mit dem Finger Gottes" die Dämonen auszutreiben (ebenfalls ein vermutlich echtes Jesuswort). Seine Umwelt hat seine Wundertätigkeit vielleicht ganz anders wahrgenommen. Sich selbst sieht Jesus als mit dem Geist Gottes begabt.

> Die Kranken erleben sich als Mittelpunkt der Welt ... von
> ihnen hänge die Zukunft des Menschengeschlechts ab.

Das „Hoheitsbewusstsein Jesu" wäre dann eigentlich Größenwahn; es spräche kein göttlicher Geist aus ihm, sondern die religiöse Neurose. Die Neuropathologie beschriebe dann das Wesen Jesu besser als alle Theologie.

Patienten mit Prophetenwahn wenden sich häufig an Staatsmänner oder den Papst. Sie schreiben rastlos Briefe mit Warnungen. Hier weicht die Diagnose ab, denn das hat Jesus nicht getan. Das Schreiben von Briefen war allerdings in der Antike auch nicht so einfach wie heute. Seinem Landesherrn Herodes geht Jesus aber eher aus dem Weg, nachdem (oder weil) dieser seinen Lehrer Johannes hat umbringen lassen.

Der Schweizer Psychiater Hans Heimann hat in seiner Antrittsvorlesung in Bern 1955 über „Prophetie und Geisteskrankheit" gesprochen und kann weitere Aspekte hinzufügen.

> Der paranoide Prophet ist zwar keine häufige, aber eine
> sehr bekannte und (bei aller Verschiedenheit der individuellen Ausprägung) in seiner Grundhaltung einheitliche Figur unter den Paranoiden.[187]

Es gebe viele Übereinstimmungen:

> Alle Patienten erkrankten im vierten Lebensjahrzehnt,
> dem Vorzugsalter für das Auftreten paranoider Schizophrenien. Am Beginn steht das Berufungserlebnis, auf
> welches sich die prophetische Haltung gründet. Gemeinsam ist ihnen die absolute Gewissheit des Sendungsbewusstseins, der Ernst und die Hingabe, mit welcher
> sie jahrzehntelang [...] ihrer Aufgabe leben. Der schizophrene Prozess lässt die Persönlichkeit nach außen

hin relativ wenig verändert erscheinen. Das Psychotische spielt sich hauptsächlich in den halluzinatorischen Erlebnissen ab, die ihren Niederschlag in einer reichen literarischen Produktion finden.[188]

Jesus ist, wenn die Angabe im Lukasevangelium (Lk 3,23) verlässlich ist, erst als gereifter Mann auf religiöse Abwege geraten. Unter Neutestamentlern werden die Taufe durch Johannes oder auch der Sturz des Teufels aus dem Himmel gerne als so etwas wie ein Berufungserlebnis verstanden. Dass Jesus absolut überzeugt war von dem, was er verkündete, dass er also keinesfalls Scharlatan gewesen ist, das darf man mit guten Gründen annehmen. Denn ein Blender oder Betrüger hätte sicherlich manche extreme Aussage weggelassen und wäre sicherlich einer Konfrontation in Jerusalem aus dem Wege gegangen.

Der Medizinhistoriker Armin Geus hat sich eingehend mit der Frage beschäftigt, ob und inwiefern dem Wirken des Propheten Mohammed eine psychische Störung zugrunde liegt.[189]

> Die unkalkulierbaren Folgen der Aktivitäten, die das schöpferische Potenzial schizophrener Propheten generieren können, sind fast immer sträflich unterschätzt worden. Es gelingt ihnen religiöse Gemeinschaften zu stiften, Revolutionen zu entfesseln, totalitäre Gesellschaftssysteme zu etablieren und blutige Schlachten zu schlagen. ... Anhänger und Gefolgsleute sprechen gerne von Charisma, dem sich angeblich niemand mehr entziehen könne.[190]

Geus bringt prominente Beispiele für den Prophetenwahn. Emanuel Swedenborg (1688–1772) hat von Gott angeblich den Auftrag erhalten, der Menschheit die Bibel in einer neuen universalen Religion auszulegen, und schreibt dazu viele Bücher. Der Konzertgeiger

Jakob Lorbeer (1800–1864) hört am 15. März 1840 eine Stimme, die ihm befiehlt: „Stehe auf, nimm deinen Griffel und schreibe!" Es entsteht ein kolossales Werk aus 25 Bänden, darunter auch eine tagebuchartige Geschichte des Lebens Jesu. Der Schweizer Prophet Anton Unternährer (1759–1823) verkündet ab 1799, dass er eine Inkarnation Jesu Christi sei und dazu berufen sei, der Welt das Gericht Gottes zu erklären. Den Weltuntergang erwartet er im Jahr 1802.

Im Mittelpunkt seiner Lehre steht die radikale Sexualisierung der menschlichen Existenz; er lehnte die Einehe ab, forderte die Freie Liebe und verlangte die Abschaffung des gesetzlichen Inzestverbotes. Der wahre Gottesdienst vollziehe sich im Verkehr der Geschlechter, wobei der männliche Samen als Symbol Christi im Heiligtum des weiblichen Genitales geopfert werde, um mit der Geburt des Kindes die Auferstehung des Fleisches zu bestätigen.[191]

Auf die Suche nach einem „höheren Sinn", den man vielleicht einfach nur nicht versteht, sollte man sich bei solchen Phantasten gar nicht erst begeben. Manche Behauptungen lassen sich überhaupt nur verstehen, wenn man annimmt, dass eine psychische Störung vorliegt. Der Gründer der Mormonen, Joseph Smith (1804–1844), hat es allein in den USA auf sechs Millionen Anhänger gebracht. Ihm sind im Jahr 1820, als er sechzehn war, Gott-Vater und Gott-Sohn gleichzeitig erschienen; Gott-Heiliger Geist war offenbar gerade verhindert. Alle Religionen seien falsch, erfuhr er bei diesem Treffen, und man ist hier fast schon geneigt, zuzustimmen. Jahre später hat dann ein Engel mit dem Namen Mormon die Erleuchtung für Smith gebracht. Amerika, so erfährt man, sei von Israeliten gegründet worden, die nach der Eroberung Jerusalems durch Nebukadnezar ausgewandert seien. Jesus selbst sei kurz vor seiner Himmelfahrt noch in Amerika gewesen. Ein goldenes Buch, das in einem Hügel in Connecticut vergraben sei, enthalte ein neues Evangelium. Und siehe da, Joseph Smith hat es gefunden und den altägyptischen Text ins Englische übersetzt. Das Buch ist eine Sensation, aber dummerweise hat es der Engel Mormon hinterher wieder mitgenommen – was für ein Pech! Dem Wachsen der Mormonen hat das indes nicht geschadet. Sie sollen heute über 16 Millionen Mitglieder haben, einer von ihnen, Mitt Romney, hat sich gar um das Amt des Präsidenten der Vereinigten Staaten beworben. Fraglich ist, ob wir es bei Joseph Smith wirklich mit einem kranken Mann zu tun haben. Weniger als Prophetenwahn sind hier wohl eher Betrug und Geltungsbedürfnis die entscheidende Triebkraft gewesen.

Armin Geus nennt in der Reihe der Menschen mit Prophetenwahn auch Rudolf Steiner (1861–1925). Sein bisweilen kundiges, vor allem aber wirres synkretistisches Schrifttum verbindet Atlantis mit den Ariern und die Hörner von Kühen mit kosmischen Antennen. Auch er ist ein Vielschreiber und hält sich wohl selbst für einen „Eingeweihten". Auch bei ihm drängt sich der Verdacht auf (wenn man nicht unterstellen will, dass er einfach nur seine Hörer getäuscht hat), dass er unter einem Prophetenwahn litt. Wo immer einer als Prophet auftritt, muss das vermutet werden.

Erklärt sich also auch das Wirken Jesu, sein „Charisma" letztlich aus einer psychischen Störung heraus, einer Neurose, Psychose oder einer beginnenden Schizophrenie? Für Gläubige ein erschreckender Gedanke. Der Gedanke an eine psychische Krankheit Jesu wird von Theologen, auch von Neutestamentlern, natürlich fast nie erwogen. Ihn zu äußern würde auch den sich in vielerlei Hinsicht der Kirche verpflichtet fühlenden Universitätstheologen sofort Anfeindungen von Gläubigen und Kirchenleitungen einbringen. Dabei wäre die Annahme einer psychischen Störung, eines Prophetenwahns Jesu durchaus hilfreich, um vieles bei Jesus besser zu verstehen. Sein Extremismus, seine Naherwartung, sein oft naives Schwarz-Weiß-Denken, illusionäre ethische Forderungen, Gerichts- und Gewaltphantasien, seine schräge Weltsicht, seine feste Überzeugung von der Richtigkeit und Dringlichkeit seiner Geisterfahrerei und schließlich auch sein Tod am Kreuz würden verständlicher, wenn man wüsste, das eine religiöse Neurose sein Handeln bestimmt hat.

Aber wie für viele andere psychologische Spekulationen gibt es hier allenfalls Indizien, keine Beweise. Letztlich sind die vorhandenen Quellen einfach ungeeignet, um zu einem wirklich wasserdichten Urteil zu kommen. Für die Gläubigen ist das vielleicht ein Glück.

Nachfolgewahn

Die Aussendung der Jünger

Propheten werden erst dann gefährlich und für ihre Umwelt zum Problem, wenn sie Nachfolger finden. Die meisten von ihnen sind nur kurze Blitze, die auf der Erde einschlagen, ohne dort weiteren Schaden anzurichten. Doch einigen gelingt es, die Welt in Brand zu setzen. Jesus und auch Mohammed haben dies geschafft. Wir erinnern uns an Jesu Wort:

> Ich bin gekommen, Feuer auf die Erde zu werfen, und wie sehr wünschte ich, es wäre schon entfacht! (Lk 12,49)

Das vermutlich echte Jesuswort hat sich erfüllt, wenn auch anders, als dies Jesus meinte. Denn während er wohl an das Gericht gedacht hat, das mit dem Gottesreich kommt, sahen seine Nachfolger darin einen Hinweis auf das Wachsen der christlichen Kirche. Sein rhetorisches Geschick hat dem flüchtigen Handwerker und Endzeitprediger Jesus alsbald Jünger zugespielt. Die ersten waren wie er vermutlich Johannesjünger gewesen. Den Zulauf hat Jesus sicher als Bestätigung seiner Predigt empfunden. Weil es um die Wiederherstellung Israels geht, wählt er betont zwölf Jünger als engeren Kreis aus. Er macht den vermutlich armen und mittellosen Jüngern absurde Versprechungen auf Lohn und nährt sogar Hoffnungen auf eine Herrschertätigkeit im künftigen Reich. Sie werden ihm wohl gerne geglaubt haben, und zwar umso mehr, als seine Verkündigung Erfolg zeigte, die Zahl seiner Jünger stieg und sein Ruf sich verbreitete. Mit ihrem

Meister standen auch sie plötzlich im Rampenlicht. Wem sollte das nicht schmeicheln?

Jesus infiziert also die Jünger mit seiner fixen Idee vom Reich Gottes und weckt in ihnen die Naherwartung, mit der die ersten Generationen seiner Gläubigen noch lange zu kämpfen haben sollten. Sowohl die Synoptiker wie auch die Redenquelle Q wissen von einer Aussendung der Jünger in die Orte der Umgebung.

> Und er ruft die Zwölf herbei. Und er begann, sie zu zweien auszusenden, und gab ihnen Vollmacht über die unreinen Geister. Und er gebot ihnen, nichts auf den Weg mitzunehmen außer einem Stab, kein Brot, keinen Sack, kein Geld im Gürtel, nur Sandalen an den Füssen, und: Zieht euch kein zweites Kleid an! … Wo ein Ort euch nicht aufnimmt und man euch nicht zuhört, von dort geht wieder weg und schüttelt den Staub von euren Füssen – das soll ihnen ein Zeichen sein! Und sie zogen aus und verkündigten, man solle umkehren. Und sie trieben viele Dämonen aus und salbten viele Kranke mit Öl und heilten sie. (Mk 6,7–13)

Lukas bringt eine Parallele zur Aussendung und lässt Jesus gleich 72 Jünger aussenden. Offenbar will er damit auf die Weltmission hinweisen, denn im Buch Genesis (Gen 10) werden 72 Völker der Welt genannt. Matthäus aber weiß nichts von 72 Jüngern, und so wird man diese Angabe als Erfindung des Lukas werten müssen.[192] Die Exegeten sind sich uneinig darüber, ob die Aussendung tatsächlich auf Jesus selbst zurückgeht (das meinen z. B. Dibelius, Lohmeyer, E. Schweizer und Hengel) oder ob sich darin nur die Mission der späteren Gemeinde spiegelt (so z. B. Bultmann). Für einen Anhalt im Leben Jesu spricht, dass die Jünger die Umkehr und die Gottesherrschaft predigen sollen. Jesus selbst wird nicht verkündigt. Das hätte man so sicher nicht erfunden.

> Das völlige Fehlen der Christologie in dem Verkündigungsauftrag der Boten macht es sehr wahrscheinlich, dass wir vorösterliche Überlieferung vor uns haben.[193]

Wie mögen sich die Jünger mit ihrem Verkündigungsauftrag angestellt haben? Es ist ja schwierig, in fremden Dörfern fremde Menschen vom unmittelbar bevorstehenden Ende der Welt, so wie sie sie kannten, zu überzeugen. Lukas hat ihnen in seiner Aussendungsrede sogar die Sandalen und den Stab (zur Verteidigung vor wilden Tieren) weggenommen. Die Gabe der Rede hatten die Jünger wohl nicht gehabt. Hat Jesus tatsächlich seine Jünger auf diese Weise ausgesendet, dann wirkt dies nicht wirklich durchdacht. Paulus hat sich bei seiner Mission später deutlich klüger angestellt. Auch die Zeugen Jehovas sind heute aufgrund der Aussendungsrede immer zu zweit unterwegs, inzwischen mit Schuhen und interessantem Schrifttum im Gepäck, aber vermutlich mit den gleichen Ergebnissen. Doch die Überlieferung wertet das Unternehmen Jesu selbstverständlich als großen Erfolg. Die Jünger kommen begeistert zurück und erzählen von ihren Wundern. Und spätere Missionare, die Legenden nicht als solche erkennen, verzweifeln, weil ihnen das nicht auch gelingen will.

Jesus steht unter Druck. Es bleibt nicht mehr viel Zeit zur Umkehr, so meint er. Er rechnet möglicherweise gar nicht mehr damit, dass die Jünger zurückkommen werden, so nah ist ihm das Reich Gottes.

> Wenn sie euch in der einen Stadt verfolgen, dann flieht in die andere. Denn, amen, ich sage euch: Ihr werdet mit den Städten Israels nicht zu Ende kommen, bevor der Menschensohn kommt. (Mt 10,23)[194]

Manche Theologen spekulieren, Jesus habe auf die unerwartete Rückkehr seiner Jünger mit Enttäuschung reagiert. Erst dadurch habe er sich entschlossen, nach Jerusalem zu ziehen, um die Ereignisse irgendwie zu beschleunigen. Eine interessante Sicht, aber wohl kaum hinreichend aus den Quellen belegbar. Tatsächlich muss sich Jesus aber immer mehr selbst gefragt haben, wann das Gottesreich denn nun endlich für alle sichtbar komme. Dessen ungeachtet zeigt er sich weiter im Irrtum unbeirrt. Eine solche Haltung wird man später bei Gläubigen als „Glaubensstärke" rühmen.

Nachfolge Jesu als Lebensfehlorientierung

Die Kirchen fordern in jedem Gottesdienst zur Nachfolge Jesu auf. Doch nach allem, was wir bisher gehört haben, heißt auf Jesus zu vertrauen sich an einem Mann zu orientieren, der in Leben und Glauben selbst erheblich desorientiert war.

> Kann denn ein Blinder einen Blinden führen? Müssen nicht beide in die Grube fallen? (Lk 6,39)

Diese Frage Jesu muss auch ihm selbst gestellt werden. Wohin hat er seine Jünger geführt?

> Trachtet zuerst nach seinem Reich und seiner Gerechtigkeit, dann wird euch das alles dazugegeben werden (Mt 6,33)

Erhalten die Jünger nun also gar nichts? Nun, da ja auch das Reich nicht gekommen ist? Die Hungernden wurden nicht gespeist, die Trauernden nicht getröstet, kein Gott hat sich ihrer angenommen bis heute. Geblieben ist eigentlich nur die billige Versicherung, dass er es tun wird. Geblieben ist nur eine Vertröstung. Doch sie wird bis heute von den Kirchen als Hoffnung und als Verheißung euphemistisch verkauft. Zudem: Was die verheißene Wirklichkeit nicht bieten kann, holen sich die Gläubigen in der jenseitigen Welt, in die alle Hoffnungen transponiert wurden. Wenn auch diese letzte Hoffnung trügerisch ist, werden sie es erst mit dem Tod merken. Doch dann ist kein Einspruch mehr möglich, der Tod ist die letzte Instanz.

Dafür, dass das „Heil" nur als Fata Morgana am Horizont des Lebens erscheint, sind die Bedingungen der Nachfolge, die Jesus nennt, höchst übergriffig und direkt. Es gilt, seinen Vater und seine Mutter, seine Brüder und seine Schwestern zu hassen, jedenfalls dann, wenn sie dem Reich Gottes, und das kann doch nur heißen, wenn sie der Predigt Jesu vom Reich Gottes entgegenstehen.

> Wer zu mir kommt und nicht Vater und Mutter, Frau und Kinder, Brüder und Schwestern und dazu auch sein eigenes Leben hasst, kann nicht mein Jünger sein. (Lk 14,26)

Wir kennen das Wort bereits als Gegenstück zum Liebesgebot. Hier aber geht es um Verführung der Jünger. Jesus ist sich bewusst, dass seine Botschaft einen Keil mitten durch die Familien treibt. Bei seinen eigenen Jüngern hat er das beobachten können, ja sogar bei seiner eigenen Familie. Es ist ihm egal.

> Niemand, der die Hand an den Pflug legt und zurückschaut, taugt für das Reich Gottes. (Lk 9,62)

Selbst wenn die Botschaft Jesu wahr und richtig gewesen wäre: Ist es nicht einfach unmenschlich, solche Forderungen zu stellen? Und geradezu absurd, wenn man bedenkt, dass Jesus letztlich keinen Gegenwert, sondern nur die Illusion davon für die persönlichen Opfer seiner Jünger bieten konnte? Wertvolle Menschlichkeit wird verworfen für die Mär vom Gottesreich. Dass es in der Endzeit zu Kampf und Scheidung kommt, war religiöse Überzeugung der Zeit. Doch Jesus kokettiert geradezu damit, dass er Entzweiung bringt.

> Wer nicht für mich ist, ist gegen mich, und wer nicht sammelt mit mir, der zerstreut. (Mt 12,30)

Theologen sprechen bei solchen Stellen gerne vom „Ernst der Nachfolge". Aber ist es nicht eher Fanatismus, der sich hier zeigt? Ist jemand, der so redet wie Jesus, nicht jemand, vor dem man warnen muss? Schon den ersten Rezipienten solcher Worte kamen Bedenken, und sie haben sie abzuschwächen versucht.

> Amen, ich sage euch: Da ist keiner, der um meinetwillen und um des Evangeliums willen Haus, Brüder, Schwestern, Mutter, Vater, Kinder oder Äcker verlässt und der nicht hundertfach empfängt, jetzt in dieser Zeit Häuser, Brüder und Schwestern, Mütter und Kinder und Äcker inmitten von Verfolgungen, und in der kommenden Welt ewiges Leben. (Mk 10,29)

Dieser Spruch ist vermutlich kein echtes Jesuswort. Hier wird denen, die ihre familiären Bande zerschnitten haben, in der christlichen Gemeinde (die es in Jesu Welt noch nicht gab) quasi eine neue Familie zugesprochen. So als könnte irgendeine Gemeinde so etwas wie Vater und Mutter ersetzen. Es sind Sekten und Ideologien, die oft genau auf diese Weise argumentieren. Und das Christentum hat ja auch einst als jüdische Sekte angefangen.

Meilenweit sind wir bei solchen Aussagen von der angeblich grenzenlosen Liebe Jesu entfernt, die die Kirche verkündet. Die Nächstenliebe, wenn sie denn Jesus tatsächlich so vertreten hat, wie die Kirchen das meinen, scheint schon bei seinen Jüngern ihre frühe Grenze zu finden. Das Gleichnis vom Feigenbaum spricht eine deutliche Sprache. Wer keine Frucht bringt, wird umgehauen.

> Hau ihn um! Wozu soll er auch noch den Boden aussaugen? (Lk 13,7)

Solche Worte konterkarieren deutlich eine an anderen Stellen durchaus zu findende Humanität und Menschenfreundlichkeit. Was aber sind die freundlichen Worte Jesu noch wert, wenn gleichzeitig immer wieder mit Gericht, Hölle und Vergeltung gedroht wird? Können die Worte der Liebe dann noch mehr sein als blumige Phrasen, als religiöser Kitsch?

Auch die Vergebungsbereitschaft Jesu ist begrenzt. Er wird im Neuen Testament ja gerne als der große Sündenvergeber geschildert. Aber mit seinen ethischen Maximalforderungen (schon ein böses Wort macht todeswürdig) lässt sich das nicht in Einklang bringen. Eine Sünde, die aber überhaupt nicht vergeben wird, ist, wenn Menschen der Predigt Jesu keinen Glauben schenken. Dann kann Jesus, wir haben es gesehen, ganze Städte verdammen und in die Hölle schicken (Mt 11,21ff).

> Darum sage ich euch: Jede Sünde und Lästerung wird den Menschen vergeben werden, die Lästerung des Geistes aber wird nicht vergeben werden. (Mt 12,31)

Auch dieses Wort ist möglicherweise erst von der frühen Gemeinde erfunden worden. Dann würde es sich gegen die Juden richten, die Jesus nicht als den Messias annehmen wollen. Jesus selbst lässt man so das Verdammungsurteil über sein eigenes Volk sprechen. Die Evangelien sind voller antijüdischer Spitzen und Ausfälle, von denen man viele Jesus in perfider Weise in den Mund gelegt hat. Der johanneische Jesus wird sogar über die Juden sagen: Ihr habt den Teufel zum Vater (Joh 8,44).[195]

Der biblische Jesus gewährt keine Freiheiten, er lässt keine Wahl. Wer seinem Wort nicht glaubt, ist ein verstockter Sünder, der den Tod verdient. Es ist Wunschdenken, wenn man in ihm moderne Werte wie Toleranz oder Meinungsfreiheit zu finden meint. Mit dem Reich Gottes kommt das Gericht. Und das Heil gibt es nur für die Gläubigen.

> Wenn ihr nicht umkehrt, werdet ihr alle … zugrunde gehen. (Lk 13,3)

Und Jesus hat dabei an „umkehrende Heiden" noch gar nicht gedacht. Sein Umkehrruf richtete sich ausschließlich an Juden. Doch auch die späteren Heidenchristen fühlten sich durch das Jesuswort angesprochen. Von ihnen stammt auch eine ihrem Christus untergeschobene Formulierung, die in Weiterführung des Wortes von der Sünde gegen den Geist Gottes denen mit Vernichtung droht, die andere wieder vom Glauben an Jesus abbringen.

> Er sagte zu seinen Jüngern: Verführung wird kommen, sie ist unabwendbar, aber wehe dem, durch den sie kommt! Es wäre besser für ihn, wenn ihm ein Mühlstein um den Hals gehängt und er ins Meer geworfen würde, als dass er einen von diesen Geringen zu Fall bringt. (Lk 17,1–2)

Den Hass auf die Apostaten und die, die sie dazu bringen, kennen wir in unserer Zeit vor allem vom Islam. Die interessante Idee mit dem Mühlstein und dem Meer aber lässt an die italienische Mafia denken. Viele von ihnen sollen ja gute Katholiken sein. Sie werden sich doch hoffentlich nicht von diesem Jesuswort haben inspirieren lassen?

Martyriumskitsch

Der Nachfolgewahn geht vermutlich direkt auf Jesus zurück. Der Martyriumskitsch jedoch, der sich reichlich in den Evangelien findet, ist sicher eine Erfindung der frühen Kirche. Weil Nachfolge und Martyrium gerne zusammen genannt werden, wollen wir uns hier noch kurz damit beschäftigen.

Das Christentum hat sich schon immer gerne als Märtyrerreligion dargestellt. Mutige Bekenner sollen für ihren Glauben über Jahrhunderte und in übergroßer Zahl standhaft in den Tod gegangen sein. Schon in der frühen Kirche findet sich eine Fülle von heroischen Heldengeschichten und ihrem „Blutzeugnis für die Wahrheit". An diesem Bild gibt es naturgemäß viel Korrekturbedarf, und wir können hier nur weniges andeuten.

Regelrechte Christenverfolgungen hat es im Römischen Reich eher selten gegeben, die erste reichsweite sogar erst im 3. Jahrhundert unter Kaiser Decius (249–251), später dann noch einmal unter Diokletian und damit kurz vor der sogenannten „konstantinischen Wende." Die Opferzahl war insgesamt und über die Jahrhunderte sehr gering. Sie steht in keinem Verhältnis zu der ab Theodosius (381) vom Christentum ausgeübten Gewalt vor allem gegen Glaubensabweichler und gegen die Anhänger der heidnischen Religionen und ihre Kultur, später auch gegen den Islam und die Juden.

Bleiben wir aber im ersten Jahrhundert. Das Neue Testament kennt nur wenige Märtyrer. Breit geschildert wird eigentlich nur die Steinigung des Stephanus (Apg 6–7), ein Martyrium des Zebedaiden Jakobus wird nur kurz erwähnt (Apg 12,2). Josephus erzählt zudem, dass der Jesusbruder Jakobus hingerichtet worden sei. „Allein, das sind Ausnahmen."[196] Dass Petrus und Paulus den Märtyrertod gestorben sind, war für die alte Kirche zwar klar. Allerdings gibt es dafür merkwürdigerweise keine direkten Zeugnisse. Selbst die Apostelgeschichte erwähnt ihren Tod nicht, obwohl das doch nahegelegen hätte. Die Mission und der Tod von anderen Aposteln sind Erfindungen späterer Jahrhunderte und historisch wertlos, die blutigen Märtyrerberichte noch späterer Zeiten sind es ohnehin.

Es war also alles andere als gefährlich, Christ zu sein. Das Christentum begann als jüdische Sekte, und die merkwürdigen Leute, die meinten, der Messias sei bereits gekommen und am Kreuz gestorben, waren den anderen Juden sicherlich suspekt. Aber weil sie wie die anderen auch sich an das Gesetz, die Beschneidung und den Tempelkult hielten, blieben sie offenbar weitgehend unbehelligt. Erst in späterer Zeit, als sich zeigte, dass es den Christen meist nicht gelang, die Juden von ihrem Sonderglauben zu überzeugen, gleichzeitig aber auch viele Heiden ins christliche Lager strömten, wurde die Lage für Christen bedrohlicher. Und aus dieser Zeit stammen offenbar die grimmigen Martyriumsberichte, die vor Verfolgungen warnen, die so nie eingetreten sind.

> Ihr aber, gebt Acht auf euch! Man wird euch an Gerichte ausliefern, in Synagogen wird man euch prügeln, vor Statthalter und Könige wird man euch stellen um meinetwillen – um Zeugnis abzulegen vor ihnen. … Und es wird ein Bruder den andern dem Tod ausliefern und ein Vater das Kind, und Kinder werden gegen die Eltern auftreten und sie in den Tod schicken. (Mk 13,9–12)

Das Jesuswort ist nicht echt. Es spiegelt offenbar Befürchtungen der Gemeinde des Markus wider. Und es setzt die Passion Jesu voraus. Die Gemeinde des Markus hat offenbar erwartet, dass viele das gleiche Schicksal wie Jesus erleiden werden. Man erwartete, dass Bekenner ausgeliefert werden wie er, gegeißelt werden wie er und vor Statthalter und Könige gestellt werden. Und man befürchtete sogar noch viel Schlimmeres. Dass allerdings Brüder einander an den Tod ausliefern oder Kinder ihre Eltern in den Tod schicken, ist schon sehr dick aufgetragen. Es ist Martyriumskitsch und dürfte sich wohl nie so ereignet haben. Vermutlich hat die Gemeinde des Markus Schlimmeres erwartet und eine entsprechende Warnung vorsorglich schon einmal ihrem Herrn in den Mund gelegt. Sie hat ein Stück Falschprophetie produziert. Auch die Aussage

> Ihr werdet gehasst werden von allen um meines Namens willen. Wer aber standhält bis ans Ende, der wird gerettet werden. (Mk 13,13)

spricht von einem Hass „von allen", den es so sicherlich nicht gegeben hat. Es ist wohl so, dass die Christen für die Römer wohl eher lästig waren, weil sie sich wie die Juden nicht in die polytheistische Umwelt einfügen wollten. Und für die Juden war es schon bald so, dass der Hass der Christen auf die Juden, die „Gottesmörder", größer war als umgekehrt. Die frühen Christen haben aber auch gerne mit dem „Hass der Welt" kokettiert:

> Wenn euch die Welt hasst, so bedenkt, dass sie mich vor euch gehasst hat. (Joh 15,18)

Auch dieses Jesuswort ist erfunden. Und es wäre inhaltlich auch falsch. Dass „die Welt" hasst und dass Jesus von ihr gehasst wurde, ist eine der üblichen Vereinfachungen des Evangelisten. Die Opferrolle jedoch kann angenehm sein, solange man nicht wirklich leidet. Die frühen Christen haben sich im Gedanken, gehasst zu werden wie einst die Propheten (auch dies ist eine Übertreibung), regelrecht gesonnt. Zudem wird auch die Lohnverheißung ihre Absicht nicht verfehlt haben. Es winkt ja der Lohn im Himmel. Und der ist sicher ebenso real wie die 70 Jungfrauen bei den muslimischen Glaubensnachbarn.

Es geht übrigens das Gerücht, dass die 70 Jungfrauen es im Paradies lieber mit den Christen halten, weil die muslimischen „Märtyrer" im Himmel einfach „in einem fürchterlichen Zustand" ankommen. Auch die Rabbinen machten sich interessante Gedanken, wie es erotisch im Himmel weitergeht. Die Menstruation der Frau werde aufhören und Sex deshalb immer möglich sein. Es drängt sich der Verdacht auf, dass auch hier wie bei den 70 Jungfrauen Theologie und Testosteron eine allzu enge Verbindung eingegangen sind. Rabbi Gamliel (um 90 n. Chr.) meinte zudem, die Frauen werden täglich gebären. Das ist für Frauen sicherlich eine gute Nachricht. Die Frau im Jenseits sei, so der angesehene Rabbi, in dieser Hinsicht ein Analogon zur Henne (!) im Diesseits. Jesus hingegen scheint von solchen Gedanken nichts gehalten zu haben. Bei ihm gibt es im Himmel keinen Sex (Mk 12,25). Schade eigentlich.

War Jesus politisch?

Die Kirchen verkünden einen sanftmütigen und liebenden Gottessohn, dessen Reich nicht von dieser Welt ist. Aber was wäre, wenn Jesus auch hierin von seinen Gläubigen verfälscht worden ist? Wenn er nicht nur Seelsorger war, sondern auch die politische Befreiung seines Volkes verkündigt und erwartet hat? Seit Reimarus gibt es die Vermutung, dass Jesus ursprünglich ein politischer Revolutionär gewesen sei. Weil er darin aber gescheitert sei und weil man nicht in Konflikt mit den Römern habe geraten wollen, hätten seine Anhänger sein Wirken entpolitisiert und spiritualisiert. Der revolutionäre jüdische Nationalist Jesus sei erst auf diesem Weg zu einem friedlichen Verkünder eines rein geistigen Gottesreiches für alle Menschen geworden. Nur durch diese Umformung habe das Christentum bestehen und sich ausbreiten können.

Wenn diese extreme Position auch selten vertreten wird, so scheint für Neutestamentler heute klar zu sein, dass die politischen Ambitionen Jesu sicherlich stärker waren, als sie die Evangelien auf den ersten Blick erkennen lassen. Denn die Evangelien haben generell die Tendenz, Jesus unpolitisch erscheinen zu lassen. Schon den Täufer, so der Neutestamentler Gerd Theissen, stellen sie bereits

> unpolitischer dar, als er es nach Josephus war ... Und wäre dann nicht auch für das Bild Jesu in den Evangelien zu vermuten, dass seine politischen Züge in den Evangelien verblasst sind?[197]

Der Theologe Stegemann wird deutlicher:

> Ich favorisiere eine explizit politische Deutung der Reich-Gottes-Verkündigung Jesu, die m. E. auch für dessen Hinrichtung in Jerusalem von entscheidender Bedeutung war.[198]

Der US-Forscher Richard Horsley beschrieb Jesus als politischen Prophet und Revolutionär, der britische Wissenschaftler S. G. F. Brandon ebenso. Der österreichische Kulturwissenschaftler Robert Eisler hatte 1930 Jesus auf der Seite der Zeloten gesehen, wobei er aber nicht an die Zeloten des Jüdischen Kriegs denkt, die ja erst viel später auftraten. In jüngster Zeit hat Reza Aslan mit seinem lesenswerten Buch „Zelot" die These von Jesus als politischem Revolutionär vertreten.

Die Zahl der Forscher, die das anders sehen, ist jedoch viel größer. Rudolf Bultmann meint, die Predigt Jesu sei lediglich politisch missverstanden worden. Und der Neutestamentler Schröter schreibt:

> Jesus sieht seine Aufgabe nicht im politisch aktiven Widerstand gegen die römische Herrschaft.[199]

Die Frage, ob Jesus politisch war oder nur religiöse Intentionen hatte, geht aber an der Sache vorbei. Denn die Predigt Jesu vom Reich Gottes hatte zwangsläufig auch politische Implikationen. Jesus erwartete ja kein Reich im Jenseits wie später seine Gläubigen. Das Reich, das Jesus erwartete, sollte seinen Ort im Hier und Jetzt finden. Gott selbst würde die Herrschaft in Israel übernehmen. Doch für die Römer konnte das nur bedeuten: Sie müssen verschwinden! Ob Jesus das jemals so deutlich gesagt hat, wissen wir nicht, und ein solches Jesuswort hätte wohl kaum die Zensur der Evangelisten überstanden, die sich als loyale Untertanen darstellen wollten. Doch auch so war damals jedem klar, dass die Reich-Gottes-Predigt nicht zuletzt gegen die Besatzer gerichtet war. Wer vom Reich Gottes predigte, war eben für die Römer nicht nur ein religiöser Phantast, sondern auch politisch verdächtig. Für Aslan ist die Reich-Gottes-Predigt

> ein Aufruf zur Revolution. ... zu sagen, „das Reich Gottes ist nahe", bedeutet daher etwa so viel, als sagte man, das Ende des Römischen Imperiums sei nahe. Es bedeutet, dass Gott den Kaiser als Herrscher des Landes ablösen wird.[200]

Sicherlich ist das eine Übertreibung, aber man versteht das „Reich Gottes", das Jesus gepredigt hat, einfach besser, wenn man den Begriff von verkitschter Jenseitswellness heutiger Christen befreit.

Vorstellungen von einer politischen Befreiung sind im Neuen Testament durchaus zu finden, sogar an Stellen, wo man sie kaum vermuten würde. Die Emmaus-Jünger, denen Jesus nach seiner Auferstehung unerkannt begegnet, sprechen ihre enttäuschte Hoffnung aus.

> Wir hatten gehofft, er werde Israel befreien. (Lk 24,21)

Die Geschichte ist komplett erfunden, aber die Vorstellung, die Jesus mit einer Befreiung Israels in Verbindung bringt, ist sicherlich echt. Das Magnificat der Maria bei Lukas ist natürlich ebenfalls nicht echt. Ihr Lobgesang spricht nicht vom Jenseits, sondern von Veränderungen hier auf Erden:

> Mächtige hat er vom Thron gestürzt und Niedrige erhöht, Hungrige hat er gesättigt mit Gutem und Reiche leer ausgehen lassen. Er hat sich Israels, seines Knechtes, angenommen, und seiner Barmherzigkeit gedacht, wie er es unseren Vätern versprochen hat, Abraham und seinen Nachkommen in Ewigkeit. (Lk 1,52–55)

Auch das ist religiöser Kitsch, denn es ist ja alles nicht geschehen.

Aber die Hoffnung auf höchst irdische Veränderungen war da. Auch der Lobgesang des Zacharias preist und erhofft einen irdischen Retter:

> Gepriesen sei der Herr, der Gott Israels! Denn er hat sich seines Volkes angenommen und ihm Erlösung verschafft ... uns zu retten vor unseren Feinden und aus der Hand aller, die uns hassen, ... wir, errettet aus der Hand der Feinde. (Lk 1,68ff.)

Die Rede des Zacharias wird als „von heiligem Geist erfüllt" ausgewiesen. Doch dieser „Geist" zeigt sich auch hier wieder schlecht informiert, denn wenn es ein Volk auf Erden gibt, das seine Feinde partout nicht loswird, dann ist es Israel. Aber die Hoffnung flieht eben nicht in ein imaginäres Jenseits, sondern bleibt im Diesseits.[201]

Jesus wird mehrmals als „Sohn Davids" angesprochen. Er hat das offenbar nie abgelehnt, sich aber auch nicht explizit dazu bekannt. Auch dieser Titel ist eminent politisch, denn er benennt den irdischen Thronfolger, der wie sein Vorfahr die Herrschaft einst übernehmen soll. Beim Einzug Jesu in Jerusalem wird diese Erwartung besonders deutlich. Die Menge ruft:

> Gepriesen sei das Reich unseres Vaters David, das da kommt. (Mk 11,10)

Der triumphale Einzug Jesu muss nicht echt sein. Man hat erkannt, dass er stark stilisiert erzählt wird. Aber die Erwartung, dass nun etwas Wichtiges geschieht und dass Jesus dabei eine wichtige Rolle spielt, diese Hoffnung hat Jesus im Volk sicherlich genährt. Hätte sich Jesus tatsächlich einen solchen Einzug in Jerusalem gefallen lassen, wäre dies mehr als leichtsinnig gewesen. Er hätte damit die Aufmerksamkeit der Römer sicher nicht verfehlt, die auf solche wie ihn gerade gewartet haben. Sie wussten:

> Jeder Sektierer, jeder Fanatiker, jeder Zelot, Messias und selbsternannte Prophet fand irgendwann den Weg nach Jerusalem.[202]

Das Kreuz als Strafe für Aufrührer

Ob Jesus ein Aufrührer war, darüber darf man streiten. Dass er aber als ein Aufrührer hingerichtet wurde, daran besteht kein Zweifel. Die Kreuzigung war eine Sklavenstrafe, die die Römer auch gegen politische Aufrührer und Aufwiegler anderer Völker verhängten, eine Strafe für politische Vergehen, für Putschisten und ihre Anhänger. Und sie war die schändlichste Todesart, sowohl für Römer wie Juden.

> Die Kreuzigung samt der Kreuzesinschrift weist deutlich darauf hin, dass Jesus in den Augen des Statthalters eines politischen Vergehens für schuldig befunden wurde, denn gekreuzigt wurden neben Kriminellen vor allem politische Rebellen.[203]

Cicero hat auf dem römischen Forum gesagt:

> „Was Kreuz auch nur heißt, soll fernbleiben nicht nur dem Leibe der Bürger Roms, sondern schon ihrem Gedanken, ihrem Auge, ihrem Ohr" ... Er nennt die Kreuzesstrafe die grausamste und fürchterlichste Todesstrafe ... Tacitus spricht von einer sklavischen Todesstrafe ... und Josephus von der erbärmlichsten aller Todesarten ... Lucian spottet angesichts des gekreuzigten Christus über den „gepfählten Sophisten" ... und bestätigt, was Paulus von der hellenistischen Welt sagt, ihr sei der Gekreuzigte eine Torheit. Noch Celsus hält den Christen den Widersinn ihres Glaubens an den gekreuzigten Herrn vor ...

> Überall stieß die Christenheit auf das Urteil: Ärgernis, Torheit und war preisgegeben dem Zorn und dem Spott der umgebenden Welt.[204]

So Walter Grundmann in seinem Markuskommentar. Der Theologe Martin Eber meint:

> Auch ohne den Prozessverlauf … war klar, um welche Kategorie von Verbrecher es sich bei Jesus von Nazaret handeln musste, wenn er im Kriegsgebiet Palästina von einem römischen Statthalter zum Kreuzestod verurteilt wurde: Er war ein Aufrührer.[205]

Für die Juden war diese Todesart eine besonders große Schande, war doch in der Thora eindeutig zu lesen:

> Ein Gehängter ist von Gott verflucht. (Dtn 21,23)

Und ausgerechnet in einem Verfluchten wollten die Christen den Messias sehen! Wie absurd und verdreht muss das auf gläubige Juden gewirkt haben. Die Christen schufen mit einem gekreuzigten Messias eine völlig neue religiöse Ideologie, denn nirgends in den alten und neuen Schriften war vorgesehen oder angekündigt, dass der Messias leiden und sterben sollte. Vielmehr sollte er, wo er überhaupt als Endzeitfigur auftauchte, siegen und herrschen. Für gläubige Juden war klar: Mit der Todesart Jesu hatte Gott selbst deutlich gemacht, was er von diesem Menschen gehalten hat.

Auch die Gesellschaft Jesu, die neben dem Gekreuzigten rechts und links hing, war übel beleumundet. Sie werden *lestai* genannt, ein Wort für „Banditen" und „Straßenräuber", nach Grundmann auch für „Zeloten" oder „nationalistische Aufrührer", nach Ernst Haenchen für „Partisanen". Nach Aslan sind die *lestai* „Revolutionäre, wie er [Jesus] einer war." Lukas versteht offenbar die politischen Implikationen genau und ändert deshalb das Wort *lestai* in *kakourgoi* (Übeltäter).

Schlimmer als am Kreuz konnte kein Mensch scheitern. Es war eine imposante, aber auch dreiste Leistung der frühen Christen, diesen Makel des Scheiterns Jesu in sein Gegenteil umgedeutet zu haben. Ja, Jesus war von Gott verflucht, aber Paulus theologisierte, dass Jesus zum „Fluch für uns" geworden sei (Gal 3,13). Das war paulinische Sophisterei, über die man in der Antike sicherlich viel gelacht hat. Doch das gesamte Christentum ist Paulus schließlich darin gefolgt. Die Schande vom Kreuz haben die Christen in ein Stück von langer göttlicher Hand vorbereitete Heilsgeschichte verwandelt. Auch hier hat die Dogmatik die historische Wahrhaftigkeit erfolgreich verdrängt.

Verurteilung als König der Juden?

Ohne diese Dogmatik aber hängt „ein Politischer" am Kreuz, und man muss fragen, was Jesus denn getan hat, damit man ihn auf diese Weise hinrichtete. Allein wegen blumiger Glaubensreden über Liebe oder gar Feindesliebe hätte ihn auch ein wenig rücksichtsvoller Pilatus niemals töten lassen. Das Vergehen Jesu muss schwerwiegender gewesen sein. Reza Aslan meint:

> Wenn man nichts weiter über Jesus von Nazareth wüsste, als dass er von Rom gekreuzigt wurde, wüsste man praktisch alles, was man brauchte, um aufzudecken, wer er war, was er war und warum er an einem Kreuz endete … Jesus von Nazareth, König der Juden. Sein Verbrechen war, dass er gewagt hatte, Anspruch auf die Königsherrschaft zu erheben.[206]

Aslan spielt auf den Kreuzestitulus an. Jeder Gekreuzigte sollte auch zur Abschreckung dienen. Dazu schrieb man sein Vergehen auf eine Tafel. Bei Jesus stand zu lesen: „Das ist Jesus von Nazareth, der König der Juden" (Mt 27,37). Es spricht viel dafür, dass dieses Detail historisch ist, denn für die Christen war Jesus ja viel mehr als nur „König der Juden". Auch den Juden war diese Bezeichnung unangenehm. Sie passt aber gut zu den Römern, die Jesus ohne Rücksicht auf jüdische Befindlichkeiten als gekreuzigten König verhöhnen.

„König der Juden" wird Jesus auch von den römischen Soldaten genannt, die ihn verspotten (Mk 15,16–20). Sie legen dem König einen Purpurmantel um und setzen ihm eine Dornenkrone auf. Lukas lässt die Szene weg, weil er weniger die Römer als mehr die Juden für den Tod Jesu verantwortlich machen will. Auch das Volk nennt Jesus offenbar ironisch „König der Juden", wie die Barabbas-Szene nahelegt. Aber worauf geht die Ironie zurück? Hat Jesus sich tatsächlich am Ende seines Lebens als eine Art Messias oder König verstanden? So offen hatte er dies bisher nicht gesagt. Auch im Verhör vor Pilatus antwortet er ausweichend (Mk 15,1–5). Doch erstens ist unklar, ob es ein Verhör vor Pilatus überhaupt gegeben hat (Pilatus brauchte weder Prozess noch persönliches Verhör, um einen Mann ans Kreuz zu schicken), und selbst wenn, dann müsste man zweitens damit rechnen, dass christliche Überlieferung ein Bekenntnis Jesu als „König der Juden" sicherlich getilgt hätte, weil diese Bezeichnung inzwischen als theologisch unzureichend empfunden worden wäre.[207] Das könnte also dafür sprechen, dass Jesus sich tatsächlich als „König der Juden" bekannt hat. Aber alles bleibt Spekulation.

Der gewalttätige Jesus: Tempelreinigung

Die sogenannte Tempelreinigung ist vielleicht die für Gläubige irritierendste Erzählung des Neuen Testaments. Denn hier wird der Jesus, der an anderer Stelle die Friedfertigen und die Sanftmütigen preist, plötzlich aggressiv und gewalttätig. Alle vier Evangelisten bringen diese Erzählung. Bei Johannes liest sie sich so:

Der gewalttätige Jesus: Tempelreinigung

> Das Passa der Juden war nahe, und Jesus zog nach Jerusalem hinauf. Und im Tempel traf er auf die Verkäufer von Rindern, Schafen und Tauben und auf die Wechsler, die da saßen. Da machte er eine Peitsche aus Stricken und trieb alle aus dem Tempel hinaus, auch die Schafe und die Rinder, und das Geld der Wechsler schüttete er aus, die Tische stieß er um; und zu den Taubenverkäufern sprach er: Schafft das fort von hier! Macht das Haus meines Vaters nicht zur Markthalle! (Joh 2,13–16)

Johannes stellt die Aktion Jesu nicht als spontane Aktion dar, denn Jesus macht sich eigens eine Waffe, bevor er damit auf die Händler und Wechsler einschlägt. Die anderen Evangelisten haben diesen Zug nicht. Aber „fraglos ist die Tempelaktion Jesu eine höchst aggressive Handlung."[208]

Liegt in Jesu Gewalttätigkeit vielleicht der Grund für seine Verhaftung und Hinrichtung? Und was hat Jesus überhaupt damit beabsichtigt? Die Geschichte wirft viele Fragen auf. Das Tempelareal war über 400 Meter lang. Wie hätte ein Einzelner das allein tun können, was die Evangelisten beschreiben? Zur Festzeit dürften sich mehrere Tausend Menschen im Tempelareal befunden haben. Wie hätte Jesus diesen vermitteln können, was er da tut, und warum? Hätten sie ihn anders als nur als verrückten Randalierer wahrnehmen können? Und warum griff die Tempelpolizei nicht ein und hat Jesus gleich dingfest gemacht? Gleiches gilt für die römische Besatzung, deren Burg Antonia direkt an die Tempelmauer grenzte. Wie hätte Jesus nach einer solchen Aktion die Stadt wieder unbehelligt verlassen können? Wie hätte er nach einer solchen Aktion in den folgenden Tagen (wie Johannes berichtet) unbehelligt im Tempel predigen können?

So wie beschrieben kann sich die Aktion also unmöglich abgespielt haben. Die Neutestamentler gehen meist davon aus, dass es lediglich eine „begrenzte prophetische Aktion" Jesu gewesen ist, vielleicht inszeniert, vielleicht spontan, aber auf jeden Fall nur etwas in einer Ecke des Tempelbezirks. Die allermeisten Pilger dürften davon gar nichts mitbekommen haben. Andere Exegeten aber halten die ganze Geschichte für erfunden.

Unklar ist auch, was Jesus mit einer solchen Aktion beabsichtigt haben sollte. Es sieht so aus, als wollte Jesus den Tempelkult reinigen. Er hat ihn nicht abgelehnt. Den aus heutiger Sicht primitiven Opferkult, wo vor allem an großen Festen Tausende von Tiere meist langsam umgebracht wurden und der den Tempelbezirk in ein stinkendes Schlachthaus verwandelte, Jesus hat ihn offenbar nicht infrage gestellt. Ansätze für eine Tierethik lässt Jesus zumindest keine erkennen, das ist ein zu moderner Gedanke. Ohnehin dürfte für ihn wie für seine Glaubensbrüder der Tempelkult allein schon dadurch kein Gegenstand der Diskussion gewesen sein, weil er in der Thora nicht nur gefordert, sondern dem Wie des Opferns auch unglaublich viel Raum eingeräumt wurde. Ganze Kapitelgruppen beschäftigen sich mit dem Opferkult. Bis zur Zerstörung des Tempels war das Judentum noch eine archaische Opferreligion, die sich in ihrer Praxis wenig von den blutigen Kulten der Umwelt unterschied.[209] Selbst der Tod Jesu wurde und wird ja vielfach bis heute noch in den Kategorien eines Blutopfers verstanden, als Sühneopfer für die Schuld der Welt. In der Dogmatik der Kirchen lebt also im 21. Jahrhundert noch der primitive Gedanke einer Sühne durch ein Tier- oder Menschenopfer fort. Dabei fühlen sich vom Blutopfergedanken heute selbst viele Christen abgestoßen. Jesus aber war sicher noch nicht so weit.

Man versteht also nicht recht, was Jesus beabsichtigt haben könnte. Denn die Händler waren für den reibungslosen Ablauf des Opferbetriebs schlicht unerlässlich. Die Geldwechsler, die sich nur für wenige Wochen im Tempelareal aufhielten, waren nötig, damit die Pilger die Tempelsteuer zahlen konnten, die eben nicht in römischen oder griechischen Münzen bezahlt werden durfte und deshalb gewechselt werden musste. Die Taubenverkäufer waren nötig, damit die ärmeren Pilger zumindest das vorgeschriebene Taubenopfer darbringen konnten. Alle diese Händler waren auch gar nicht „im Tempel", sondern korrekt im Tempelvorhof (Heidenvorhof) zu finden. Was hatte Jesus damit für ein Problem?

Die Begründung, die die Evangelien liefern, lautet:

> Und er lehrte sie und sprach: Steht nicht geschrieben: Mein Haus soll Haus des Gebets heißen für alle Völker? Ihr aber habt es zu einer Räuberhöhle gemacht! (Mk 11,17)

Es ist ein Mischzitat aus Jesaja 56,7 und Jeremia 7,11. In der Forschung geht man davon aus, dass es nicht von Jesus stammt, sondern dass sich in dem „für alle Völker" das frühchristliche Interesse an der Heidenmission widerspiegelt. Das „Bethaus" soll auch keineswegs das Opfern ersetzen, wie man denken könnte, denn in Jesaja 56,7 geht es darum, dass auch die Heiden im Tempel opfern dürfen. Wieder einmal hat die Gemeinde ihrem Herrn ein Wort in den Mund gelegt, das einfach nicht passt.

> Die Gemeinde hat das Vorgehen Jesu in dieser Weise „biblisch" begründen wollen und sich dabei, wie gewöhnlich, nicht um den ursprünglichen Sinn der Worte gekümmert.[210]

Auch der Vorwurf Jesu bei Johannes, dass der Tempel zu einer Markthalle gemacht worden sei (mit Blick auf Ps 69,10), wodurch man das gewaltsame Vorgehen Jesu rechtfertigen will, passt ebenso wenig und dürfte nicht echt sein. Ernst Haenchen kommt zu dem Ergebnis:

> Wir besitzen also kein authentisches Jesuswort, das seine Tat erklärte oder begründete.[211]

Zu vieles bleibt im Unklaren. Man kann nicht ausschließen, dass die Erzählung komplett erfunden wurde. Anders als dies auf den ersten Blick scheinen mag, trägt die Erzählung damit auch wenig zur Lösung der Frage bei, warum Jesus zum Tode verurteilt wurde.

Jesus als Zerstörer des Tempels

Zu der Annahme, dass all dies gar nicht passiert ist, passt, dass das Randalieren des wütenden Jesus im Prozess gegen ihn offenbar keine Rolle gespielt hat. Anders verhielt sich dies beim sogenannten Tempellogion, einem Wort Jesu gegen den Tempel. Es findet sich mehrfach in den Evangelien.

> Ich werde diesen Tempel, der von Menschenhand gemacht ist, niederreißen und in drei Tagen einen anderen aufbauen, der nicht von Menschenhand gemacht ist. (Mk 14,58)

> Ich kann den Tempel Gottes niederreißen und in drei Tagen wieder aufbauen. (Mt 26,61)

> Brecht diesen Tempel ab, und in drei Tagen werde ich ihn aufrichten. (Joh 2,29)

> Dieser Jesus von Nazareth wird diese Stätte zerstören und die Bräuche ändern, die Mose uns überliefert hat. (Apg 6,14, Stephanus soll dies gesagt haben).

Ebner spricht in seinem Jesusbuch von einem „Aggressionspotential". Es „steht in der gesamten Jesusüberlieferung einzigartig da."[212] Die meisten Neutestamentler gehen davon aus, dass es sich um ein echtes Jesuswort handelt. Denn für die Gemeinde wurde auch dieses Wort zu einem Problem. Nach Markus ist das Wort nur eine Verleumdung Jesu und wird falschen Zeugen in den Mund gelegt. Davon aber wissen die anderen Evangelien nichts. Bei Markus reißt Jesus den Tempel nieder, doch Matthäus schwächt bereits ab: Jesus *kann* den Tempel niederreißen. Bei Johannes ergeht die Aufforderung an andere, es ist nicht Jesus, der einreißt. Man hat auch versucht, das Jesuswort zu spiritualisieren, als habe Jesus vom „Tempel seines Leibes" gesprochen. Aber das ist nur Apologetik, zumal das Wort offenbar an die visuelle Sicht des Tempels gebunden ist.

Bei diesen Versuchen, das Wort zu entschärfen, dürften zwei Faktoren eine Rolle gespielt haben: 1) Das Wort Jesu ist nicht eingetroffen, er hat den Tempel nicht niedergerissen. 2) Als die Römer den Tempel 40 Jahre nach Jesu Tod tatsächlich zerstörten, hat das Jesuswort die christliche Gemeinde in Verlegenheit gebracht. Diese Probleme, die zu einer Reihe von Überlieferungsvarianten geführt haben, ein Wort, dass die Gemeinde wohl kaum erfunden hätte, und die breite Bezeugung auch im Thomasevangelium[213] machen es sehr wahrscheinlich, dass das Wort echt ist.

> Die verschiedenen Interpretationen geben zu erkennen, dass Jesus in einer nicht mehr genau zu rekonstruierenden Weise die Zerstörung des Tempels angekündigt hatte.[214]

> Es besteht kein Zweifel daran, dass Jesus, wie immer er sich genau ausgedrückt haben mag, dem Tempel in der einen oder anderen Weise gedroht hatte.[215]

Ebner meint, ein Wort gegen den Tempel sei in der Tradition des Judentums ein todeswürdiges Verbrechen gewesen. Aber was hätte Jesus damit gemeint? Der Jerusalemer Tempel war trotz Opferkult eines der großartigsten Bauwerke der Antike. Der Gedanke, ihn zu zerstören, ist abwegig. Sollte das Jesuswort echt sein und hat er davon gesprochen, dass er in eigener Person den Tempel zerstören will, dann kann man das eigentlich nicht anders werten als ein weiteres Indiz für eine psychische Störung. Kein normaler Mensch käme auf eine solche Idee.

Bei Josephus[216] finden wir die Parallele eines selbsternannten Propheten gegen den Tempel. Im Jahr 62 n. Chr., etwa vier Jahre vor dem Jüdischen Krieg, trat in Jerusalem ein gewisser Jesus, Sohn eines Ananias, auf. Beim Laubhüttenfest stößt er unaufhörlich und laut Unheilsdrohungen über Jerusalem und den Tempel aus. Er wird ergriffen und verprügelt, aber er wiederholt seine Weherufe. Vom jüdischen Sanhedrin, dem Hohen Rat, wird er daraufhin dem Statthalter Albinus übergeben. Der lässt ihn foltern und fragt ihn, was er wolle. Aber Jesus ben Ananias antwortet immer nur mit Klagerufen. Der Statthalter hält ihn offenbar für verrückt und lässt ihn laufen. Er soll bei der Belagerung Jerusalems durch ein römisches Katapultgeschoss umgekommen sein.

Immer wieder hatten es die Römer mit solchen Verrückten zu tun, die vom Prophetenwahn befallen waren. Zur Zeit des Statthalters Fadus (44–46 n. Chr.) ist ein Galiläer namens Theudas bekannt, der sich für einen Propheten hielt und dem es gelang, eine große Anhängerschar hinter sich zu sammeln. Viele von ihnen bewegte er dazu, ihm an den Jordan zu folgen. Dort wollte er wie einst Mose die Wasser teilen und mit seinen Anhängern hindurchziehen. Ein absurdes Vorhaben, aber auch nicht weniger verrückt als die Ankündigung Jesu, er werde den Tempel zerstören. Fadus jedenfalls sah in Theudas eine Gefahr. Er ließ ihn und viele seiner Anhänger töten. Den Kopf des Theudas ließ er in Jerusalem zur Schau stellen. Vielleicht, aber das ist Spekulation, wollte er damit verhindern, dass, wie bei Jesus, der ja erst fünfzehn Jahre vorher gekreuzigt worden war, seine Anhänger verkündigten, er sei auferstanden.

Es ist gut möglich, dass Jesus aus Sicht der Römer nur einer dieser vielen Ruhestörer war, die man besser aus dem Verkehr zieht, bevor sie Schlimmeres anrichten. Peter Egger hat in seiner Dissertation[217] die Gemeinsamkeiten dieser prophetischen Aufrührer und Indizien für eine mögliche Gefährlichkeit Jesu herausgearbeitet. Demnach musste der Einfluss beim Volk in Verbindung mit der Predigt vom Gottesreich, dem Sammeln einer Anhängerschaft und der Erwartung, der „Sohn Davids" zu sein, den Römern höchst verdächtig vorkommen. Tempelwort und vielleicht auch die Tempelreinigung hätten ein Übriges getan. Schließlich sei Jesus mit anderen als politischer Rebell hingerichtet und als „König der Juden" verschmäht worden.

Jesus und die Gewalt

Kirchen und Gläubige meinen, dass Jesus gänzlich schuldlos war, als er zum Tod verurteilt wurde. Doch anzunehmen, der „Friedensbote" sei wegen seiner „Liebesbotschaft an alle Menschen" hingerichtet worden, entspricht eher Kitsch als vernünftiger Abwägung. Seine Hinrichtung geschah, weil die Römer ihn als gewalttätigen Störer der Ordnung und als Aufrührer ansahen.[218] Als Aufrührer, nicht als Friedensstifter haben sie ihn hingerichtet. Ans Kreuz geschlagen mit anderen Aufrührern. Unterstellt man einmal, dass Jesus beileibe nicht so friedlich war, wie die spätere Dogmatik es ihm verordnet hat, dann werden einige gewöhnlich für schwierig gehaltene Bibelstellen plötzlich verständlicher.

Die Dogmatik der Kirche bestimmt Jesus als das Lamm Gottes, das sich für die Sünde der Welt opfert. Mit offenen und wissenden Augen sei Jesus in seinen freiwilligen Opfertod gegangen. Doch warum sieht es so aus, als würde sich Jesus des Nachts außerhalb von Jerusalem verstecken? Seine Verhaftung findet im Garten Gethsemane außerhalb der Stadtmauern statt. Warum sind seine Jünger überrascht und verwirrt, wenn Jesus sie doch in den Ablauf der Heilsgeschichte eingeweiht hat? Und warum waren die Jünger des Gottessohns bewaffnet?

War Jesus politisch?

Die Gefangennahme Jesu geschah für Jesus und seine Jünger offenbar unerwartet. Sie versuchten sie gewaltsam zu verhindern.

> Doch einer von denen, die dabeistanden, zog das Schwert, schlug nach dem Knecht des Hohen Priesters und hieb ihm das Ohr ab. (Mk 14,47)

> Als nun seine Begleiter sahen, was da geschehen sollte, sagten sie: Herr, sollen wir mit dem Schwert dreinschlagen? Und einer von ihnen schlug nach dem Knecht des Hohen Priesters und hieb ihm das rechte Ohr ab. Jesus aber entgegnete: Lasst das! Nicht weiter! Und er rührte das Ohr an und heilte ihn. (Lk 22,49–51)

Die Heilung des Knechts des Hohepriesters ist sicherlich legendär (vermutlich eine Erfindung des Lukas; Jesus heilt die, die ihn verfolgen), der gewaltsame Widerstand aber könnte historisch sein, denn die Evangelisten bemühen sich sichtlich, die von den Jüngern ausgehende Gewalt durch ein Wort Jesu zu entschärfen.

> Simon Petrus nun hatte ein Schwert und zog es und schlug damit nach dem Knecht des Hohen Priesters und hieb ihm das rechte Ohr ab. Der Knecht hieß Malchus. Da sagte Jesus zu Petrus: Steck das Schwert in die Scheide! Den Kelch, den mir mein Vater gegeben hat – soll ich ihn etwa nicht trinken? (Joh 18,10–11)

Warum haben die Jünger Waffen dabei? Die angebliche Liebesbotschaft Jesu, seine strikte Weisung, keine Vergeltung zu üben, all dies passt schlecht zum Besitz von Schwertern. Wir haben Jesus aber auch in anderen Zusammenhängen bereits als wenig friedfertig kennengelernt.

Auch eine andere Stelle im Neuen Testament scheint einen robusteren Jesus zu kennen. Als Jesus und seine Jünger kein Nachtlager in einem samaritanischen Dorf finden, machen seine Jünger Jakobus und Johannes einen makabren Vorschlag:

> Herr, sollen wir sagen, Feuer falle vom Himmel und verzehre sie? Da wandte er sich um und fuhr sie an. (Lk 9,54–55)

Auch die engsten Jünger Jesu scheinen an dieser Stelle nichts von der Friedensbotschaft Jesu zu wissen. Und sie sprechen eigentlich ganz im Sinne Jesu, der ja an anderer Stelle für kleinste Vergehen drakonische Strafen ankündigt. Aber hätte Jesus hier zugestimmt (wenn die Szene überhaupt historisch ist), hätte er sich in Zugzwang gebracht, denn schwerlich wäre den Jüngern die Bestrafung der Samaritaner gelungen. Reale Vernichtung ist dann doch etwas anderes als bloßes Gerede. Es sagt aber viel aus, dass die Jünger eine solche Sache überhaupt in Betracht ziehen.

Der gewaltbereite Jesus zeigt sich am deutlichsten in einer Passage bei Lukas, die selbst vielen Gläubigen unbekannt ist. Jesus ruft zum Kauf von Schwertern auf:

> Und er sagte zu ihnen: Als ich euch aussandte ohne Geldbeutel und Sack und Schuhe, hat es euch da an irgendetwas gefehlt? Sie sagten: An nichts. Er sagte zu ihnen: Aber jetzt – wer einen Geldbeutel hat, nehme ihn mit, wer einen Sack hat, desgleichen. Und wer nichts hat, verkaufe seinen Mantel und kaufe ein Schwert. ... Sie sagten: Herr, hier sind zwei Schwerter! Er aber sagte zu ihnen: Es ist gut! (Lk 22,35–38)

Die Stelle hat den Exegeten Kopfzerbrechen bereitet. Denn es sieht so aus, als habe Jesus hier seine bisherige Strategie der Gewaltlosigkeit (sofern er sie überhaupt verfolgt hat) geändert. Hatte Jesus seine Jünger in Galiläa einst noch hilflos und friedlich ausgesandt, so befiehlt er ihnen jetzt, vorbereitet zu sein. Sie sollen Geld und Ausrüstung mitnehmen und sich bewaffnen. Doch wozu? Rechnet Jesus in Jerusalem mit dem Endkampf zwischen Gut und Böse? Diese Vorstellung verband sich im zeitgenössischen Denken oft mit dem Kommen des Reiches Gottes. Der Endkampf ging dem Reich voraus. Wird Jesus ganz am Ende seines Lebens zu einem Dschihadisten, einem Gotteskrieger?

Wiederum ist kaum vorstellbar, dass die spätere Gemeinde ihrem Herrn einen Aufruf zum Kauf von Waffen in den Mund gelegt hat. Das Wort ist anstößig. Es steht konträr zu der in den Evangelien häufig beobachteten Tendenz, Jesus und die Gemeinde als politisch loyal und rein religiöse Bewegung darzustellen. Aber gegen wen anderes als gegen die Römer hätte sich die Anschaffung von Schwertern kurz vor dem Einzug nach Jerusalem wohl richten sollen?

Der große Albert Schweitzer hat die These vertreten, und manche sind ihm darin gefolgt, dass Jesus, enttäuscht darüber war, dass das Reich Gottes immer noch nicht gekommen war, obwohl er doch selbst den Teufel vom Himmel hat stürzen sehen. Schon als er seine Jünger aussandte, hatte er nicht mit ihrer Rückkehr gerechnet, weil er das Reich Gottes erwartete, noch bevor sie mit ihrer Verkündigung zu Ende wären. In dieser Situation, so Schweitzer, habe Jesus den Entschluss gefasst, das Kommen des Reiches zu beschleunigen, ja es geradezu herbeizuzwingen. Das sei der eigentliche Grund gewesen, weshalb er nach Jerusalem gezogen sei. Jesus habe es in Jerusalem geradezu darauf angelegt, getötet zu werden. Doch habe er dann erneut eine Enttäuschung erlebt, denn als er am Kreuz hing, sei das Reich Gottes immer noch nicht gekommen. In der ersten Auflage seiner „Geschichte der Leben-Jesu-Forschung" hat Albert Schweitzer ein großartiges Bild hierzu entworfen:

Jesus und die Gewalt

Kurz darauf greift Jesus, als der, welcher sich als den kommenden Menschensohn weiß, in die Speichen des Weltrades, dass es in Bewegung komme, die letzte Drehung mache und die Geschichte der Welt zu Ende bringe. Da es nicht geht, hängt er sich dran. Es dreht sich und zermalmt ihn.

Albert Schweitzer verwendet hier selbst den Kunstgriff der psychologischen Erklärung und Entwicklung, den er andernorts kritisiert. Aber ganz ohne wird es wohl nicht gehen, denn letztlich können wir nicht wissen, was damals in Jerusalem geschehen ist und was Jesus beabsichtigt haben mag. Aber wüssten wir es, wäre es für die Gläubigen wohl eher ein Schock.

Vom dogmatischen Kitsch zur kitschigen Projektionsfläche – ein Fazit

Der Jesus der Kirchen war zu allen Zeiten ein Kunstprodukt. Immer wurde in diesem galiläischen Wanderprediger mehr gesehen, als er eigentlich war. Bereits als seine ersten Gläubigen in ihm den „Menschensohn" zu sehen meinten, den designierten Messias, der bald in seiner Herrlichkeit zu ihnen zurückkehren würde, sind sie eigenen Wunschbildern erlegen, haben sie betäubenden Wein in das anfangs noch halbwegs klare Wasser seiner historischen Existenz gemischt. Als sie ihn, den gläubigen Juden, immer mehr seinem Volk entfremdeten und ihn schließlich sogar für einen primitiven Antijudaismus einspannten, haben sie ihm seine Persönlichkeit genommen. Die Kirche hat ihn in das dogmatische Kleid eingehüllt, das Synoden und Konzilien für ihn gesponnen hatten und das ihnen viel zu weit und zu fremdartig geraten ist, als dass man seine Gestalt noch hätte erkennen können. Den gläubigen Juden Jesus, der vom Kommen der Gottesherrschaft auf Erden so sehr überzeugt war, dass sie ihm fast körperlich vor Augen stand, hat sie in den Himmel gehoben und in ein Reich versetzt, das nicht von dieser Welt ist. Als sie ihn schließlich selbst zu einem Gott erhob, hat sie an ihm den größten Frevel begangen, der für einen gläubigen Juden denkbar war. Schlimmer kann man mit einem Menschen nicht umgehen. Hätte er noch erlebt, dass man zu ihm betet und ihn neben den einzigen Gott setzt, den es für ihn gegeben hat, hätte er wohl geschrien vor Scham und Wut. Geschrien über die Schafe, die meinten, in ihm ihren Hirten gefunden zu haben.

Vom dogmatischen Kitsch zur kitschigen Projektionsfläche – ein Fazit

Mehr als 1 500 Jahre verbrachte Jesus so in einer Art babylonischer Gefangenschaft der Kirche. Gelehrte Theologen wiesen ihm alle Eigenschaften zu, die sie für einen Gottessohn für angemessen hielten, und die Gläubigen übernahmen das dogmatische Kunstprodukt ihrer Hände. Noch bis heute ist der dogmatische Kitsch, das Kunstprodukt eines am Kreuz sterbenden Gottessohns, der die Sünden der Welt mit seinem Opfertod gesühnt hat, das bestimmende Jesusbild, besonders in bildungsfernen Gegenden und bei einfachen Gemütern.

Nach Aufklärung und mehr als 200 Jahren wissenschaftlicher Forschung am Neuen Testament und der Geschichte der frühen Kirche ist der Gott der Dogmatik eigentlich mausetot. Aber das hat sich bei den meisten Gläubigen noch nicht herumgesprochen. Die Traditionalisten, die auf Teufel komm raus am dogmatischen Gott festhalten wollen, warnen vor einer wissenschaftlichen Beschäftigung mit der Bibel, weil sie ahnen, dass die Stunde der Wissenschaft auch das letztes Stündlein ihres kindlich-naiven Glaubens einläuten wird. Alle Bekenntnissätze der alten Konzilien, alle Glaubensartikel der Reformation, die zentralen Dogmen des Katholizismus sind allesamt in dieser Zeit regelrecht weggeforscht worden. Die das taten, waren dabei nicht einmal Atheisten oder Freigeister. Es waren, Ironie der Geschichte, ausgerechnet Professoren der Theologie, Neutestamentler und Kirchengeschichtler und damit Männer der Kirche an Universitäten, die, ohne dass sie das eigentlich beabsichtigt hatten, jeder ein kleines Stück der Fundamente eben dieser Kirche abgetragen haben und aus dem Gottessohn wieder einen Menschen machten. Sie erkannten, dass die Dogmen nicht vom Himmel gefallen, sondern in innerkirchlichen Kämpfen entstanden und gewachsen sind und dass es dafür keines Heiligen Geistes bedurft hatte. Dass auch die Christologie gewachsen und mannigfachen Wechseln gerade am Anfang unterworfen war. Dass die Evangelien keineswegs Biographien, sondern durch und durch Glaubenszeugnisse waren mit nur geringem Anhalt im Leben Jesu. Dass die Wunder Jesu vielfältige Kopien aus der Umwelt und dem Alten Testament darstellten

Vom dogmatischen Kitsch zur kitschigen Projektionsfläche – ein Fazit

und die Evangelisten keine Skrupel hatten, weitere hinzuzuerfinden, wenn sie dies theologisch für erforderlich hielten. Mit jeder neuen Erkenntnis über das Gewordensein auch des Christentums verflog nicht nur einst fest Geglaubtes und dogmatischer Kitsch, sondern auch mehr und mehr die Faszination an diesem Jesus. Warum sollte er eigentlich noch weiterhin angebetet und verehrt werden?

Nach über 200 Jahren Forschung wäre es eigentlich aufrichtig gewesen, die Konsequenzen zu ziehen und sich selbst einzugestehen, vor allem aber den weiterhin naiv Gläubigen aufzuzeigen, dass das Christentum von der Wurzel her ein Irrtum war. Vielleicht ein gut gemeinter, von aufrichtigen Menschen aufrichtig geglaubt, aber letztlich nur ein weitreichender weltgeschichtlicher Irrtum. Jesus war nur ein Mensch, seine Erlösung am Kreuz ist nur eine Adaption aus primitiven Opferkultvorstellungen der damaligen Zeit, das ewige Leben in einem himmlischen Gottesreich nur ein weiterer Versuch von Menschen, ihrer Sterblichkeit zu entgehen. In Jesus hatten sich die Christen einen Gott geschaffen wie seinerzeit die Israeliten im Goldenen Kalb. Wie diese haben sie sich in gläubige Ekstase hineingetanzt.

Doch auch wenn die Forschungen zum Neuen Testament und zur frühen Kirchengeschichte genau dieses ernüchternde Ergebnis nahelegten, konnten und wollten die Professoren der Theologie, von denen sich viele bis heute nicht nur als Wissenschaftler, sondern auch als Diener ihrer Kirchen verstehen, dieses Fazit nicht öffentlich ziehen, schon gar nicht in klaren und deutlichen Formulierungen, die die Gläubigen verschrecken konnten. Nach der Verherrlichung des Menschen Jesus als Gott folgte nun seine Verherrlichung als Mensch. Jesus wurde nun nicht mehr mit göttlichen, aber doch immerhin mit menschlichen Superlativen charakterisiert und idealisiert. Er war nun das Urbild des Menschen und Abbild wahren Menschseins, gläubigster Gläubiger und innigster Verehrer seines als Vater beschriebenen (nicht etwa Vater seienden) Gottes, ein Idealbild, ein Vorbild, ausgezeichnet durch die einzigartige Kraft seines Gottesbewusstsein, Vorbild in der Liebe, Meister der Sanftmut

Vom dogmatischen Kitsch zur kitschigen Projektionsfläche – ein Fazit

und der Friedfertigkeit. An die Stelle des dogmatischen Kitsches trat nun ein pubertäres Schwärmen für seine vielfältig gerühmten Charakterzüge, seine edle Haltung und Gesinnung, seine angeblich so tiefen Einblicke in das Wesen des Menschen, seine Authentizität, Geradlinigkeit, Fortschrittlichkeit, Empathie oder was auch immer. Als Ideal wurde Jesus so zur Projektionsfläche für Konservative wie Revolutionäre, Kommunisten wie Faschisten, Gläubige wie Ungläubige. Und das ist er geblieben bis zum heutigen Tag. Tausende von Büchern singen das Hohelied von Jesus als eines vorbildlichen und vollendeten Menschen.

Wir haben es in diesem Buch unternommen, den Kitsch, der einer solchen Haltung zugrunde liegt, zumindest deutlich zu machen. Dem Rausch der Verehrung eine gewisse Ausnüchterung entgegenzusetzen. Das mag bei manchen Gläubigen zu einem üblen Kater führen, aber da muss man durch, wenn man sich nicht auf Dauer aus der Wirklichkeit verabschieden will. Die vielleicht größte Ernüchterung gab es am Ende des Kulturprotestantismus und in der sogenannten Religionsgeschichtlichen Schule Ende des 19. Jahrhunderts, als Neutestamentler bemerkten, dass es Jesus nicht um ein Reich des Geistes oder der Seele gegangen ist, sondern dass seine Vorstellung vom Reich Gottes ganz zeitgemäß apokalyptischer Art war. Als deutlich wurde, dass der historische Jesus ein Endzeitprophet, ein Apokalyptiker gewesen war, der sich in seiner Naherwartung kräftig geirrt hatte. Plötzlich wurde deutlich, wie fern dieser Jesus einer modernen Gesellschaft eigentlich stand, wie illusionär sein Hoffen und Auftreten gewesen ist. Die Erschütterung und Ernüchterung, die damals die Neutestamentler und andere Theologen ergriff, hat jedoch die Masse der Gläubigen bis heute nicht erreicht, und Kirchen und Universitätstheologen haben auch keinerlei Interesse, dies den einfachen Gläubigen zu vermitteln. Immerhin sitzen sie ja selbst auf dem Ast, den sie angesägt haben. Der Glaube der Gläubigen ist in hohem Maße einfach Uninformiertheit über den Stand der Forschung zu Jesus und zur frühen Kirche.

Vom dogmatischen Kitsch zur kitschigen Projektionsfläche – ein Fazit

Gegenüber diesem Gemisch aus Kitsch und Uninformiertheit hat dieses Buch versucht, einen nüchternen Blick auf diesen Jesus von Nazareth zu werfen. Einen Jesus ohne Kitsch. Wir haben uns dabei orientiert an den synoptischen Evangelien (Markus, Matthäus, Lukas) als den einzigen halbwegs verwertbaren Quellen zu seinem Leben und haben in die Betrachtungen auch immer den Stand der Forschung oder wissenschaftliche Probleme einfließen lassen. Der Rekurs auf die Synoptiker ist immer noch heikel genug, denn auch sie sind bereits Glaubensprodukte, die es mit historischer Wahrheit gelinde gesagt nicht so genau nehmen.

Im Zentrum des Denken Jesus stand der Aberglaube vom nahe bevorstehenden Gottesreich. Aberglaube ist dabei kein polemischer Begriff, sondern beschreibt das bloße Faktum, dass der Fortgang der Geschichte den Glauben Jesu schlicht widerlegt hat. Diesen Glauben hat der vermutlich ungebildete Bauhandwerker Jesus von Johannes dem Täufer übernommen, dem er vermutlich eine Zeitlang als Jünger nachgefolgt ist. Johannes aber war in Predigt und Auftreten ein Radikaler, und für Jesus wurde es schicksalhaft, dass vermutlich sein einziger und wirklicher Lehrer ausgerechnet ein religiöser Extremist gewesen ist. Johannes hat seinen Extremismus denn auch bald mit dem Tod bezahlt. Jesus aber, offenbar rhetorisch begabt und mit einem hohen Maß an Suggestionskraft ausgestattet, hat die Predigt seines Lehrers Johannes vom Gottesreich weitergeführt. Er hat eigene Jünger gesammelt, die in ihrer Zwölfzahl so etwas wie ein Vorabbild eines erneuerten Israels sein sollten. An Israel allein war auch seine Predigt gerichtet, mit Heiden und Ausländern wollte er (anders als seine späteren Gläubigen) offenbar nichts zu tun haben. Keineswegs befand sich Jesus mit seiner Lehre in Opposition zum Judentum seiner Zeit. Kein kritisches Wort ist bekannt zum blutigen Opferkult im Tempel, zur Beschneidung oder zur Stellung der Frau im Judentum. Auch den Sabbat und das mosaische Gesetz hat Jesus beachtet und nicht infrage gestellt, wenn er auch meinte, durch seine Interpretation den wahren Sinn des Gesetzes freizulegen. Aber alle Äußerungen

Vom dogmatischen Kitsch zur kitschigen Projektionsfläche – ein Fazit

Jesu hierzu befanden sich durchaus innerhalb jüdischer Gesetzesdiskussion. Die Gegnerschaft Jesu zum Judentum ist eine Erfindung der christlichen Gemeinde, die inzwischen in Gegnerschaft zum Judentum lebte. Die antijüdischen Äußerungen des Neuen Testaments sind christlich, aber sicher nicht jesuanisch. Jesus war gläubiger Jude und ist es bis zu seinem Tod geblieben. Mit dem Christentum und seinen Glaubensinhalten hat er praktisch keine Berührungspunkte gehabt.

Untypisch an Jesus war jedoch, mit welcher inneren Überzeugung, man könnte auch sagen mit welchem Fanatismus er am baldigen Kommen des Gottesreiches festgehalten hat. Das Gottesreich wurde zur fixen Idee seines Lebens. Und anders als Johannes meinte er, dass dieses Reich sogar schon im Anbruch begriffen sei. Es war für Jesus so präsent, dass er seine Jünger in die Umgebung ausschickte, damit auch sie seinen (Aber-)Glauben weiterverbreiteten. Jesus neigte eindeutig zu Extremismen und einer verzerrten Sicht der Wirklichkeit, und möglicherweise lag seinem Handeln ein Prophetenwahn, eine religiöse Neurose oder Psychose zugrunde. Eine genaue Diagnose lässt sich freilich nicht mehr stellen, allerdings muss man beachten, dass sein religiöser Extremismus Jesus letztlich das Leben gekostet hat. Die Tendenz zur Selbstgefährdung könnte neben anderem zumindest ein Indiz für eine pathologische Struktur sein. Denn offenbar hat Jesus das Kommen des Reiches auch irgendwie mit sich selbst in Verbindung gebracht. Er war offenbar der Meinung, er könne Dämonen austreiben, und ist tatsächlich als Exorzist aufgetreten oder wurde als ein solcher angesehen. Die Vielzahl der Wunder jedoch ist dem Ausschmückungswillen der Evangelisten oder bereits der Legendenbildung in der mündlichen Tradition zu verdanken. Als Paulus ca. 33–35 n. Chr. zwei Wochen bei Petrus weilte (Gal 1,18), hat dieser ihm offenbar noch nicht von einer spektakulären Wundertätigkeit Jesu berichten können. Petrus und Paulus wussten noch nichts von Jesus als Wundertäter.

Sind die Wunder Jesu Ausdruck von religiösem Kitsch, so ist seine „Ethik" in vielerlei Hinsicht mangelhaft, weltfremd und von Extre-

Vom dogmatischen Kitsch zur kitschigen Projektionsfläche – ein Fazit

mismen geprägt. Wenn er seine Ethik auf Gottes- und Nächstenliebe aufbaute, dann sind beide Säulen höchst fragwürdig. Eine religiöse Fundierung der Ethik verbietet sich heute aus dem Umstand, dass es eine Vielzahl von Göttern gibt. Oder würde man heute eine Ethik akzeptieren, die sich auf Allah beruft? „Gottesliebe" als Fundament der Ethik ist deshalb schlicht unzureichend und führt bestenfalls zu einer Provinzethik. Die viel gerühmte „Nächstenliebe" wiederum ist bei näherer Betrachtung Ausdruck von religiösem Kitsch und Schwärmerei. Es kommt nicht darauf an, den Nächsten zu lieben, sondern darauf, ihn zu achten. Jesu Rede von der Liebe klingt an vielen Stellen pubertär, seine Menschenkenntnis scheint begrenzt und ist allzu sehr bestimmt von Thoraworten und religiösem Denken. Das Menschenbild Jesus ist vielleicht auch deshalb so unterkomplex in Gut und Böse, Schwarz und Weiß, Gerettete und Verdammte unterteilt. Überhaupt spielen dunkle Gedanken wie das Gericht, Hölle oder Teufel in Jesu Denken eine üble Rolle. Jesus scheint nicht bemerkt zu haben, dass sein ständiges Reden von ewiger Strafe und Heulen und Zähneklappern im Gericht seine Liebesbotschaft konterkariert und entwertet. Doch vermutlich ist das Thema „Liebe" ohnehin mehr ein Thema seiner Gemeinde als ein Thema von Jesus selbst gewesen. Jesus jedenfalls hatte keine Probleme damit, bereits „falsche" Gedanken mit drakonischen Strafandrohungen zu belegen. Gedankenfreiheit gibt es bei ihm nicht, von Religionsfreiheit und anderen modernen Freiheitsrechten ganz zu schweigen. Sie lagen weit außerhalb seines religiös begrenzten Horizonts.

Die Überlieferung, wie sie die Synoptiker bieten, zeigen zudem einen Jesus, der sich selbst nicht an seine Worte zu halten scheint, der das Richten verbietet, aber selbst ständig richtet, der üble Worte verbietet, aber selbst ganze Städte verdammt, und der, wenn es um die Nachfolge geht, sogar zum Hass statt zur Liebe aufrufen kann. Die Seligpreisung der Armen und Hungernden im kommenden Reich hat er sicherlich ernst gemeint, aber da das Reich nicht gekommen ist, hat sich im Nachhinein alles als Vertröstung und religiöser Kitsch

Vom dogmatischen Kitsch zur kitschigen Projektionsfläche – ein Fazit

erwiesen. An blumigen Worten ohne wirkliche Substanz scheint seine Rede, die doch offenbar so viele begeistert hat (vielleicht deshalb?), nicht arm gewesen zu sein.

Jesus starb am Kreuz den Tod eines Aufrührers. Worin genau sein Vergehen bestand, wissen wir nicht. Dass er letztlich nicht einfach ein Prediger war, sondern einen politischen Umsturz befürwortet hat und als politischer Rebell den üblichen Tod dafür gestorben ist, wird immer wieder diskutiert. Tatsächlich gibt es dafür (wie für so vieles) im Neuen Testament einige Hinweise. Doch politisch ist Jesus wohl nur insofern gewesen, als er religiös war. Das „Reich Gottes" konnte man je nach Gusto politisch oder weniger politisch verstehen, aber nicht unpolitisch. Denn es vertrug sich schwer mit der Herrschaft der Römer. Die Römer werden solche Prediger deshalb immer aufmerksam beobachtet haben. Über dem Kreuz Jesu prangte der Titulus „König der Juden". Ist es denkbar, dass Jesus sich tatsächlich für einen solchen gehalten hat? Dann müsste man wohl tatsächlich von einer religiösen Neurose oder einem Prophetenwahn ausgehen. Meinte er sogar, das Gottesreich durch seine eigene Person „anschieben" zu können und zu sollen? Ist ihm sein Erfolg in der galiläischen Provinz zu Kopf gestiegen? Oder hat er sich von der Erwartungshaltung seiner Anhänger einfach zu unüberlegten Handlungen drängen lassen, die ihn letztlich den Kopf gekostet haben?

Wir werden es vermutlich nie erfahren, und eigentlich ist es auch bedeutungslos, warum genau ein religiöser Phantast vor 2 000 Jahren letztlich den Tod gefunden hat. Wichtig für uns heute ist es jedoch zu erkennen, dass man die naive Jesusverherrlichung, den ganzen religiösen und nichtreligiösen Jesuskitsch endlich als solchen erkennen sollte. Jesus hatte kein Wort für uns. Unsere modernen Werte wiegen mehr als die kruden Vorstellungen antiker Wanderprediger oder irgendwelche Verse in irgendwelchen heiligen Schriften. Die Welt braucht bessere Vorbilder als selbsternannte Propheten. Jesus ist die am meisten überschätzte Person der Weltgeschichte.

Anmerkungen

1 Diese und weitere Beispiele finden sich in meinem Buch „Der Dogmenwahn. Scheinprobleme der Theologie. Holzwege einer angemaßten Wissenschaft", 2015.

2 Zit. nach Wolfgang Stegemann, Jesus und seine Zeit, 2010, S. 158; Die Theologin Fiorenza Schüssler weist darauf hin, dass die „traditionelle genie-historische Deutung Jesu als der einzigartigen, unvergleichlichen und herausragenden Persönlichkeit … dringend der Korrektur bedarf" (siehe a. a. O, S. 299).

3 Dass Jesus in einer Naherwartung lebte, daran besteht kein Zweifel. Dennoch könnte vor allem das letzte Zitat unhistorisch sein, denn es deutet eine Verfolgungssituation an, die es so zu Lebzeiten Jesu noch nicht gegeben hat. Zudem hat wohl erst die Urgemeinde Jesus mit dem „Menschensohn" identifiziert.

4 Joachim Jeremias, Neutestamentliche Theologie. Erster Teil: Die Verkündigung Jesu, 2. Aufl., 1973, S. 138.

5 Nach Lk 17,21 wurde meist davon gesprochen, das Reich Gottes sei „inwendig in euch". Doch gilt dies inzwischen (nach J. Jeremias und anderen) als Fehlübersetzung. Gemeint sei „ist mitten unter euch" bzw. „wird plötzlich unter euch sein".

6 Stegemann, Jesus und seine Zeit, S. 318.

7 Rudolf Bultmann, Das Urchristentum im Rahmen der antiken Religionen, S. 22.

8 Stegemann, Jesus und seine Zeit, S. 321.

9 Fast nach jedem meiner Vorträge wird mir diese Frage gestellt.

10 Hartmut Stegemann, Die Essener, Qumran, Johannes der Täufer und Jesus, zit. nach Werner Zager (Hrsg.), Jesusforschung in vier Jahrhunderten. Texte von den Anfängen historischer Kritik bis zur „dritten Frage" nach dem historischen Jesus, 2014, S. 465.

11 Dieser Vers „gilt vielen als die sicherste, auf den historischen Jesus zurückführbare Aussage", so Stegemann, Jesus und seine Zeit, S. 298, der allerdings gerade hier anderer Meinung ist.

12 Nicht zu verwechseln mit der „Hand Gottes" beim Laientheologen Maradona, der seine Begabung zweifellos eher im Fußballerischen hatte.

13 Martin Ebner, Jesus von Nazaret. Was wir von ihm wissen können, Sonderausgabe 2016, S. 86.

Anmerkungen

14 Gerd Lüdemann, Jesus nach 2000 Jahren. Was er wirklich sagte und tat, 2. Aufl., 2004, S. 416. Dass es zuweilen als eine Art Berufungserlebnis gedeutet wird, das Jesus veranlasst habe, sich von seinem Lehrer Johannes zu trennen, ist aber wohl zu gewagt. Wir wissen, dass die Reihenfolge der Jesusworte nicht dem realen Ablauf entspricht, sondern auf die Evangelisten zurückgeht, ganz abgesehen davon, ob es überhaupt Worte des historischen Jesus sind. Aus ihnen psychologische Abläufe herauslesen zu wollen, ist zu spekulativ.

15 Ebner, Jesus von Nazaret, S. 88.

16 Erich Gräßer, Die Naherwartung Jesu, 1973, S. 14.

17 Flavius Josephus, Antiquitates, 18,117/18,5.2.

18 Jeremias, Neutestamentliche Theologie, S. 51.

19 Es ist erstaunlich, welche Übereinstimmungen es zwischen Johannes dem Täufer und der späteren Kirche gibt: Bei beiden findet sich eine Drohpredigt, aber gleichzeitig auch die Möglichkeit, dem Gericht durch das „Sakrament" zu entgehen. Der Asketismus, der angesichts der biologischen Grundlagen des Menschen immer etwas Widernatürliches hat und deshalb wenig als gesamtgesellschaftliches Modell taugt, lebte im späteren Mönchtum weiter.

20 Philipp Vielhauer, Artikel „Johannes der Täufer", in: Religion in Geschichte und Gegenwart, 3. Aufl.

21 Jens Schröter, Jesus von Nazaret. Jude aus Galiläa – Retter der Welt, 2006, S. 133.

22 Gerd Theißen/Annette Merz, Der historische Jesus. Ein Lehrbuch, 3. Aufl., 2001, S. 318.

23 Ebner, Jesus von Nazaret, S. 81.

24 Schröter, Jesus von Nazaret, S. 135 f.

25 Den letzten Teil hält man wohl mit Recht für eine Interpolation der gläubigen Gemeinde, vermutlich bereits des Evangelisten. Denn das hohe Lob Jesu für den Täufer wird hier gleich wieder relativiert, das Jesuswort quasi korrigiert.

26 Schröter, Jesus von Nazaret, S. 145.

27 Wir werden unten noch sehen, dass trotz allem das Gericht auch für Jesus eine Tatsache war.

28 Theissen/Merz, Der historische Jesus, zit. nach Zager, Jesusforschung, S. 505 f.

29 Lüdemann, Jesus nach 2000 Jahren, zit. nach Zager, Jesusforschung, S. 527.

30 Jedenfalls wenn Mk 12,36 echt wäre (vermutlich nicht).

31 Die Evangelisten Matthäus und Lukas haben es bemerkt und den Namen einfach weggelassen.

32 Tatsächlich – das ist bemerkenswert – kam der jüdische Glaube über Jahrhunderte ohne den Aberglauben an ein Weiterleben nach dem Tod aus. Erst in persischer Zeit fand diese „Neuerung" gedanklich in Palästina Eingang. Es ist also beileibe nicht so, dass es bei Religion immer um Todesverdrängung gehen muss. Die alten Israeliten haben gewusst, dass sie sterben müssen, und haben es akzeptiert. Späteres Judentum, das Christentum und auch der Islam konnten der Versuchung einer Jenseitsflucht aber nicht widerstehen.

33 Übrigens ein schönes Scheinproblem. Theologie und Glaube sind reich an solchen Scheinproblemen, also an Fragen, bei denen schon die Denkvoraussetzungen nicht stimmen und wo deshalb auch nur Scheinantworten gegeben werden können. Eine illustre Zusammenstellung ohne Anspruch auf Vollständigkeit findet sich in meinem Buch „Der Dogmenwahn".

34 Diese kleine Geschichte, die in ihrer Hintergründigkeit von Gläubigen gar nicht verstanden wird (und auch vom Evangelisten schon nicht verstanden wurde), erinnert an eine ähnliche über Franziskus, den Begründer des Franziskanerordens. Als dieser auf eine Papstaudienz wartet, kommt ein Theologe vorbei und fragt ihn, ob Franziskus glaube, dass Maria die Mutter Christi gewesen sei. Das glaube er ganz gewiss, beteuert Franziskus. Worauf der Theologe lachend sich entfernt. Denn er weiß jetzt, dass er in Franziskus einen ungebildeten Tölpel vor sich hat: Nach der Dogmatik der Kirche ist Maria nicht die Mutter Christi, sondern die Mutter Gottes. Eine ganz zauberhafte Anekdote und, eben weil sie so zauberhaft ist, sicher erfunden.

35 Die Langenweisbacher mögen mir verzeihen.

36 Theißen/Merz, Der historische Jesus, S. 318.

37 Ebner, Jesus von Nazaret, S. 84.

38 Die Geschichte von Salome, der Königstocher, die, in damaliger Zeit undenkbar, vor Männern tanzt und den Tod des Täufers quasi durch List erwirkt, ist eine schöne und grausame Legende. Josephus ist da näher bei der Wahrheit, wenn er schreibt, dass Herodes einfach den Einfluss des Johannes beim Volk fürchtete.

39 Siehe Bernd Kollmann, Wunder, in: Lukas Bormann (Hrsg.), Neues Testament. Zentrale Themen, 2014, S. 71–80.

40 Ebd., S. 74.

Anmerkungen

41 Bernd Kollmann, Artikel „Wunder, NT", in: Theologische Realenzyklopädie (TRE), S. 391.
42 Schröter, Jesus von Nazaret, S. 154.
43 Kollmann, Artikel „Wunder, NT" (TRE).
44 Ebd., S. 392.
45 Lüdemann, Jesus nach 2000 Jahren, S. 882.
46 Allerdings tauchen sie in frühkirchlichen Texten mit geringem geistigen Niveau wieder auf, so in der *Vita Antonii* des Athanasius, des ersten Eremiten, womit ein primitiver Dämonenwahn das Mönchtum über 1.500 Jahre fest in den Griff bekam.
47 Ebner, Jesus von Nazaret, S. 108: „Es steht außer Frage, dass Jesus in den Augen seiner Zeitgenossen Dämonenaustreibungen gelungen sind."
48 Ein Argumentationstipp für besonders Fromme auf die Aussage, es gebe keine Dämonen mehr: „Da kann man mal sehen, wie gründlich Jesus damals gearbeitet hat."
49 Mk 5,1–20, wobei die Geschichte mit den Schweinen nicht zum ursprünglichen Bestand des Exorzismus gehört hat, sondern ein späterer Zusatz ist.
50 Exorzismen gehören bislang nicht zum Leistungsumfang der Krankenkassen. Dass könnte sich ändern, da ja auch Homöopathie und anderer Aberglaube selbst von Gebildeten zunehmend eingefordert wird.
51 So ist die Geste des Handauflegens und Handergreifens Mk 5,23.41 wohl zu verstehen.
52 Wie konnte sie das so schnell feststellen? Eine solche Frage geht am Text vorbei, der ja gerade ein Wunder schildern will. Sie zeigt jedoch, dass sich die Geschichte auf keinen Fall so ereignet haben kann.
53 Diese Peinlichkeit des Nichtwissens haben Lukas und Matthäus gestrichen.
54 Ebner, Jesus von Nazaret, S. 107.
55 Ernst Haenchen, Der Weg Jesu. Eine Erklärung des Markus-Evangeliums und der kanonischen Parallelen, 2. Aufl., 1968, S. 276 f.
56 Man darf gar nicht daran denken, wie eine Heilung z. B. bei Hämorrhoiden wohl ausgesehen hätte. Ich entschuldige mich höflich bei den Lesern für die soeben geweckte Assoziation.
57 Walter Grundmann, Das Evangelium nach Markus, 8. Aufl., 1980, S. 212. Bei der Heilung des Blindgeborenen im Johannesevangelium (Joh 9) spuckt Jesus auf die Erde, macht aus dem Speichel einen Brei und streicht ihn dem Kranken auf die Augen.

58 Es ist aufgefallen, dass es bei der Beschaffung des Eselsfüllens und beim Finden des Raumes für das Passahmahl starke Ähnlichkeiten bis in die Wortwahl hinein gibt. Vermutlich handelt es sich also um eine Dublette.

59 Gläubige können noch froh sein, dass nicht auch andere magische Praktiken wie „Liebeszauber, Verfluchung von Prozessgegnern, Rezepte zur Erlangung von Reichtum und dergleichen mehr" von Jesus überliefert sind; vgl. Bernd Kollmann, Neutestamentliche Wundergeschichten, 3. Aufl., 2011, S. 78.

60 Eugen Drewermann meinte in einem Vortrag, sie sei wohl schockiert darüber gewesen, dass Jesus ihr den Petrus als Ernährer des Hauses ausgespannt hatte und in ihrem sicherlich kleinen Fischerhaus gleich mit seinen zwölf Jüngern auftauchte und bewirtet werden wollte. Da kann man schon mal „fiebrig" werden.

61 Kleine Anmerkung am Rande: Jesus schreit eine Frau an, damit diese sie hinterher umso besser bewirten kann? Das müsste eigentlich einen Aufschrei bei feministischen Theologinnen auslösen. Aber natürlich geht es hier nicht um Haushaltsfragen, sondern nur um die Demonstration der Wunderkraft Jesu.

62 Matthäus streicht aber ihr Aufrichten, vermutlich weil er erst das Fieber weichen lassen will; das Aufrichten bei Markus hat er wohl mit Recht als schmerzhaft empfunden. Der etwas schluderige Markus muss ständig von ihm verbessert werden.

63 Oft wird angeführt, dass es sich um eine konkrete Erinnerung handeln könnte, weil es einen konkreten Ort gibt (das Haus des Petrus) wie auch eine konkrete Person (seine Schwiegermutter). Begann mit diesem noch unscheinbaren „Wunder" vielleicht die Einbildung Jesu oder der Anfang seines Rufs als Wundertäter und Exorzist?

64 Haenchen, Der Weg Jesu, S. 371. Außerdem führt Matthäus, indem er Jesus die Augen der Blinden berühren lässt, einen magischen Zug in die Geschichte ein, den sie bei Markus noch nicht hatte.

65 Gerd Lüdemann meint, die Wundergeschichte habe die Mission der frühen Gemeinde in Samaria legitimieren sollen. Lukas berichtet in der Apostelgeschichte (Apg 8,4–25) von der erfolgreichen Mission dort.

66 Zitiert nach Walter Grundmann, Das Evangelium nach Matthäus, 5. Aufl., 1981, S. 276.

67 Bei Markus und Lukas liegt sie erst im Sterben, Matthäus aber steigert: Bei ihm ist sie bereits tot.

68 Markus gebietet, die Auferweckung geheim zu halten (im Rahmen seines Messiasgeheimnisses; Lukas folgt ihm; aber wie sollte dies rein

Anmerkungen

praktisch möglich sein?), aber bei Matthäus verbreitet sich die Geschichte in der ganzen Gegend.

69 „Jesus kann ihn durch ein einziges Wort erwecken, ohne ausdrückliches Gebet und ohne weitere Manipulation. Jesus ist also größer als Elia und Elischa. Er ist der endzeitliche Heilbringer." Ludger Schenke, Die Urgemeinde. Geschichtliche und theologische Entwicklung, 1990, S. 209.

70 Möglich ist auch, dass Lukas die Dämonen aus dem Markusevangelium (Mk 3,11) hierher importiert hat.

71 Natürlich ist davon auszugehen, dass Matthäus solche Unstimmigkeiten einfach übersehen hat. Erst peinlich genau lesenden Exegeten sind sie aufgefallen. Matthäus ging es hier wie anderswo nur darum, das Wunderwirken Jesu möglichst breit und umfassend darzustellen.

72 Lüdemann, Jesus nach 2000 Jahren, S. 386.

73 Was man erwarten darf, wenn man nicht alles Geld den Aposteln gibt oder sie hintergehen will, schildert gleich anschließend die Geschichte von Ananias und Saphira, die zwar Geld für die Gemeinde geben, aber einen Teil für sich zurückhalten. Petrus lässt beide mithilfe seines Herrn und eines Wunders tot zusammenbrechen. „Und große Furcht überkam die ganze Gemeinde und alle, die es vernahmen" (Apg 5,11). Dem Evangelisten fällt nicht auf, dass er damit die harmonische Stimmung der Urgemeinde, die er eben erst hervorgezaubert hat, schon wieder zunichtemacht. Außerdem – das wird kaum beachtet – macht er Petrus (für die Katholiken ja so etwas wie der erste Papst) zu einem Mörder, indem er ihm ein Strafwunder unterschiebt.

74 Aber für manche Fromme ist es geradezu eine Versuchung, *nicht* an solche Geschichten zu glauben. Je abgedrehter der Gegenstand, desto mehr ist wahrer Glaube gefragt. Ein frommer Prediger predigte einst über Adam und Eva. „Und das Weib", begann er seine Schriftlesung Gen 3,6, geriet dann aber beim Umblättern versehentlich in die Beschreibung der Arche Noah, die dreihundert Ellen in die Länge, fünfzig Ellen in die Breite und dreißig Ellen in die Höhe maß und dazu noch „inwendig und auswendig mit Pech bestrichen" war (Gen 6,14). Der Prediger stockte, fasst sich dann aber schnell und sprach: „Nicht wahr, da staunt ihr, liebe Brüder. Aber Eva war ja schließlich die Stammmutter des ganzen Menschengeschlechts. Da können wir wohl verstehen, dass sie dreihundert Ellen lang, fünfzig Ellen breit und dreißig Ellen dick war. Aber dass sie inwendig und auswendig mit Pech bestrichen war – solches kann man freilich nicht mehr verstehen. Das kann man nur glauben."

75 So Haenchen, Der Weg Jesu, S. 198.
76 Grundmann, Das Evangelium nach Markus, S. 145.
77 Ebd., S. 306.
78 Haenchen, Der Weg Jesu, S. 380.
79 Ebd., S. 381.
80 Er steigert das Zauberelement also noch. Jesus wird bei ihm an dieser Stelle zu einem kleinen Harry Potter. Allerdings noch ohne Zauberstab – die Technik war damals noch nicht so weit.
81 Für diesen überaus gelungenen dogmatischen Terminus beansprucht der Autor dieses Buches das Urheberrecht.
82 Philostrat, vita apollonii IV, 45.
83 Sehr aufschlussreich ist hierzu das Buch von Ludger Schenke, Die Urgemeinde. Geschichtliche und theologische Entwicklung, 1990.
84 Berge sind häufig der Ort für Gottesoffenbarungen.
85 Mose galt damals auch als Prophet.
86 Dass es damals freilich so noch nicht gegeben hat. Erst um 95 n. Chr. auf der Synode von Jabne wurde der Umfang seiner Schriften im Wesentlichen bestimmt.
87 In meinem Buch „Der Jesuswahn. Wie die Christen sich ihren Gott erschufen. Die Entzauberung einer Weltreligion durch die wissenschaftliche Forschung", 2011, S. 115 ff., habe ich mich hierzu schön geäußert.
88 Die 500 Brüder tauchen sonst nie mehr auf, was eigentlich erstaunlich ist, denn ein solches Ereignis wäre ja viel spektakulärer als die doch recht dürren Legenden von den Begegnungen einzelner Jünger mit dem Auferstandenen. Der Gedanke liegt nahe, dass Paulus diese 500 Brüder (der Passus gehört ja auch nicht mehr zur alten Glaubensformel, hier formuliert Paulus wieder selbst) einfach erfunden hat. Denn er hat es in Korinth mit Auferstehungsleugnern (!) zu tun und braucht Argumente. Paulus ist zu vielem bereit, wenn es um sein Evangelium geht.
89 Wo genau das „in den Schriften" stehen soll, darüber rätseln die Theologen seit fast 2000 Jahren. Mehr als vage Andeutungen auf der Basis von gewagten Konstruktionen lassen sich nicht dingfest machen. Den frühen Christen (und auch den heutigen) haben solche impotenten „Schriftbeweise" aber offenbar genügt.
90 Diese alte Formel scheint Judas noch nicht als Verräter zu kennen.
91 Dafür muss man Verständnis haben, besonders wenn einem ein Mensch sehr nahe gestanden hat. Aber keiner käme deshalb auf die Idee, der Leichnam des Verstorbenen befinde sich nicht mehr im Grab.

Anmerkungen

Der Gedanke der Auferstehung ist also nicht unbedingt an ein leeres Grab gebunden.

92 „Die Kirche ist durch die Erscheinungen des Auferstandenen gestiftet, wie immer der Historiker sich diese erklärt. Glaubensinhalt ist, dass Christus gestorben und auferstanden ist", so Hans Conzelmann, Geschichte des Urchristentums, 3. Aufl., 1976, S. 30.

93 „Der Herr ist tatsächlich auferweckt worden und dem Simon erschienen" (Lk 24,34). Dieser Vers wird als eine Art „Osterruf" verstanden.

94 „Es ist eines der erstaunlichsten und rätselhaftesten Fakten der gesamten urchristlichen Überlieferung, dass uns diese Petrus-Christophanie ... nirgendwo geschildert wird." Jeremias, Neutestamentliche Theologie, S. 291.

95 Der Neutestamentler Jens Schröter erkennt jedenfalls eine „Tendenz, Petrus auf Kosten von Maria Magdalena in den Vordergrund zu stellen." Schröter, Jesus von Nazaret, S. 308.

96 Man hat den Eindruck, dass, würde man nur lange genug warten, irgendwann auch Franz Beckenbauer zum ersten Auferstehungszeugen avanciert wäre.

97 Kubitza, Der Jesuswahn, S. 202. Man soll sich ja nicht selbst zitieren. Es soll nicht wieder vorkommen.

98 Nach Joachim Jeremias „handelt es sich bei den Christophanien um eine Fülle verschiedenartigster Vorgänge, die sich über einen langen Zeitraum, wahrscheinlich über Jahre, hinzogen; erst relativ spät hat die Überlieferung den Zeitraum der Christophanien auf 40 Tage beschränkt (Apg 1,3)." Jeremias, Neutestamentliche Theologie, S. 286.

99 Schenke, Die Urgemeinde, S. 14.

100 Die Leichentücher und das zusammengefaltete Schweißtuch sollen wohl eine Verwechselung des Grabes wie einen Grabraub ausschließen. Denn Diebe hätten sich wohl kaum die Mühe gemacht, dass Schweißtuch noch artig zusammenzufalten.

101 Jeremias, Neutestamentliche Theologie, S. 287.

102 „Doch der bisherige *fleischliche* Körper des Menschen wird nicht wiederhergestellt (sinnvollerweise, da er nach Paulus einerseits verweslich und vergänglich ist, andererseits auch der Sitz der Sünde). Paulus erwartet vielmehr, dass der Auferstehungsleib *pneumatisch* ist, also vermutlich aus himmlischer *Materie* besteht." Stegemann, Jesus und seine Zeit, S. 57.

103 Plutarch, De Iside et Osiride 13.39.42.

104 Kaiser Julian, Oratio V 168 CD.
105 Lukian, De Syr. Dea 6.
106 Karlheinz Deschner, Abermals krähte der Hahn. Eine kritische Kirchengeschichte, 2. Aufl. (TB), 1996, S. 112 f.
107 Haenchen, Der Weg Jesu, S. 285.
108 Stegemann, Essener, zit. nach Zager, Jesusforschung, S. 461.
109 Dass das Christentum sich weniger auf Jesus als vielmehr auf Paulus zurückführen lässt und dass dieser Paulus ein Mann mit äußerst fragwürdiger Charakterstruktur gewesen ist, der erst die Christen, dann (fast) die Juden, vor allem aber seine wie er meint falschgläubigen Mitchristen am liebsten verfolgen möchte, ist ein anderes Thema und gäbe ein weiteres Buch ab.
110 Meist wird das sogenannte Apostelkonzil im Jahr 48 als erstes „Konzil" verstanden.
111 Haenchen, Der Weg Jesu, S. 133.
112 Er kommt bei Markus noch positiv weg und wird von Jesus für seine Einsicht ausdrücklich gelobt. Für Matthäus und Lukas ist jedoch bereits keine positive Schilderung eines Schriftgelehrten mehr denkbar.
113 Schröter, Jesus von Nazaret, S. 221.
114 Ebd., S. 221 f.
115 Rudolf Augstein, Jesus Menschensohn, 1972, S. 334.
116 Darüber kann man froh sein, denn früher stand z. B. die Pfarrerschaft fast geschlossen im deutschnationalen Lager.
117 Wie feministische Theologinnen, die Jesus gerne als Frauenbefreier und ersten modernen Mann sehen, hier die Kurve kriegen wollen, ist ihr Problem.
118 Joachim Jeremias, Jesu Verheißung für die Völker, 1956, S. 17.
119 Vgl. ebd., S. 30.
120 Ebd., S. 35.
121 „Sie kommen in der Wortüberlieferung ausschließlich im Gerichtskontext vor und werden dort kontrastierend Jüdinnen und Juden gegenübergestellt, die Jesu Botschaft skeptisch beurteilen oder gar ablehnen." Angelika Strotmann, Der historische Jesus, 2. Aufl., 2014, S. 112.
122 Zit. nach Stegemann, Jesus und seine Zeit, S. 160.
123 Theißen/Merz, Der historische Jesus, S. 35.
124 So Geiger, zitiert nach Stegemann, Jesus und seine Zeit, S. 167.

125 Lindeskog, zitiert nach Stegemann, Jesus und seine Zeit, S. 189f.
126 Schröter, Jesus von Nazaret, S. 231.
127 Schenke, Die Urgemeinde, S. 161.
128 Ebd., S. 162.
129 Ingo Broer, Jesus und die Tora, zit. nach Zager, Jesusforschung, S. 597.
130 Ebd., S. 606.
131 „Jesus war kein Schriftgelehrter, sondern ein charismatischer Heiler, ein Weisheitslehrer und radikaler Umkehrprophet. Deshalb können und dürfen wir auch keine schriftgelehrte Toradiskussion von ihm erwarten." Strotmann, Der historische Jesus, S. 145.
132 Paulus beteuert gern, dass seine Worte wahr sind. Aber die Erfahrung lehrt: Wenn jemand dies schon betonen muss, ist höchste Vorsicht geboten. Selbst Jahwe leistet gerne Eide, z. B. solche, die ihn an sein Volk binden. Wäre spätestens nach den NS-Gräueln der Schluss nicht zwingend, dass er wortbrüchig geworden ist?
133 Jeremias, Neutestamentliche Theologie, S. 225.
134 Lüdemann, Jesus nach 2000 Jahren, zit. nach Zager, Jesusforschung, S. 531.
135 Haenchen, Der Weg Jesu, S. 363.
136 Eusebius, Kirchengeschichte III 19.6.
137 Bei Judas verhält es sich etwas anders. Seine Rolle ist unter Theologen umstritten.
138 Jeremias, Neutestamentliche Theologie, S. 103.
139 Werner Zager, Gottesherrschaft und Endgericht in der Verkündigung Jesu. Eine Untersuchung zur markinischen Jesusüberlieferung einschließlich der Q-Parallelen, zit. nach Zager, Jesusforschung, S. 514.
140 Ebenda, S. 456f.
141 Haenchen, Der Weg Jesu, S. 222.
142 So z. B. von dem katholischen Hardliner Manfred Lütz, der offenbar tatsächlich nachweisen will, wie fortschrittlich die katholische Kirche immer schon gewesen ist und wie rückständig dagegen die sogenannten Aufklärer.
143 Haenchen, Der Weg Jesu, S. 341. Geradezu kitschig wirkt es da, dass die Evangelien Jesus an anderer Stelle sagen lassen: „Mein Joch drückt nicht, und meine Last ist leicht" (Mt 11,30). Zumindest dieses Rätsel wird noch gelöst (s. u.).
144 Von hierher hat Uta Ranke-Heinemann den Titel für ihr grandioses Buch „Eunuchen für das Himmelreich. Katholische Kirche und Sexualität."

145 Stegemann, Essener, zit. nach Zager, Jesusforschung, S. 458.
146 Helga Melzer-Keller, zit. nach Zager, Jesusforschung, S. 524.
147 Ebd., S. 519.
148 Stegemann, Jesus und seine Zeit, S. 93.
149 Lüdemann, Jesus nach 2000 Jahren, S. 198.
150 Wenn Jesus nicht aufpasst, dann bekommt er hier sogar noch üblen Ärger mit der Gleichstellungsbeauftragten. Denn er benutzt hier Behinderte (Blinde) als Negativfolie. Und bereits seine Jünger hatte Jesus wenig gendersensibel ausgewählt.
151 Mit dem letzten Vers wird die üble Verleumdung gleich auf das ganze Volk ausgedehnt. Zumindest hier scheint der Evangelist selbst zu sprechen.
152 Theologen meinen bei solchen Stellen gerne, Jesus „spricht in Vollmacht". Wie euphemistisch das ist, wird deutlich, wenn sie sich vorstellen, Jesus würde sie (die Theologen) derart angehen.
153 Susanne Krahe, Ermordete Kinder und andere Geschichten von Gottes Unmoral, 1999, S. 112.
154 Ebd., S. 106.
155 Ebd., S. 113.
156 Dies meint jedenfalls Grundmann, Das Evangelium nach Matthäus, S. 300.
157 So Lüdemann, Jesus nach 2000 Jahren, S. 456, der es für ein echtes Jesuswort hält.
158 Die andere Möglichkeit, die auch viele Theologen für denkbar halten, wäre, dass er ein uneheliches Kind der Maria war. Ohne direkten Vater konnte auch die Legende von seiner jungfräulichen Geburt „plausibler" wirken.
159 Wenn Priester (die wenigen, die nicht schwul sind) in Bordellen angetroffen werden, handelt es sich natürlich auch immer um eine seelsorgerliche Tätigkeit. Sie sind im Auftrag des Herrn unterwegs.
160 Der Exeget Walter Grundmann, der in Eisenach lebte, hat in seinem Markuskommentar den Wert des Nardenöls auf Jesu Kopf in seinem Markus-Kommentar auf „200 Mark der DDR" berechnet, S. 377.
161 Bei Markus erheben „einige" (gr. *tines*) den Einwand, bei Matthäus sind es die Jünger und bei Lukas ist es der geldgierige Judas.
162 Siehe zum Thema Timm Schramm, Unmoralische Helden. Anstößige Gleichnisse Jesu, 1986.
163 Vielleicht eine Dublette zur Salbung Jesu in Bethanien.

Anmerkungen

164 Krahe, Ermordete Kinder, S. 99.
165 Übrigens soll es verbürgt Fälle geben, wo Menschen gleich zwei Vorgesetzte haben und sie dennoch nicht den einen lieben und den anderen hassen, wie Jesus es hier in einer seiner Simplifizierungen unterstellt.
166 „Sie werden getröstet werden" ist ein *passivum divinum* und meint: „Gott wird sie trösten."
167 Nach Gerd Lüdemann ist damit bereits eine „absolute Gebetserhörung" gemeint; Lüdemann, Jesus nach 2000 Jahren, S. 199.
168 Lüdemann, Jesus nach 2000 Jahren, S. 260.
169 Paulus spricht ebenfalls vom Berge versetzenden Glauben (1 Kor 13,2), scheint aber kein direktes Jesuswort dazu zu kennen.
170 Einige Exegeten (die nicht namentlich genannt werden möchten) meinen, diesen Teilvers habe Jesus extra mit Blick auf die zahlreichen Frauen unter seinen Hörern formuliert.
171 Schenke, Die Urgemeinde, S. 227.
172 Dem widerspricht Ludger Schenke, ebd., S. 237.
173 Von den Rabbinen wurde die Stelle korrekt auf König Hiskia bezogen, aber nie auf den Messias.
174 Wobei Loriot, obwohl kein Theologe, mit Recht feststellt: Früher war mehr Lametta.
175 Jeremias, Neutestamentliche Theologie, S. 82.
176 Die zweite könnte eine Erfindung der Gemeinde sein.
177 Siehe zum folgenden den Artikel von Don Havis und San Mateo, „Eine Untersuchung der geistigen Gesundheit Jesu. War er verrückt?", übersetzt und gut zugänglich unter https://www.ibka.org/index.php/de/artikel/ag03/jesus.html.
178 Oskar Holtzmann, War Jesus Ekstatiker?, 1903.
179 Havis/Mateo, „Eine Untersuchung der geistigen Gesundheit Jesu".
180 Emil Rasmussen, Jesus. A Comparative Study in Psychopathology, 1904.
181 George de Lootsen, Jesus Christ from the Standpoint of a Psychiatrist, 1905.
182 Willam Hirsh, Religion and Civilization – Conclusions of a Psychiatrist, 1912.
183 Zit. nach Havis/Mateo, „Eine Untersuchung der geistigen Gesundheit Jesu".
184 Albert Schweitzer, Die psychiatrische Beurteilung Jesu. Darstellung und Kritik, 1913.

185 Hochenegg glitt später immer mehr in die Wunder- und Geistheilerszene ab und verlor seine Approbation. Es ist immer wieder interessant zu beobachten, wie gut ausgebildete Menschen plötzlich in die Esoterik abdriften oder ehemalige Linke zu Rechtsradikalen werden oder wieder in die katholische Kirche eintreten.

186 Leonhard Hochenegg, „Prophetenwahn bei Schizophrenen", Archiv für Religionspsychologie 14, Nr. 1 (1980), S. 270–276.

187 Hans Heimann, Prophetie und Geisteskrankheit, 1956, S. 21.

188 Ebd., S. 24,

189 Armin Geus, Die Krankheit des Propheten. Ein pathographischer Essay, 2011.

190 Ebd., S. 80.

191 Ebd., S. 82.

192 Natürlich wird dadurch auch wieder die Wundertätigkeit, diesmal der Jünger, gesteigert.

193 Jeremias, Neutestamentliche Theologie, S. 223.

194 Den „Menschensohn" hat hier Matthäus wohl anstelle Gottes und des Gottesreiches eingefügt.

195 „Die vordringliche Absicht des Evangelisten besteht darin, die Juden im wahrsten Sinne des Wortes zu verteufeln"; Lüdemann, Jesus nach 2000 Jahren, S. 626.

196 Haenchen, Der Weg Jesu, S. 297.

197 Theißen/Merz, Der historische Jesus; siehe Zager, Jesusforschung, S. 118 f.

198 Stegemann, Jesus und seine Zeit, S. 13.

199 Schröter, Jesus von Nazaret, S. 229.

200 Reza Aslan, Zelot. Jesus von Nazaret und seine Zeit, 2014, S. 161.

201 Erstaunlich, dass der Evangelist solchen Verheißungskitsch nicht gestrichen hat. Immerhin war ja Israel gerade erst im Jüdischen Krieg von den Römern schwer gedemütigt und der Tempel zerstört worden. Es wird wohl der schöne Klang der Worte gewesen sein, der auch heute noch die Gläubigen so fasziniert, dass sie auf Realitäten gerne verzichten.

202 Aslan, Zelot, S. 210.

203 Grundmann, Das Evangelium nach Markus, S. 419.

204 Ebd., S. 369.

205 Ebner, Jesus von Nazaret, S. 162.

206 Aslan, Zelot, S. 202.
207 Es ist geradezu ein Kennzeichen der Theologie durch die Jahrhunderte, dass sie auf Befindlichkeiten und Überzeugungen Jesu keine Rücksicht genommen hat. Das vorgeblich „Christliche" ist viel mehr Paulinismus und dogmatischer Erfindungsreichtum der alten Kirche und ihrer Konzilien.
208 Silke Petersen in: Eckhard Rau, Perspektiven des Lebens Jesu. Plädoyer für die Anknüpfung an eine schwierige Forschungstradition, 2013, S. 291.
209 Die Zerstörung des Tempels wird von orthodoxen Juden natürlich immer noch als schwerer Verlust angesehen. Aber eigentlich müssten sie den Römern sogar dankbar dafür sein, da sich nun erst das Judentum von einer Opferreligion zu einer Wortreligion wandeln konnte. Das bedeutete durchaus einen Fortschritt.
210 Haenchen, Der Weg Jesu, S. 385.
211 Ebd., S. 386.
212 Ebner, Jesus von Nazaret, S. 150.
213 „Ich werde dieses Haus zerstören, und niemand wird imstande sein, es wiederaufzubauen" (ThEv 73).
214 Schröter, Jesus von Nazaret, S. 282.
215 Aslan, Zelot, S. 336.
216 Josephus, Der jüdische Krieg, 6,300–309.
217 Peter Egger, Crucifixus sub Pontio Pilato. Das „Crimen" Jesus von Nazareth im Spannungsfeld römischer und jüdischer Verwaltungs- und Rechtsstrukturen, 1997.
218 Siehe Haenchen, Der Weg Jesu, S. 513.

Kritik am Christentum in dreifacher Ausfertigung

Jesuswahn – Dogmenwahn – Glaubenswahn
Eine Kritik des Christentums
in drei Bänden

von Heinz-Werner Kubitza beinhaltet:

Der Jesuswahn, 2010
380 S. • Hardcover • 16,00 €
ISBN 978-3-8288-2435-5

Der Dogmenwahn, 2015
396 S. • Hardcover • 16,00 €
ISBN 978-3-8288-3500-9

Der Glaubenswahn, 2017
350 S. • Hardcover • 16,00 €
ISBN 978-3-8288-3849-9

Bundle • 38,00 €
ISBN 978-3-8288-4321-9

In drei Bänden legt Heinz-Werner Kubitza seine vernichtende Kritik am Christentum dar. Sein Buch *Der Jesuswahn* [Gott Sohn] bringt einen kundigen Einblick in die wissenschaftliche Forschung zum historischen Jesus und zeigt, wie der galiläische Wanderprediger zum Gott der Kirche „hochgeglaubt" wurde. Im Buch *Der Dogmenwahn* [Gott Heiliger Geist] liegt der Fokus auf der Frage, womit sich Professoren der Theologie an staatlichen Universitäten eigentlich beschäftigen. Kubitza folgt ihnen auf ihren dogmatischen Holzwegen und zeigt sie bei ihren vergeblichen Versuchen, die Wissenschaftlichkeit der Theologie zu beweisen. In *Der Glaubenswahn* [Gott Vater] geht es um die schockierende Gewalttätigkeit, den Ausländerhass und die rückständige Ethik, mit der sich der alttestamentliche Gott und seine Propheten präsentieren.

Die Bibel – Gottes Wort? Was wäre das für ein Gott?

Warum ich kein Christ sein will
Mein Weg vom christlichen Glauben zu einer naturalistisch-humanistischen Weltanschauung
7., vollst. überarbeitete Auflage

von Uwe Lehnert
490 S. • Hardcover
Print 19,95 €
E-Book 15,99 €
ISBN 978-3-8288-4247-2
ePDF 978-3-8288-7129-8
ePub 978-3-8288-7130-4

Nur wenige religionskritische Bücher haben in den letzten Jahren so von sich reden gemacht wie das Buch von Prof. Dr. Uwe Lehnert. Sieben Auflagen und viele positive Rezensionen sprechen eine deutliche Sprache.

Uwe Lehnert unterzieht ohne Überheblichkeit und falsches Pathos in spannender und zugleich fundierter Form den christlich-kirchlichen Glauben einer kritischen Prüfung. Er stellt fest, dass unser heutiges Weltbild durch Kosmologie, Mikrophysik, Evolutionstheorie und die moderne Hirnforschung bestimmt wird und dass diese Sicht mit dem Bild, das Christentum und Kirche verbreiten, nicht mehr vereinbar ist. Und er thematisiert ausführlich die Unglaubwürdigkeiten der christlichen Lehre und die Probleme, die das christliche Weltbild mit einer modernen Ethik hat.

Was passiert, wenn der eigene Glaube ins Wanken gerät?

Glücklich ohne Gott
Wie Bibel und Koran uns die Antwort schuldig bleiben

von Robert E. Manus

504 S. • Klappenbroschur
Print 21,95 €
E-Book 17,99 €
ISBN 978-3-8288-4066-9
ePDF 978-3-8288-6908-0
ePub 978-3-8288-6909-7

Aktuell gehören etwa 65 Prozent der deutschen Bevölkerung einer Konfession an. Eine Religionszugehörigkeit kann Halt und Sicherheit bieten. Doch was passiert, wenn der eigene Glaube plötzlich ins Wanken gerät?

Robert E. Manus wendet sich an all diejenigen, die sich kritisch mit ihrem christlichen oder muslimischen Glauben auseinandersetzen oder sich sogar davon lösen möchten. Der Autor ergründet die Entstehung und die Botschaften der „heiligen Schriften". Können sie eine Grundlage für ein friedliches Miteinander, ein selbstbestimmtes und glückliches Leben bieten? Oder sind es Bücher der Abgrenzung, des Hasses und der Gewalt – und ginge es uns eigentlich besser ohne Gott?

„Für Glaubensskeptiker ein Vergnügen"

Ulrich Brenner, Saarbrücker Zeitung, 17./18.11.2018

Und Anna seufzte zum Himmel empor

Warum der liebe Gott manchmal böse und die Bibel schier unglaublich ist

von Bernard Bernarding

256 S. • Broschur
Print 28,00 €
E-Book 21,99 €

ISBN 978-3-8288-4235-9
ePDF 978-3-8288-7133-5
ePub 978-3-8288-7134-2

Fromme Christen müssen tapfer sein, wenn sie dieses Buch lesen. Der Autor analysiert und kommentiert die Bibel mit einem neuen Ansatz. Er porträtiert die wichtigsten Figuren des Alten und Neuen Testaments, beschreibt die zum Teil grotesken Widersprüche der „Heiligen Schrift" und legt dar, warum Jesus mit großer Wahrscheinlichkeit verheiratet war. Seine Bewertung der Offenbarung und der Theodizee ist ebenso spannend wie die unglaubliche Geschichte von der Lustfeindlichkeit des Christentums. Am Schluss legt der Autor dar, warum „Gott" aber trotz aller Ungereimtheiten sowie der weiter zunehmenden Säkularisierung der Gesellschaft 4.0 nicht „sterben" kann.